河北省社会科学基金项目（HB20YY007）

汉学期刊《中国丛报》译介研究

孙乃荣　著

南开大学出版社

天　津

图书在版编目(CIP)数据

汉学期刊《中国丛报》译介研究 / 孙乃荣著. —天津：南开大学出版社，2023.5(2023.9重印)
ISBN 978-7-310-06421-2

Ⅰ.①汉… Ⅱ.①孙… Ⅲ.①期刊研究－中国－清后期 Ⅳ.①G239.295.2

中国国家版本馆 CIP 数据核字(2023)第 014562 号

汉学期刊《中国丛报》译介研究
HANXUE QIKAN ZHONGGUO CONGBAO YIJIE YANJIU

南开大学出版社出版发行
出版人：陈　敬
地址：天津市南开区卫津路 94 号　　邮政编码：300071
营销部电话：(022)23508339　营销部传真：(022)23508542
https://nkup.nankai.edu.cn

河北文曲印刷有限公司印刷　全国各地新华书店经销
2023 年 5 月第 1 版　　2023 年 9 月第 2 次印刷
230×170 毫米　16 开本　16.25 印张　265 千字
定价：80.00 元

如遇图书印装质量问题,请与本社营销部联系调换,电话：(022)23508339

前　言

　　《中国丛报》（1832—1851）是 19 世纪上半叶由来华新教传教士创办的第一份以中国为报道和研究对象的英文汉学期刊，是 19 世纪发行时间最长、影响最大的期刊。刊物涵盖内容丰富，涉及中国文史政经各个方面，是当时西方了解中国最为重要的信息来源。这对于研究当时的中西文化沟通和翻译极有史料价值。本书将《中国丛报》纳入文化翻译研究体系加以考察，从文化交流史、汉学史等学科视角及时代背景出发，探讨译介活动中选择、操控行为，进一步审视《中国丛报》在中西文化交流中的作用和翻译所承载的文化传播、建构功能。

　　本研究发现，《中国丛报》各类文本的翻译过程均受到社会历史语境诉求和译者意识形态的影响，其译介特征既有共性也有各不相同之处。译介诉求方面，在传教和了解中国的宏旨之下，《中国丛报》译介中华典籍以了解中国思想文化基础、批判中国古代教育、探悉中国历史和宗教；译介时事政治以获悉清朝政府动向、了解清朝政体文化和颠覆耶稣会士认知；译介语言民俗以掌握汉语汉字、体察民俗风情、揭示社会问题。译介特征方面，各类文本译介过程中的选材、语词操控、译介模式、异化归化策略的运用，以及大量解释性、评论性副文本的参与均体现了《中国丛报》文化传播的特征，是论文重点分析的对象。在译介解读和影响方面，《中国丛报》译介文本一方面服务于具体的译介动机，体现出传教士译者对中国文化的认知和解读，表征出社会历史语境下翻译选择与操控的结果；另一方面，因其译介而传递出 19 世纪西方人眼中的中国形象，构建起美国早期汉学体系，从而展现出翻译承载、传播和建构文化的功能。

　　本书从翻译学视角弥补《中国丛报》整体研究的缺项，凸显《中国丛报》在翻译史、中西文化交流史及美国汉学史发展中的作用和地位，扩展翻译史和翻译实践研究的范畴，为翻译学及其他相关人文学科的研究提供借鉴。

　　本书得以顺利完成，首先要感谢我的导师王克非教授。导师学识渊博、治学严谨、视野开阔、待人宽厚，指引我在学术研究道路上不断求索。从遴选课题、梳理思路到最终成稿，是老师凭借深厚的学术功底、渊博的专业知识、严谨的治学态度，引领我研究的方向。老师关于翻译文化史的见解，以及"注重一手史料、坚持深入挖掘"的教诲，是我从选题至完成撰写一直奉行的准则。

　　我还要感谢刘润清教授、陈国华教授、张西平教授、张威教授、张政教授、文军教授、刘泽权教授、王洪涛教授对本研究的指导。感谢硕士求学期间的导师林克难教授。正是林老师的引领，我才得以迈入翻译研究的大门。本书的完成也浸润着诸多朋友、同门的无私帮助。他们是黄焰结、葛文峰、雷芳、邬菊艳、陶玮等，在此一并致谢。

　　本书是河北省社会科学基金项目"《中国丛报》译介研究"（HB20YY007）研究成果，同时感谢河北工业大学外国语学院学术专著出版基金的资助。限于本人水平、文字的疏漏、史料查阅范围的不足及观点分析的浅陋，本书缺陷在所难免，恳请广大专家、读者批评指正，提出宝贵意见。

孙乃荣

2022 年夏末

目　录

第一章　绪论 1

　　第一节　选题缘起 1

　　第二节　研究目的、内容及研究意义 5

　　第三节　研究思路和研究方法 10

　　第四节　研究范围和论文结构 14

第二章　《中国丛报》：第一份聚焦中国的英文期刊 17

　　第一节　创刊、宗旨及撰稿人群体 17

　　　　一、创刊背景 17

　　　　二、宗旨与内容 21

　　　　三、撰稿人群体 27

　　　　四、停刊原因 29

　　第二节　研究综述 31

　　　　一、国外相关研究 31

　　　　二、海峡两岸暨港澳地区相关研究 36

第三章　理论依据与阐释 45

　　第一节　翻译：文化视域下的操纵和改写 46

　　第二节　翻译：传播和建构文化及形象的途径 50

　　　　一、翻译与传播 50

　　　　二、翻译与文化建构 52

　　本章小结 56

第四章　《中国丛报》的中华典籍译介 57

　　第一节　儒学典籍译介评析 58

　　　　一、译介概况 58

　　　　二、译介特征 63

　　第二节　历史文化典籍译介评析 72

      一、译介概况 72
      二、译介特征 81
   本章小结 98
第五章 《中国丛报》的时事政治译介 99
  第一节 译介概况 99
      一、时事政治重要来源——《京报》 99
      二、译介文献总览 104
      三、译介选材倾向 115
      四、译介动机 116
  第二节 政体文化译介评析 119
      一、专有名词的翻译 119
      二、《圣谕广训》的译介评析 124
      三、官场文化译介评析 128
  第三节 中西关系译介评析 132
      一、律劳卑事件的译介评析 132
      二、《南京条约》翻译中的选词操控 143
   本章小结 153
第六章 《中国丛报》的语言民俗译介 155
  第一节 汉语语言文化译介评析 155
      一、译介概况 155
      二、汉字文化译介评析 160
      三、汉语学习、语法、语音文化译介评析 168
  第二节 民俗文化译介评析 174
      一、译介概况 175
      二、译介特征 183
   本章小结 189
第七章 传播与构建：《中国丛报》译介的影响 190
  第一节 《中国丛报》的传播和影响 190
      一、发行及影响 190
      二、对后期汉学期刊《中国评论》的影响 194
  第二节 译介副文本：构建 19 世纪的中国形象 199
      一、西方中国形象的演变历程 199

二、《中国丛报》构建的中国形象........................201

第三节　《中国丛报》的译介与美国早期汉学的发轫.......209

一、美国早期汉学家成长的平台......................210

二、对《中国总论》的影响...........................212

三、汉学研究特征...................................218

四、翻译与美国汉学的形成...........................221

本章小结...225

第八章　结语..226

第一节　研究发现和创新之处...........................227

一、研究发现.......................................227

二、创新之处.......................................229

第二节　研究局限及未来研究展望.......................230

参引文献...232

附录　主要译者简介....................................248

后记...251

第一章 绪论

第一节 选题缘起

19世纪以降,世界格局的深刻变化引发了不同文化间的交流与碰撞。由此,处在历史转折时期的中国开启了一段崭新的异质文化交流史。追溯这段历史,不难发现,来华传教士在其中扮演了重要的角色。他们宛如站在一个双行道,借助其时出版的各类中英文书刊,向中国输入西方文明成果的同时,也将中国文化知识译介给西方读者,极大地丰富了西方世界有关中国的信息,从而充当了文化沟通的桥梁。他们先后创办了《印中搜闻》(*The Indo-Chinese Gleaner*)、《广州记事报》(*The Canton Register*)、《中国信使报》(*The Chinese Courier*)、《中国丛报》(*TheChinese Repository*)、《广州周报》(*The Canton Press*)等报刊。这些英文出版物作为西方人对中国社会和文化研究的成果,在西方知识界和社会各界塑造中国形象和建构关于中国的知识体系的过程中,具有独特的地位与价值(吴义雄,2013:4)。其中,由美国传教士裨治文(Elijah C. Bridgman)创办于中国广州、旨在面向西方介绍中国的英文月刊《中国丛报》,无疑是特别值得关注的一份刊物。

《中国丛报》(全书简称《丛报》)原无中文译名,旧时曾被称为《澳门月报》《中国文库》《中华丛报》《中国博物志》等,目前国内学界较为通行的译名是《中国丛报》(见图1-1)。该刊于1832年5月初创于中国广州,之后由于中英第一次鸦片战争的爆发,钦差大臣林则徐下令驱逐外国人,该刊印刷厂在1839年春迁至澳门①。香港被迫割据给英国后,于1844年10月迁往香港出版,1845年7月复又回到广州,直至1851年12月停刊。刊物每月出版一期,办刊存续时间长,与早于其问世的英文刊物《广州杂

---

① 杂志扉页出版地并未标明澳门字样,但第13卷第10期第559页和第14卷第7期第351页至352页有明确的记载。

志》（*Canton Miscellany*）和《华人差报与广州钞报》（*Chinese Courierand Canton Gazette*）相比，《丛报》是一份较为成熟的期刊。前后跨越 20 年时间，出版正刊 20 卷，后期主编卫三畏（Samuel Wells Williams）编写了《总索引》（General Index）一卷，长达 168 页，总计 21 卷①。《总索引》提供了详细的论文分类和名词索引，为利用和研究《丛报》这一重要的资料宝库提供了极大的便利。

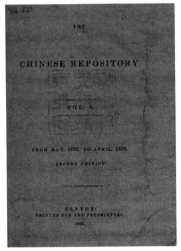

图 1-1　《中国丛报》首期封面和 2008 年重印的《中国丛报》封面

《丛报》每卷约 600 页，内容丰富，几乎涉及中国的方方面面，是当时西方人了解中国最为重要的信息来源，也是中国被迫开启近代化进程的见证者，标志着美国在华宗教新闻事业的开端。在 19 世纪上半叶西方人所创办的众多中英文刊物中，《丛报》是发行时间最长、影响最大的期刊。作为西方第一份以中国为报道和研究对象的刊物，它的出版无疑具有重大的历史意义（张西平、顾钧、杨慧玲，2008：4）。其中有 90% 左右的文章都与中国有关，占刊物的绝对主体，它是名副其实的《中国丛报》。其百科全书式的记述具有极高的史料价值，且由于撰稿人身处局外，常有中文档案中

---

① 开始并非每年一卷，而是跨年辑卷。自 1832 年 5 月创刊至 1840 年 4 月，每年 5 月到转年 4 月辑为一卷，每卷含 12 期，至 1840 年 4 月，共计 8 卷 96 期；1840 年 5 月到 12 月，8 期辑为一卷，即第 9 卷；自 1841 年第 10 卷开始到 1850 年，每年 1 月到 12 月共 12 期为一卷，共 10 卷，即第 10 卷至第 19 卷；仅有第 20 卷例外，即 1851 年 1 月到 7 月每月各一期，8 月至 12 月合为一期，仅有 8 期为一卷。因此，共计 20 卷，232 期。每卷内页码连续，装订成合订本，卷期稳定，体例规范，转载、摘录多会标明出处。

不易见之史料，所刊载的内容对于研究鸦片战争前后中国近代史、中西交流史、早期中西关系史等有重要参考价值。

《丛报》从语言、文化、政治、宗教等诸多方面记叙了 1832 至 1851 年的中国历史，对中国近代史与现状进行了详细介绍，具有相当的代表性，被学界视为"有关中国知识的宝藏（mine of information concerning China）"①，是研究当时中国"极其珍贵的史料（invaluable source）"②。卫三畏曾言明，刊物是有关当时中国与东亚方面史实的记述，是一部有用的作品。它包含当时中外关系的历史（卫三畏，2005：2）。伦敦的便士杂志（*The Penny Magazine*）1827 年发表评论，称其"即使是和在英国出版的刊物相比，也丝毫不逊色"③（CR. V:159）。国内外相关领域学者对《丛报》的价值给予了充分的肯定，评价颇高。最先做出评价的国外学者是美国历史学家、中国学研究者赖德烈（K. S. Latourette），他（1929:40）称《丛报》是"反映此间中外关系最有价值的资料之一"。之后的一批美国中国学家，如中国和远东史学家宓亨利（Macnair Harley Farnsworth）视《丛报》为正规的历史现场记载，可以弥补官方档案记述的不足④。东亚史学家丹涅特（Tyler Dennett，1941:685）指出，美国出版的有关 1844 年至 1853 年有关外交、领事领域的资料很少，《中国丛报》可以弥补这方面的不足，同时它也是 1932—1851 年其他出版物之外的一份非常有价值的参考资料。汉学家谭维理（Laurence G. Thompson，1961:246-267）认为："20 卷的《中国丛报》不仅有价值极高的史料，而且还有在今天看来仍具有参考价值的有关中国的研究论文。"⑤文史学者王树槐（1981:174）在《卫三畏与〈中华丛刊〉》一文中曾如此总结："《中华丛刊》（即《中国丛报》）在今日的价值，则为其丰富的历史史料。"历史学者邹朝春（2014:234）认为，《中国丛报》史料价值极为珍贵，

① 这里的宝藏使用的是双关语，《中国丛报》英文名称中的"repository"意为"宝藏、仓库"。

② Kenneth S Latorette. 1929. A History of Christian Missions in China[M]. New York: 180, 265.

③ 本书系《中国丛报》期刊的专题研究，引用原始史料较多，为全文统一，行文方便，采用 CR 缩写代表 *The Chinese Repository* 全称，附带卷数和页码。例如，"CR.I: 3"代表《丛报》第 1 卷第 3 页，以此类推。此外，所有译文均出自作者本人之手，全书同。

④ 参见 Laurence G Thompson. 1961. American Sinology 1830-1920: A Bibliographical Survey[J]. Tsing Hua Journal of Chinese Studies, vol. 2, No. 2: pp.246-247。转引自张西平，顾钧，杨慧玲. 2008. 中国丛报篇名目录及分类索引[M]. 桂林：广西师范大学出版社.

⑤ 参见 Laurence G Thompson. 1961. American Sinology 1830-1920: A Bibliographical Survey[J]. Tsing Hua Journal of Chinese Studies, vol. 2, No. 2: pp.246-247。转引自张西平，顾钧，杨慧玲. 2008. 中国丛报篇名目录及分类索引[M]. 桂林：广西师范大学出版社.

是研究近代中外关系史不可或缺的一手资料，也是了解 19 世纪 30 年代至 50 年代初期西方传教士的思想动态的一个重要窗口。

以上诸位史家的评论均显示《丛报》在中国近代史及早期中西关系史相关领域研究中一手史料的地位。事实上，长期以来，有关《丛报》的研究在诸多领域得到了关注，涉及史学界、新闻界、宗教界、文学界等，但并未引起翻译研究界的足够重视。总计 20 卷、万余页的《丛报》富含相当数量翻译研究价值的信息。1832 年出版的第一期创刊号"发刊词（introduction）"中，《丛报》开宗明义地指出，过往外文资料关于中国的记录充满矛盾及错漏之处，该刊的目标之一正是要依靠政治、商业、宗教等各类本土权威文献介绍中国的历史及当下，对关于中国的西方著作进行重新审视，以纠正种种矛盾之说（CR.I:3）。由此可见，翻译是《丛报》介绍中国的重要手段。据考证，1851 年之前新教传教士所从事的翻译活动的成果，几乎都在《丛报》上得以刊载、介绍或评论（邓联健，2015:8）。《丛报》立足于中文文献的信息，以译介为主要方式，向西方传递他们感兴趣的内容。尽管未开设任何以"翻译"命名的专栏，但相当多的内容都与翻译、译介相关，其中多是针对中文文本的翻译、编译、摘译或介绍，为当时西方全面了解中国搭建了一座桥梁（李海军，2016:102）。然而，长达一个半世纪以来《丛报》的译介未能得到系统、充分的研究，至今仍未见相关专著或博士论文，可以说对《丛报》资源的利用还很不充分。

因此，本书选取《丛报》的译介为主题，主要基于以下三方面的缘由：第一，《丛报》富含翔实的翻译史料，是了解 19 世纪上半叶传教士译介中国文献的重要媒介。该刊在很大程度上影响了当时西方人对于中国的认识，影响了西方世界中国形象的塑造（邓联健，2015:93）。可以说，以《丛报》为线索，基于原始史料可以展现此间近代史的本来面目，勾勒出鸦片战争前后 20 年间新教传教士从事翻译活动的图景，从而充实了晚清传教士翻译史的书写。第二，《丛报》作为中国文献早期西译的重要载体，具备传播速度快、影响群体广、受众面宽等特点，拓宽了中国文化在西方译介的传播广度和接受范围，形塑了西方关于中国的认知。由于其内容所涉的广泛性，融合历史、宗教、语言、文化等多领域，因此本研究具有跨学科的性质。系统梳理其译介面貌不仅有力地拓宽翻译研究视域，亦可丰富 19 世纪中西交流史、西方汉学等领域的研究视角，带动相关学科研究和发展。第三，对《丛报》的译介研究触及学界涉猎甚少的传教士期刊研究，深入挖掘并系统整理其译介史料，使传教士期刊翻译研究走出学术研究的边缘，同时结合历史学方法、翻译学研究特性，探索期刊翻译史的书写模式。

　　本研究正是意识到该刊是 19 世纪中叶西方认识中国的重要媒介与该刊在中西文化交流中所起的作用，故欲以《丛报》作为典型个案，将其纳入文化翻译研究体系，结合细致史料梳理、具体文本分析和宏大时代背景解读这一时期传教士翻译的历史文化语境，厘清《丛报》译介的主要内容、特征、规律和策略意识，探讨其与中国文化间的互动关系，剖析英译文本塑造的中国形象及其对美国早期汉学发展的影响，藉此揭示《丛报》译介活动在晚清社会历史语境下，在中西文化交流、融合、碰撞中的历史作用。

第二节　研究目的、内容及研究意义

　　翻译联通东西方文化，是实现异质文化交流与沟通的重要纽带。历史上的翻译实际上是一种双向的文化交流，不同文化、文学体系之间的碰撞、冲突、影响、对抗与交融。

　　翻译不仅仅是两种语言之间的转换，也并非真空中产生，它周旋于源语文化与译语文化之间。文化及其交流是翻译发生的本源，翻译是文化交流的产物（王克非，1994:59），也是促使文化繁荣和变异的要素。从这个角度上讲，关注翻译史本身就不能忽视对文化交流史的研究。

　　翻译活动离不开文化，翻译文化史主要就是从历史发展上研究这两者的关系。它不同于一般文化史，这是很显然的。它研究的是，经过了翻译这样的沟通工作之后文化发生的变化。它也不同于翻译史，因为它的重点不是翻译人物、翻译活动、翻译机构、翻译流派等。翻译文化史重在研究翻译对于文化的意义和影响，翻译在文化史上的作用，以及文化对于翻译的制约，特别是在通过翻译摄取外域文化精华时，翻译起到什么样的作用、达到什么样的目的、发生什么样的变异（王克非，2000:2-3）。

　　易言之，翻译文化史并不仅限于翻译史实的描述、发现和堆砌（如翻译人物、翻译内容、翻译影响等史料的搜集、整理和罗列），而且要将史实置于特定历史文化情境下，通过找寻并分析事件之间的逻辑关联，梳理历史发展脉络，以史实为基础，联系翻译事件的社会文化背景，揭示其产生的历史动因、呈现的特征和本质规律，关注翻译在文化发展史上的价值和意义（如为什么译、如何译、影响如何等）。

本书针对《丛报》的译介研究隶属翻译文化史研究范畴，刊物作为中西文化、思想交流的接触带，涉及西方人关于中国社会、政治和文化等的观念，译介史实对于中国文化西传、构建美国汉学起到了关键的作用。因此，对译介传播的研究一方面重在探讨文化传播与翻译的紧密关系，以此搭建文化史与翻译史相结合的平台（王克非，2000:5）；另一方面通过典型翻译文本的分析，探讨翻译与文化传播的规律，翻译在文化交流及构建中的作用和意义。对《丛报》翻译传播影响的考量以其翻译内容为基点，注重对译介过程及结果的考察，藉此从翻译视角探究《丛报》在文化交流史中的意义。通过梳理原始翻译史料关注译者、翻译的文献、不同类型文本的翻译特征、运用的翻译策略、翻译过程受到的制约因素和翻译活动的影响，以此阐明文化传播构建中翻译行为的本质及作用。

《丛报》作为西方中国学在早期阶段的重要文献库，力图将中国社会和历史文化展现给西方世界，为西方读者提供有关中国的知识与信息，实现这一目的的重要手段正是翻译。由于《丛报》的主要读者群体在英美两国，其社会影响是不难想象的。显见，翻译在其中的重要作用。因此，从翻译文化史的视角探究《丛报》翻译不仅意义重大，而且十分适切。以此为路向，本书将《丛报》译介纳入翻译文化研究范畴下，论证文化翻译的效力，主要有三个目的：第一，以当代西方文化研究派理论为框架，结合历史学研究方法，尝试梳理《丛报》文献译介脉络，力求从宏观上勾勒其译介概况，描述《丛报》的译介史实。第二，试图从文化翻译的视角对历史文本进行考察，检视译者在翻译过程中受到何种因素的操纵，做出了何种改写，呈现出怎样的翻译特征，服务于哪些翻译目的。第三，根据翻译文化史研究的思路，探索《丛报》的翻译作用和文化力量，揭示其与中学西传、美国早期汉学发肇之间的关联，透视以传教士为主体的译者群在文化构建中的作为，评析《丛报》的文化交流作用。也就是说，《丛报》的翻译产生了怎样的影响，作品为异域文化带来什么样的活力。为此目的，本书主要探讨以下问题：（1）主要译者是谁？翻译了什么？（2）为何翻译？有何主要翻译特征？（3）翻译产生了什么影响？

对《丛报》所译介的文本的考察属于前期的准备工作，是翻译文化史研究的基础。由于译史研究融合历史研究的特性，故提倡史料先行。过往的翻译研究零散、琐碎，不够全面系统，不少改译写文本未能纳入研究视野。因此，深入挖掘史料，为后续研究奠定基础是十分必要的。只有拥有丰富的历史资料并进行科学、具体的分析，才有可能从中获得科学的结论。为此必须大力拓展翻译史料的获取渠道，因为一旦材料拓展了，突破便随之而来（王建开，2007:57）。具体而言，将从以下方面展开：首先，从文献学的视角，以实证的方式发掘并梳理与《丛报》译介和译者相关的材料。从原始期刊所载译介作品和有助于研究回到历史中的副文本材料，包括序、跋、插图、注释、评论性文字、译者传记、回忆录、后人汇编的目录索引、基督教传教史、评介文字等文献入手，整理译介目录，确立主要译者及其翻译活动范围，对文本做出界定和分类划分。具体而言，以计量的形式描述翻译概貌，分中华典籍、时事政治、语言民俗三大门类。在此基础上，述评不同类型文本译介源头、译介选材、译者动机等涉及其译介构成特色和翻译诗学形式的内容，以系统考察《丛报》译介文献概貌。

其次，立足于译作本身，根据《丛报》原始英文文本、《总索引》《〈中国丛报〉篇名目录及分类索引》《〈中国丛报〉中文提要（一至七）》等材料，结合底本、译者信息和相关历史背景资料辨别版本信息。以代表性译作进行个案分析，分类型揭示典型性的个案特征。将译文纳入晚清宏大的社会文化语境中考虑，进行纵向挖掘和深入剖析，窥一斑而知全豹，根据各类译介文本所呈现的总体态势，揭示每一类型文本译介的主要特征、策略、与中国文化间的互动关系。译者的翻译实践体现了他们对中国文化知识的认知和选择，以及中西方文化的碰撞、龃龉与磨合。针对译介现象深入到晚清中西交流史的脉络中去具体解读，从译者的宗教、社会、文化等多维度入手探讨，对以传教士为主的译者群体翻译活动共性现象进行探讨，注重剖析翻译事件的深层关联，将史料与历史核心问题相结合，实现研究从描述性到分析性、从实证性到理论性的转变。

再次，《丛报》文本经多种翻译策略的文化改写，构建出西方人眼中的中国形象，本书将深入解读《丛报》译者为西方读者构建的繁杂多样的中国形象及其内涵的实质，发掘出影响这些文本形象塑造及误读的各种不同的因素。《丛报》塑造的中国形象是融合晚清鸦片战争时期历史沿革的社会文化、宗教信仰、意识形态等因素的"他者"想象。同时，《丛报》所涉中文文本在西方的异域形象塑造是一种"他者"集体想象的结果。特别值得关注的是，出于基督传教等某些现实目的的来华新教传教士群体集体想象投射及他们自身的文化立场和译介目的，这种富有宗教色彩和异国情调的译文作为一种"镜像"，折射出的是当中西双方异质性的文化符号体系相遇时，在意识形态、宗教信仰等方面"对抗"与"反对抗"之后的"杂糅"形象，是西方传教士译者借助译介的文本诠释出的中国形象。透过西方人的视野审视历史积淀中的中国形象得以反观中国社会与文化，这无疑有助于形成对自身全面、立体的认识。

最后，本研究所特别关注的一项内容是《丛报》译介的影响及对美国汉学的文化建构作用。按照皮姆（2007）的观点，翻译研究的根本任务是改善文化间的关系，翻译史的任务就是以叙事的形式理解文化间的这些关系。本书将着眼于《丛报》译介的文化影响，在充分占有史料的基础上，描述《丛报》的刊行影响。文本不仅传播了中国文化知识，还为汉学家成长提供了平台并参与建构了美国早期汉学。无论是其译介的书籍、主论文章，还是关于历史文化、语言民俗等方面的译介文本均成为日后美国认识和研究中国的开始。在此文化构建中，包含着译者对中国文化知识的理解和认识，体现了操控行为的影响。本研究将力图从更广阔的层面认识翻译行为的文化建构作用，通过描述实际的译介行为及结果，探寻翻译与汉学建构现象的互动关系，归纳其汉学研究特征，从而揭示《丛报》译介行为是中西文化碰撞、较量、平衡和调和的过程。

下面谈一谈本研究的意义。

《丛报》发行长达20年，历经中国社会急剧动荡变化时期，积累了题材丰富、内容广泛的一手翻译史料，能够为晚清翻译史研究提供新维度的语料支撑，为《丛报》在汉学发展进程中的作用做出客观评价，为近代翻译史的撰写提供了学术支撑。从理论价值上讲，首先，本研究可扩展中国翻译史研究范畴，充实翻译史书写。作为晚清中学西传的主要著述者，传教士在《丛报》出版中涉及的翻译选材、翻译策略、翻译动机等都是翻译研究中的重要课题。其次，在当前传教士翻译研究注重西学译介、注重成册典籍英译的学术背景下，本研究将视野转向该群体编纂的英文期刊，有助于加深对其翻译活动的历史认识，对传教士在翻译史上的作用做出客观公允的评价，亦可为当下的翻译学及其他相关人文学科的研究提供本土和域外的资源。最后，从翻译视角梳理《丛报》传播过程展示了翻译作为主体的文化传播模式，通过剖析其与汉学进程的深层关联，可对置于汉学的场域中的翻译的文化效力和建构作用形成崭新的认知。翻译行为并不只是两种文字间的转换，还涉及语言、宗教、政治、文化、意识形态等多重因素的介入与影响。翻译是一种文化行为，其出发点和归结点就是传播和构建文化。因此，将《丛报》的译介研究纳入文化翻译框架下是翻译文化性、社会性的体现，对之进行梳理与理论提升体现了翻译研究历史性的文化建构意义。同时，可以弥补《丛报》整体研究的缺项，尝试填补期刊翻译文化史的空白①。

从实际应用价值上讲，首先，《丛报》作为 19 世纪西方了解中国的重要媒介，其译介内容和模式顺应了西方主体文化需求和期望而产生，涉及大量文化词汇、文学典籍、官方文献、时文信息的翻译，注重对这些翻译表述现象的研究可以扩大翻译实践研究的范围。其次，在当下文化走出去上升为国家战略之际，传教士外译话语的产生、流传和使用，以及所采用的翻译策略，尤其是多种译介模式的运用，不仅为反思文化外译的规范提供历史样本，而且为探索最佳途径的外译提供可资借鉴的参考，以此推动并深化中译外研究的深度和广度，具有重要的现实意义。最后，通过对《丛报》译本所塑造的中国形象的梳理，以及探讨其中所折射出的西方文化心理，可历时性地追溯中国形象的演变过程及历史语境，以具体实例证明比较文学形象学与翻译研究的有机结合，于翻译研究中提供成功的比较文学分析视角，促进二者互补、共融。

简言之，本书主要以《丛报》英译中文文献为研究对象，既从翻译视角以文本分析为主要依据，结合社会历史背景，对典型个案进行深入系统分析，探讨译介特点、翻译背景及动因、翻译策略和翻译内容；又从文化视角考察译本影响、译本中国形象的塑造，以及与汉学发展之间的内在关联，是一项翻译文化史研究。本研究将在梳理史实的基础上，凸显《丛报》在中国翻译史、中西文化交流史和美国汉学史发展中的作用和地位。同时，力图通过对《丛报》各类译本翻译特征、翻译策略的阐释、分析，探寻文化对外译介的有效模式和传播方式，以期提高中国文化的国际传播效果。

---

① 王克非教授的《翻译文化史论》（1997/2000）作为翻译史著述，其书写模式不同于以往以翻译史实描述汇编为主的翻译史著作。该书着重从文化视角审视了翻译在文化史上的作用和文化对翻译的制约，促进了翻译文化史研究意识的觉醒和翻译文化观的建立，将翻译史研究推向一个新的高度。此后的翻译史著述中更加注重翻译的文化作用和翻译史的多样性，但对于期刊翻译文化史，尤其是西方人所编的期刊研究仍处于空白。

第三节　研究思路和研究方法

　　《中国丛报》的译介研究，属于翻译文化史研究范畴。翻译史被看作权力转向后翻译研究最关注的内容之一（张旭，2011:28-31）。翻译研究的跨学科性质在翻译文化史方面尤为明显，更需要吸取其他学科的成果，以求突破（孔慧怡，2005:14）。本研究因涉及历史、社会、文化和宗教，属于跨学科、跨文化的交叉领域，需借鉴来自语言学、历史学、文化和文学等多学科的研究成果，将视野扩大至中西文明史、中西文化交流史等领域。其复杂性决定了单纯的内部研究是有局限性的，仅停留在内部、只描述不解释是不恰当的，即不能仅仅停留于史料的罗列和堆砌。邹振环（2010:18-26）建议翻译史的内部研究和外部研究应互相结合，在全面的描述上进行有意义的阐释，以多角度、多形态的研究方法为上，从内部理论走向外部空间，这才是翻译史未来的发展方向。也就是说，通过内部解释和外部社会环境来阐释翻译的演变，显然，外部研究难度更大，对研究者要求也更高。作为一项专题翻译史研究，本书将翻译的内部研究和外部研究相结合，尝试从翻译文化史视角，借助相关文化翻译理论及史学研究方法，对《丛报》译介情况进行系统研究。除研究《丛报》译介中文文献的翻译学科内部因素外，还将借鉴其他学科的方法，研究影响翻译史实的宗教、政治、文化因素，在描述基础上进行阐述。拟从宏观和微观层面为其建立系统框架，以此为弥补晚清翻译史不足做出点滴努力。本研究将在充分考虑 19 世纪上半叶社会历史语境的基础上，结合基督教在华传教史、翻译史、中西文化交流史相关研究成果，力求从宏观上对《丛报》译介概况形成较为全面清晰的认识，勾勒出其全貌，分析翻译背后的历史文化语境、赞助人和汉学发展因素等。在微观层面，拟结合个案研究，以点带面地对不同类型译本译介中文文献的效果进行客观评估，结合静态的结构分析与动态的历史阐释，从翻译文化史视角探究《丛报》的翻译活动，对其译本进行多层次、多视角的分析，以彰显《丛报》与社会文化间的互动关系，加深对其译介和中学西传作用的认识。

　　鉴于《丛报》是第一份英文汉学期刊，是 19 世纪西方人输出中国知识的重要阵地，中西文化交流的视野是贯穿本研究的一条重要线索。就具体的行文操作而言还将借鉴皮姆的元翻译史研究著作——《翻译史研究方法》

（*Method in Translation History*）。皮姆在书中为翻译史研究规划出了三大领域和四项研究原则。他认为翻译史由三部分构成：一是翻译考古学（translation archaeology），是一整套话语，负责记录和挖掘基本历史史实，主要回答谁是译者、翻译了什么、如何翻译、在何地何时翻译、为谁而译、想达到何种效果等问题。事实上就是以译者为中心来研究译本，突出了译者的主体地位，因为翻译史也是译者中心史（Chapelle，2001）。二是历史批评（historical criticism），负责分析前人对历史上出现的翻译现象做出评价。主要评价翻译的进步价值，并非以现代人的价值观来考量过往译本的优劣，而是要回到历史现场，必须根据过往译本达到的效果来判断译者的价值，也就是对翻译产品进行历史的评价。三是解释（explanation），即解释翻译现象在某一特定历史时期和地点出现的原因及其如何与社会变迁之间发生联系。要说明译本产生的原因，特别是通过种种权力关系产生的前因后果，即社会因素，尤其注重"为什么"。简而言之，三部分的关系就是以译者为中心，运用历史评价的观点，对产生译本的社会因素和效果进行剖析，对翻译现象做出解释和评价，以达到皮姆提出的"交互文化（interculture）"。

此外，皮姆还提出翻译史研究的四大原则：一是翻译史研究需要解释翻译产品为什么会在特定的社会时代和地点出现，即翻译史应解释翻译的社会起因等问题，而许多狭窄的经验研究的方法从根本上无法进行社会起因的分析。二是翻译史研究的中心不应是译本，也并非语境，甚至不是译本的语言特征，而是作为社会人的译者，因为只有人才具有对社会起因负责的能力。只有通过译者及其赞助人、读者等社会环境，才能试图理解译作何以在特定的社会时代和地点出现。三是翻译史的研究重点在译者，故研究应围绕译者生活及工作的社会环境展开，即要基于译入语语境。四是研究翻译史的起因是为了表达、关注或试图解决影响我们当前自身处境的实际问题，出发点总在当下。这也就如柯飞（2002:31）所说："注重起因，聚焦译者，交互文化，着眼当前。"

总之，皮姆规划出翻译史研究所涉领域和基本方法，强调用社会学的方法来研究翻译，突出翻译与社会诸多因素之间的互动关系。《丛报》的译介研究涉及多种因素的考量，翻译现象背后存在诸多值得挖掘的历史动因。皮姆对翻译考古学内容的界定、强调翻译批评应回到历史现场、注重解释、强调研究重点应基于译入语语境等观点都为本课题指明了研究的方向。

　　按照以上思路，本研究将着重于以下方面：首先，搜集并观察史料。作为翻译史研究的基本步骤，史料搜集虽不是研究的最终目的，但却可以有力地保障主体阐释的精确，且作为翻译史研究的前提，翻译史料的运用一定程度上决定了研究课题能否成功，而成功运用史料的关键则是能够搜集到足够多的、系统化的翻译史料。对于通史或专门史来说，收集充足的史料是至关重要的，也可以成为许多研究工作的发端（柯飞，2002:31）。因此，本研究第一步就是最大限度地收集、完善相关研究的史料文献，对其进行系统的梳理、汇编与详细的剔抉、考辨，尽量避免产生疏漏及谬误。史料文献具体包括译者信息、文本和副文本、相关研究、历史背景等一二手材料，由此可描绘出《丛报》译介图景。

　　其次，观察史料。在具体的操作上，将对译介文本进行描写性研究，将研究重心放在文本考察上。这是翻译文化学派的共性，也是社会学、社会翻译学的基础研究方法，强调研究要以解释翻译现象为最终目的，而不仅仅是罗列现象。关注译本，进行文本细读是译史研究工作的基石，因为翻译策略、翻译思想大量反映在翻译作品中。翻译研究的文化转向使得研究从语言学模式的原文译文比照逐渐转向重视译本所处的历史文化语境、译语主体文化对译文的接受影响等，视野更为宏大。在扩大研究领域、增加研究维度的同时也逐渐出现了对翻译本体的忽视。具体到翻译史研究，则表现为一味注重分析译语文化因素和其中蕴含的权利关系而忽视文本材料的剖析和运用（修文乔，2007:7）。例如对《丛报》翻译策略进行考察，仅仅依靠译作本身很难准确判断其中的变化，因此，还需要通过和原文的对比才能真切地观察译者的翻译行为。图里（Toury，2001）的翻译研究就是通过描写原文与译文片段之间的关系及对应趋势，显示翻译行为的规律性，进而描写翻译中的规范与策略。就《丛报》译介研究而言，本书将从语言文本出发，以文本比较与对比为支撑点，细读不同类别的代表性译本，尽量辅以原文，揭示译本中的显著翻译策略，观察原文与译文在语言、内容、形式、风格等方面移译的对应程度，考察译者对翻译内容的选择及调整，再结合广泛的副文本细读，如《马礼逊回忆录》（*Memoirs of the Life and Labors of Robert Morrison*，1839）、《千禧年的感召——美国第一位来华新教传教士裨治文传》（2008）、《卫三畏生平及书信——一位美国来华传教士的心路历程》（*The Life and Letters of Samuel Wells Williams*，2002），以及序言、评论、注释等，将译文纳入宏大的历史文化语境中考虑，是对当下翻译史研究方法的补充。

最后，在描述史实的基础上剖析史识。在充分占有史料后，分析阐释史料，透过史料找寻历史事件的意义与模式，解读背后的历史动因，从而把握翻译活动的本质规律。本研究将在客观史实描述基础上进行理论的归纳，描绘翻译活动的同时，评析译者的文化使者角色；通过构建与还原翻译过程的语境，剖析译者翻译动机与历史意义，从而形成客观清晰的认识，探索历史语境下传教士的翻译思想，透视其翻译的诗学实践和文化交流的作用。同时，对《丛报》译介做理性思考和论证，进行历史化的阐释，进一步构建翻译文化体系，解释翻译与文化传播的基本规律和翻译行为的文化功效。通过《丛报》翻译过程的研究架构充实文化翻译研究，从而彰显其翻译文化史意义和价值。

研究方法是进行翻译史研究的重要部分，是开展译史研究的必要条件。翻译史的研究力量主要来自翻译学和历史学两个学科，将历史学和翻译学研究方法结合起来，既可以解释译著的历史价值，又可为历史评价提供确凿的文本依据。本书基于描写翻译研究方法，对《丛报》翻译活动中的翻译现象进行描述，解释译本的文化社会功能，强调史料、观点、思想并重。这就是要以历史的眼光，对从浩瀚的史书中搜寻、爬梳、剔抉出的史料，进行具有历史深度和理论高度的考证评估；运用合理的理论架构分析史料，找寻前人未曾察觉的意义，力图生发出富有启发性的知识形态和创造性的新结论。就具体的研究方法而言，本书主要采用历史分析法、典型文本个案研究，以及描述性和解释性相结合的方法，并运用跨学科整合的方式对《丛报》译介沟通中西文化交流的史实进行分析、对比和论证。

一、历史分析法。完成搜集、整理、考辨、分析、剔抉史料等一系列过程，并进行有效和有意义的分析，将相关译品、译者、翻译活动等置于历史的特定情境中进行研究，找寻历史事件之间的逻辑关联和发展脉络，关注其产生的根源及背后的历史动因，透过现象把握翻译活动的本质，认识其中的规律，做到以史为据，论从史出。

二、典型文本个案研究。采用个案研究的方法关注文本，选取典型文本进行分析，揭示特殊的、具有代表性的案例特征，以点带面，以点串线，通过对译本进行多层次、多视角的分析考察作品翻译策略、翻译影响等。通过文本比照分析为《丛报》翻译文化史研究提供例证，达到还原历史真相的目的。

三、描述性和解释性相结合的研究模式。史学研究在客观事实的描述基础上应进行理论的归纳和提升。在分析《丛报》译介情况的基础上，对翻译做历史化、语境化阐释，总结其特征、规律及文化建构作用。既从社会历史语境的角度对译本的多样性进行阐释说明，也对制约译本产生的因素进行分析，以此来揭示译本在产生过程中译者主体与外部环境之间的相互作用，勾勒出译出活动的历史轮廓和历史流变，做"从描述性向分析性转变的翻译史研究"（夏天，2012:82）。

四、跨学科的综合研究方法。结合历史学、翻译学、比较文学、汉学等学科的研究方法，综合考察《丛报》译介活动的特点和规律，并透视文化视域下翻译的沟通调和作用。

综上所述，对《丛报》的译介研究就是以翻译主体为线索的梳理和分析，以译文文本为基础的语境还原。本书最终将形成以历史性描写分析《丛报》译介过程为经，以研究代表性译介个案主题为纬，以回到历史现场的姿态，系统阐述《丛报》译介全貌，有史有论、史论结合的翻译史专项研究。

第四节　研究范围和论文结构

本书所涉《丛报》翻译文献范围和统计，有以下三点须加以说明。

首先，纳入研究范围的翻译单篇文献或书籍，主要是刊登于《丛报》上的中华典籍、时事政治类文本和语言民俗类文本。不同于卫三畏的《总索引》和张西平的《〈中国丛报〉篇名目录及分类索引》对文章基于内容的分类，本书的分类系从翻译学视角出发，注重文章的文化史意义，兼顾分类文章的数量。因此，《丛报》刊载的与中国相关的一般性的介绍文章，如地理、生物、气象、商业、农业类、部分时事报道和数量较少的航运、传记、年历类文章等均未列入本研究范围。

统计显示，本研究共计涉及文章数量为342篇，其中中华典籍类86篇（儒学典籍16篇，历史文化类典籍70篇），时事政治类152篇（《京报》48篇，其余104篇），语言民俗类104篇（语言文化类39篇，民俗文化类65篇），占《丛报》与中国相关的译介文章总量（1120篇①）的30.5%。从数

---

① 本书统计《丛报》刊载与中国相关的译介文章共1120篇，即去除了《总索引》中"日本、高丽"24篇、"暹罗和交趾支那半岛"21篇、"南洋群岛"18篇、"其他亚洲诸国"36篇、"传教团"23篇、"圣经的修订"15篇。

量和比例看，此三类文献基本可反映出《丛报》的译介概貌，所涉内容丰富，来源广泛，具有一定的翻译文化史研究意义。

其次，按照前述分类，本研究不仅将文章标题中含有"译自……""……之译文"类文章纳入研究范围，也将一些被视为创作类，但包含大量翻译内容，如编译、译写类的文章，通过一些相关学科研究的提示收录在内，但由于年代久远，所涉文章甄别、考证难度所限，故部分文章无法交代所依据之底本和原文作者等信息。

最后，限于研究时间及研究者本人能力，本研究对各类文本的分类统计会存在少量缺失。不过，历史材料的统计无法做到大而全，历史研究也绝不是要求史料做到详尽无缺，而总是带有选择性和主题性的考虑（Woodsworth，1998:105）。但是，本书对《丛报》译介文本的统计是可以说明《丛报》主要文献总体译介趋势和特征的。

本书共分八章，各章节构成如下。

第一章为绪论，介绍选题缘起、研究目的、内容、研究意义、研究思路和方法等。

第二章为刊物简介和文献综述。首先，概述《丛报》创刊背景、宗旨、主要内容、撰稿人等与刊物相关的史实。其次，对《丛报》现有国内外研究进行了详尽的综述，梳理了与本研究相关的学术史，涉及传教史、汉学、翻译研究等领域，载体形式包括期刊论文、学位论文、专著等，在此基础上提出本书的研究方向。

第三章阐述了本研究所依托的理论框架，即文化视域下的翻译研究，分别从"翻译的操纵—改写观"和"翻译的文化传播与构建观"两方面建构研究基础。

第四章是关于《丛报》中华典籍译介的研究。本章总结典籍译介的概况，悉数统计出典籍的原文译文相关信息，进而描述译介选材和动机，并在结合典型案例基础上，重点关注儒学典籍和历史文化典籍中的古典小说的译介特征。

第五章是关于《丛报》时事政治文本的译介研究。在统计译介概况基础上，本章首先介绍时事类文献译介主要来源——《京报》及其译介模式，进而总结该类文本译介动机，分析政体文化译介概况，涉及专有名词、《圣谕广训》的译介评析和官场文化的译介。此外，以影响中西外交史的律劳卑事件和《南京条约》的译介为案例对所涉翻译现象做出描述和解释，分析中西关系译介中所受政治、历史因素的操控。

第六章是关于《丛报》语言民俗类文本的译介研究，重点关注汉语语言文化类和民俗文化类文本的译介。在描述译介概貌后，侧重于对汉语文化译介内容、译介特征的归纳，以及对民俗文化译介选材特点、特征的总结。

第七章阐述了《丛报》译介的影响、译本塑造的中国形象及其与美国早期汉学发展的关系。重点概述了《丛报》的发行和范围、对《中国评论》的影响，并通过对《中国总论》在选材、中国形象等方面影响的归纳，剖析《丛报》在美国早期汉学建构中的作用和汉学研究特点。

第八章为结语。通过以上各章分析，总结本书研究发现，同时列出研究的局限和未来的研究方向。

第二章 《中国丛报》：第一份聚焦中国的英文期刊

《丛报》是近代第一种世界性的汉学期刊，被视为西方有关中国知识的宝库，对于近代中国社会、历史、经济、文化和宗教，以及中外关系史和欧美汉学研究均有极高的文献价值，受到来自多领域学者的关注，并已取得了一定的研究进展。在对《丛报》的译介文本展开深入研究前，我们有必要把握与刊物相关的历史史实、廓清目前国内外相关领域《丛报》研究的现状，为从翻译学视角开展的研究提供必要的背景因素。

第一节 创刊、宗旨及撰稿人群体

作为一份新闻出版物，《丛报》的创刊和停刊背景、宗旨、撰稿人群体的构成是决定刊物面貌特征和旨趣的重要因素，也直接影响了其译介目的、选材和内容。本节聚焦刊物的基本属性，厘清与此相关的史实。

一、创刊背景

《丛报》的创刊与 19 世纪初期美国海外传教活动兴起的社会背景密不可分。随着独立战争后美国经济的逐步复苏，美国资本主义展现出强劲的对外扩张之势。就宗教而言，宗教自由被定为一项国策，历史上的第二次大觉醒运动（Second Great Awakening）正是诞生于这一背景之下。

1810 年，美国设立了最早的基督教差会——美国海外传教部总会（American Board of Commissioners for Foreign Missions，以下简称美部会）。成立后不久，美部会就开始规划海外传教站的具体计划，先后在锡兰（1815）、夏威夷群岛（1819）、巴勒斯坦（1821）、马耳他（1822）和叙利亚（1823）创建传教站。在每一个传教站，传教士通过开办学校、创办报刊等形式传播基督教义（雷孜智，2008:32）。当时的《波士顿记录报》声称，"现在正是开展传教事业的绝好时候"，因此在那个"文明时代"，人们对海外国家和人民的状况有了更多的了解，这更加有利于传教士们选择到最有希望的地区去开拓他们的事业①。事实上，19 世纪初期，早在美国派遣传教士来华之前，英国伦敦传教会（London Missionary Society）于 1807 年 1 月就派遣马礼逊来华传教，是历史上第一位来华新教传教士。但是，17 世纪至 18 世纪，清康熙皇帝与传教士就天主教崇拜和儒教崇拜发生了争论，从而引发清朝廷反制，天主教失去了来自清廷的支持，这就是所谓的"礼仪之争"。由于清政府的禁教政策，马礼逊抵达中国广州后的传教工作举步维艰，他只得采用出版的方式间接布道。1815 年，他与助手米怜决定在马六甲建立一个传教基地，开展语言学习、印刷中文宗教小册子等活动。1815 年 8 月，他们在马六甲创办了《察世俗每月统计传》（*Chinese Monthly Magazine*），是世界上第一个以华人为对象的中文报刊，也是外国人创办的第一份以中国人为宣传对象的报刊。内容主要是传播基督教义，其次为新闻、新知识、各国概况等，主要发行南洋及广东一带。1817 年 5 月，他们又创办了一份英文季刊——《印支搜闻》（*The Indo-Chinese Gleaner*）（1817—1822），该刊主要登载有关中国及东南亚、印度等地区的各种消息，这些地区的历史、语言、文化等方面的研究性文章，以及基督教的传教动态报道，以对中国的报道和研究为主要内容。撰稿人基本就是米怜和马礼逊两人。1822 年，随着米怜的病逝，两份刊物几乎同时停止发行。

　　早在马礼逊决定在马六甲设立传教站时，在给伦敦传教会的报告中就提出要创办刊物，他和米怜一起草拟了一份章程，其条文登载在米怜所著的《新教在华传教早期十年史》，其中有两处谈及创办期刊的想法：

　　4. 要求在马六甲刊印一份小型月报，以便传播实用知识和基督教。
　　8. 要求在马六甲出版一份小型的英文期刊，旨在促进传教会在印东以东地区的合作和交流。我们欢迎所有在这个地区的传教士们踊跃投稿②。

---

　　① 参见《波士顿记录报》1821 年 8 月 25 日第 6 卷 35 期。转引自雷孜智著. 2008. 千禧年的感召——美国第一个来华新教传教士裨治文传 [M]. 尹文涓，译. 桂林：广西师范大学出版社：33.
　　② 参见马礼逊夫人. 2004. 马礼逊回忆录 [M]. 顾长声，译. 桂林：广西师范大学出版社：101.

可见，发行刊物在马礼逊看来是传教的必要手段之一。米怜去世后，由英华书院（Anglo-Chinese College）出版、马礼逊为主要撰稿人的英文半月刊《马六甲评论与中国新闻》（*The Malacca Observer and Chinese Chronicle*）问世。该刊于 1827 年发布的"未来工作"的计划中透露将发行一份名为《印中丛报》（*Indo-Chinese Repository*）的英文期刊，以登载关于中国历史、哲学、文学、风俗等知识为主要内容，目的是增进西方人对中国的了解，同时不排斥周边国家如印度、日本等国的风俗礼仪知识等（CR. V:159）。但由于马礼逊身在广州且没有助手，《印中丛报》最终未能面世。在广州期间，马礼逊得到几位美国商人对传教活动的支持。1827 年 11 月，马礼逊同纽约在华商人、广州美孚洋行老板奥立芬（D. W. Olyphant）等人一起向美国教会递交了一份请愿书，请求立即派遣两名传教士到中国来：一名协助马礼逊工作，为在中国传教做准备；另一名为黄埔港口的英国海员和商人布道①。他们还要求在广州设立一座英文印刷所，以出版宗教书刊和传教小册子。1828 年 6 月 17 日，美部会很快回复马礼逊："……在你来信提到的计划中，有一项工作是我们没有想到的，就是应在广州设立一座英文印刷所。我认为，经过审慎的安排，成立印刷所是非常有用的。"②随后，美部会和美国海员之友会（Seamen's Friend Society）联合起来，挑选出两名志愿者裨治文和雅裨理（David Abeel）赴中国广州传教。临行前，美部会给裨治文书面指示，肯定了他承担的使命的重要性，并告诫他要牢记首要目标是向中国人传播基督福音，"上帝很快就会为这项工作大开方便之门"（Brigman，1864:25）。此外，还指示他："在你的工作精力和条件允许的情况下，我们希望你能尽可能多来信，详细描述中国当地人民的性格特征、生活状况、礼仪风俗等，尤其是宗教对这些方面产生的影响。"③

裨治文到达中国后不久通过考察发现，中国只有"邸报"，"没有一份称得上报纸的东西"（CR.V:7）。他表达了要在澳门或广州设立一家教会印刷所的愿望，其用途之一就是创办一份搜集有关中国各种情报的刊物，在西方传教事业的支持者中发行。1830 年 5 月，他将几份从孟买购得的美国

① 参见 Robert Morrison and D. W. C. 1827. Olyphant to the American Board[J]. Missionary Research Library, Union, Theological Seminary, New York. 转引自 Rubinstein Murray A. 1996. The Origins of the Anglo-American Missionary Enterprise in China 1807-1840[M]. London: The Scarecrow Press: 220-221.

② 参见马礼逊夫人. 2004. 马礼逊回忆录[M]. 顾长声，译. 桂林：广西师范大学出版社：264.

③ 参见伊丽莎·布里奇曼所著《裨治文的生平与事业》。转引自雷孜智. 2008. 千禧年的感召——美国第一个来华新教传教士裨治文传[M]. 尹文涓，译. 桂林：广西师范大学出版社：33.

传教印刷所发行的期刊《东方基督观察》（*Oriental Christian Spectator*）寄给美部会，这些文章反映了有关"印度支那国家（Indo-Chinese nations）"历史和信仰的文章在传教事业中的价值，他希望说服美部会能够创办一份风格类似的刊物，以此达到利于在中国传教的目的。

与此同时，由于出版《印支丛报》计划未能实现，马礼逊也非常迫切地想在中国建立一家教会印刷所，以此激起人们对传教活动的广泛兴趣与支持，还能为传教士们的智慧和才能提供一个良好的平台。这和裨治文的想法不谋而合，在马六甲期间的出版活动及期刊发行计划就充分说明了这一点。这也就不难理解马礼逊为何会大力支持裨治文创办刊物，并且后来成为主要撰稿人之一。裨治文和马礼逊向美部会进一步强调，目前在华传教的唯一途径就是大量分发宗教书籍和小册子。为此，裨治文解释道：

> 由于中国政府不容许公开讲道传播福音，因此，传播基督教相关知识的最好办法就是刊印宗教书籍和手册。如此看来，新教传教士到中国后的首要任务，就是刊印和散发书籍；这也将是他们以后的工作，直到每个说汉语的人都能用自己的语言阅读上帝的伟大作品并认识神的恩典①。

他们建立印刷所和创办期刊的请求最终得到奥立芬的赞助。他安排自己所属的纽约布利克街长老会教堂捐赠了一台名为"布鲁恩（Bruen）"的印刷机给在华传教士。1832 年 4 月，印刷所正式建立，裨治文报告美部会："我们即将创办一份期刊，但具体形式尚待最后确定。"②事实上，设想的这份期刊类型接近于《印支搜闻》，旨在为英语读者提供所在地区的大量有价值的信息。这份新的杂志就是《中国丛报》，它将定期刊发各种关于中国的事宜。

1832 年 5 月，《中国丛报》在广州正式创刊发行，裨治文担任主编，直到 1847 年。第一期就诞生在美国商馆的一间小屋内。裨治文在 5 月 1 日的日记中写道：

---

① 参见《裨治文日记》（1831 年 5 月 10 日），载《教士先驱报》（Missionary Herald）。转引自雷孜智. 2008. 千禧年的感召——美国第一个来华新教传教士裨治文传[M]. 尹文涓，译. 桂林：广西师范大学出版社：73.

② 参见《裨治文致安德森《（1831 年 4 月 18 日），载《美部会档案（卷 233）》。转引自雷孜智著. 2008. 千禧年的感召——美国第一个来华新教传教士裨治文传[M]. 尹文涓，译. 桂林：广西师范大学出版社：74.

开始创办《中国丛报》。但愿它完完全全是上帝的作品，从它诞生的那日起，在它的整个前进的过程中，都是如此；愿它的每一页都充满了上帝的真理，促进上帝的荣耀，增加其子民的德行与善念①。

由此可见，《丛报》创刊的主要目的之一是为传教服务，这也是裨治文作为美国第一位来华传教士的首要任务。作为一份由传教士主办、以传教士为主要撰稿人的期刊，《丛报》不可避免地在所要表达的内容和方式上带有传教的观点和倾向，而这也是美部会派遣裨治文来华的初衷。

此外，促使《丛报》刊印的另一个主要原因是裨治文获得了普鲁士传教士郭实腊的一份日记，上面详细记载了他自 1831 年 6 月来中国传教以来，从曼谷出发至天津，沿中国沿海地区进行了长达半年、共计三次航行的所见所闻。郭实腊的日记引起了裨治文的兴趣，在当时西方人的活动范围仅仅局限于广州、澳门的情况下，这份日记无疑具有极高的资料参考价值。1832 年 3 月，裨治文致信美部会总部："看来马礼逊博士越来越渴望能有一份公共媒介来报道这里的纯粹的事实。我们现在手头有一篇比较长而且有价值的日记，是郭实腊在暹罗和华南沿海等地的游记，准备付印，其他事项也在准备之中。我们期望有一份类似于在孟买出版的期刊。"②裨治文决定利用这份日记展现一个真实的中国，这份日记以连载的形式与读者见面，是最初几期《丛报》的主打文章。1832 年 5 月 31 日，裨治文宣告《丛报》第一期正式刊印。

二、宗旨与内容

《丛报》第一卷的"发刊词（introduction）"中，裨治文首次阐明创办刊物的目的和指导思想。他开篇就指出：虽然基督教和东亚国家间存在较长时间的交往，但在知识和精神方面的交流却十分稀少，这令人感到遗憾，甚至可以说震惊（CR.I:1）。其结果无疑会造成彼此间的误解、隔阂等，究其原因是"三十年前，没有一个人具备将中文翻译成英文的能力；也没有一个天子（Son of heaven）的臣民可以正确地读、写，或是讲英语"（CR.I:1），

---

① 参见《裨治文日记》（1832 年 5 月 1 日）。转引自 Bridgman Eliza G. 1864. *The Life and Labors of Elijah Coleman Bridgman*[M]. New York: Anson D. F. Randolph: 74.

② 参见《裨治文日记》（1832 年 5 月 1 日）。转引自 Bridgman Eliza G. 1864. *The Life and Labors of Elijah Coleman Bridgman*[M]. New York: Anson D. F. Randolph: 74.

此类情况导致"中国这个国家及其人民不被也从来没有为人所了解"（CR.VII:8）。"历史上曾经有人周游过这些国家，留下了关于人和事物的许多有价值的记录"（CR.VII:9），在裨治文看来，这些早期的描述在今日读来有不少令人难以置信之处，他希望对中国进行更加全面的报道，提供不带任何偏见的信息。为此，裨治文声称：

> 这份期刊的工作之一就是要对外国人关于中国的书籍做出评论，尤其要注意到其中出现的变化，这些变化又是在何时、以何种方式产生的；还要尽可能地对现今一些真实和不真实的情况进行区分。尽管许多旧书籍包含不少有价值的信息，但其中也充斥着毫无用处的内容，使得它们失去了再版的意义。同样，现代作家的描述中也经常出现许多不够清楚或难以令人满意之处。例如，关于人口的记述，统计所得数字竟然有从2千万到神奇的3.33亿不等（CR.I:1）。

可见，为西方读者提供关于中国的知识和信息是《丛报》的一个重要宗旨。第12卷第1期中，《丛报》重申办报的一个重要目的就是"认识中国、了解中国、向海外报道中国各方面情况及其发生的变化和对中国的影响"（CR.XII:1）。事实上，裨治文也试图说明《丛报》远不止是一份传教的杂志。他认为提供一个"真实的"中国尤为重要。"发刊词"中他表示：

> 在这些（外国人编纂）的书籍当中，为数不少的在一页之内就会发现许多自相矛盾的记载，这就清楚而强烈地证明了有向本地最受认可的权威典籍咨询确认的必要性，而且要尽可能地做到精准可信。这些书籍目前可以大量地获取到，且涉及多个领域，即自然、道德、政治、商业、文学和中国文化等。它们富含历史资料，通过翔实的数据展现历史和当下。总体而言，这些本地典籍未能得到足够的关注（CR.I:2-3）。

这样的表述说明裨治文从开始就为《丛报》规定了较高的创刊目标，要努力使其成为西方研究中国最权威的出版物和资料库。接着，裨治文认为，还有许多话题也应纳入《丛报》的关注范围内。比如：

> 关于"博物史"领域，最富有成果也最适合的方向是去调查气候变化、

风力、降雨及对健康的影响；土地、矿藏、植物、畜牧业、土地肥沃程度和耕种情况；以及江河、湖泊和海洋的产量。关于商业，尤其值得关注的是从过往到现代的变化，尤其是要考察当下状况的优势和劣势。关于社会关系方面，需要对社会结构进行详细的调查，对中国人道德品质的调查，需要对他们彼此之间的关系进行长期的、认真的观察，涉及统治者和老百姓、丈夫和妻子、父母和子女之间的关系。……他们的书籍和教育体系都值得关注，这是由于这些对于所有重要的关系和群体的关键利益都有持续而强烈的影响。……鼓励研究中国的"精神形态"和"文学特点"（CR.I:3-4）。

当然，作为传教士的主编裨治文尤其关注的领域是中国人的宗教特点。他继而谈到：

我们对中国人的宗教特点也极有兴趣，将对此给予非常强烈的关注。作为一种精神的存在，宗教注定是永恒的。它拥有"知识的力量，能够领悟伟大的神，能够穿透深邃的和巨大的影响"。在具有无边的力量和智慧、最为神秘的上帝手中创造出的所有奇迹中，它是为人类展现出的最有趣味的主题。事实上，其他所有领域的内在价值都是与其对人类灵魂救赎与腐化程度成正比的。在现世如此，在来世亦是如此（CR.I:4）。

这篇"发刊词"表达了《丛报》传播上帝福音、改造中国的愿望，认为对中国的报道和研究不仅仅是为了使西方了解中国，而且还是以基督教文明来帮助中国文明的必要步骤，传递出只有认识中国才能改造中国的理念。《丛报》发行后的数年间，裨治文也多次重申办刊的宗旨和编辑方针。1833年5月他再次强调指出：我们应该有更多的知识交流。要获得关于中国的法律、礼仪、风俗、资源等方面的信息（CR.II:6）。1836年8月，他对办刊宗旨做了进一步的补充：

我们的责任是出版《丛报》，我们将尽全力提供能搜集到的值得记录的信息……我们希望在适当的时候《丛报》展示出最重要的、值得记载的故事和事实，包括中国的典制、教育制度、风俗、社交、礼仪、宗教迷信、历史艺术等。我们坚信这一刻即将到来（CR.V:151）。

　　1845 年 7 月，裨治文更加直接阐明《丛报》的宗旨：

　　我们相信，刊物值得所有对占全人类 1/3 人口之多的中华帝国感兴趣的人关注。引起兴趣和改造中国的努力，过去是，现在是，将来仍然是《中国丛报》的首要宗旨（CR.XIV:357）。

　　20 年的办刊周期内，《丛报》基本恪守了"发刊词"中的宗旨：其一，介绍中国，让西方认识中国，成为有能力、值得信赖的公认的中国权威；其二，传播西方基督教福音，从而改造中国人的灵魂，改造中国社会。诚如卫三畏所言，即致力于通过唤起人们对于其亿万民众的精神和社会福祉的兴趣，来传播有关中国的知识。报业史学者白瑞华（Roswell S. Britton，1966:26）也认为，《丛报》的创刊是为了提供中国及其周边地区的最可靠和最有价值的资料。

　　关于《丛报》的取材，近代史学家王树槐（1982:183）将其归为四类：一是已出版的有关中国之西文书籍，《中华丛刊》（即《丛报》）摘要转载，或为文评论，共达 130 种之多；二、个人游历所见所闻；三、华人口述，《中华丛刊》据以报道；四、中文书籍，此为材料最大的来源，《中华丛刊》将之译成英文，撮要介绍，共达 88 种之多。《丛报》栏目设置在 1834 年以前基本固定，主要由以下栏目构成：（1）书评（Review），是《丛报》的重要栏目之一，从第一卷就开始设立，通常置于每期首篇，是与中国相关的新旧出版物的学术评论。20 年间共计介绍了 256 种中外文书籍，中外作者著作皆包括在内，或摘要转载，或撰文评论。（2）杂记（Miscellanies），内容多为上述出版物的节选、小论文、游记、日记、知识性的短文等，如郭实腊的游记就刊登第一期上。（3）宗教消息（Religious Intelligence），主要报道各地传教士的活动和宗教事务，涉及地区不仅有中国，也包括印度、夏威夷等地。（4）文艺动态（Literary Notices），早期是各地有关教育、文艺和传教士活动的内容，后期多以介绍转载各地登载中国消息的报刊和书讯。（5）时事报道（Journal of Occurrence），即新闻报道。20 年间一直在最后一栏，篇幅较小，个别较详细。主要刊载从中外文材料上搜集而来的新闻时事。其中关于中国时事新闻动态的消息出自清政府官方发行的

《京报》①，上面刊登政府的各种谕令和各种重要新闻消息。"时事报道"一栏体现着时代的变迁，所载关于中国的消息大多按事件主题分类，是西方人了解中国国内事务的一个最可靠、最基本的信息来源。

自 1834 年 5 月第 3 卷第 1 期起，《丛报》对栏目形式进行了重大改革。不再按照内容划分，而是按照篇目顺序，在每篇文章前冠以 "Article" 的缩写 "Art" 依次编排，即第一篇（Art I）、第二篇（Art II）、第三篇（Art III）……来标注文章，文章长短不一，长文多达数十页，短文仅寥寥数行。各期头几篇篇幅较长。第三卷后，书评、文艺动态、时事报道、宗教消息等栏目予以保留，但宗教类信息数量明显减少，杂记栏目的短文逐渐开始被篇幅较长的研究性的论文所替代，书评和其他关于中国社会文化的内容明显增多，所涉内容包括中国地理、历史、法律、博物、贸易、语言等方方面面（顾钩，2009:71）。并且，自第 3 卷起，栏目并不固定，很少所有栏目同时出现，但 "时事报道" 一栏 20 年间从不间断，体现了刊物作为新闻出版物的基本属性。创刊以来，《丛报》在中西关系冲突不断、经历第一次鸦片战争、辗转三地办刊的情形下，仍能保障提供为数不少的高质量文章、即时的信息且保持期刊形式较为固定实属难能可贵。

卫三畏提供的《总索引》显示共计刊发 1257 篇文章，文章按主题分为 30 类，其分类较为细化，如表 2-1 所示。

表 2-1 《中国丛报》文章内容分类统计表②

文章主题	篇数
1 地理学（geography）	63
2 中国政府与政治（Chinese government and politics）	81
3 财经、军队和海军（revenue, army and navy）	17
4 中国人（Chinese people）	47
5 中国历史（Chinese history）	33
6 博物史（natural history）	35
7 艺术、科学和工艺（arts, science and manufactures）	27

① 《京报》最初是清朝在北京刊发的半官方性质的中文期刊，也称 "邸报"，40 页左右。每个月一次由官方特许经营的报房投递到各省。由于《京报》只是从政府专设机构中誊抄官方拟向公众传递的信息，只能起到公告板的作用，故不能算作现代意义上真正的报纸。

② 本表格在制作过程中参阅了顾钩教授的《卫三畏与美国早期汉学》和李秀清教授的《中法西绎——〈中国丛报〉与十九世纪西方人的中国》的统计数据，在此深表谢意。

续表

文章主题	篇数
8 游记 （travels）	27
9 语言文字（language & literature）	94
10 贸易和商业 (trade and commerce)	60
11 航运 (shipping)	26
12 鸦片 (opium)	55
13 广东、商行等 (Canton, foreign factories)	36
14 中国的对外关系 (foreign relations)	34
15 中英关系 (relations with Great Britain)	38
16 中英战争 （War with England）	74
17 香港 (Hong Kong)	22
18 中美关系 (relations with America)	21
19 日本、高丽等 (Japan, Corea)	24
20 暹罗和交趾支那半岛 (Siam and Cochinchina)	21
21 南洋群岛 (Indian archipelago)	18
22 其他亚洲诸国 (other Asiatic nations)	36
23 异教信仰 (paganism)	43
24 传教团 (missions)	102
25 教会医院 (medical missions)	48
26 圣经的修订 (revision of the Bible)	40
27 教育学会 (education societies)	31
28 宗教 (religious)	29
29 传记 (biographical notices)	38
30 杂记 (miscellaneous)	37
合计	1257

　　从表 2-1 可见，《丛报》内容繁杂丰富。从目录反映出各类文章的大致分布可以看出，尽管有一些文章涉及周边国家，如日本、高丽等国，但与中国相关的内容占刊物的绝对主体。它不仅记录了中国的历史与当时的现状，还记录了其时中国政府与英美等国的交往，以及周边国家和中国的交涉活动，涉及商务和传教等诸多方面。虽然《丛报》是由传教士创办的，撰稿人也以传教士为主，但与宗教相关的内容并非重点，对中国全方位、多侧面的介绍始终是刊物的主要目的。因此，不少学者认为《丛报》是一份真正的汉学刊物（王树槐，1981:171；顾钧，2009:73）。

三、撰稿人群体

20 年的发刊周期内，共有三人先后担任过《丛报》的主编一职。裨治文作为《丛报》的创刊人，也是第一任主编，于 1832 年至 1847 年任主编，又是主笔之一。第二任主编是裨治文的堂弟詹姆士·裨治文（James Granger Bridgman）。他于 1847 年 5 月至 1848 年 9 月期间负责《丛报》第 16 卷第 5 期至第 17 卷第 9 期的主编工作。在这段时间内，裨治文将《丛报》和印刷所的事务交给他管理，自己则赴上海参与《圣经》中译本的修订工作，并打算利用这段时间开辟新的教区，在那里建立一个永久的传教点。尽管詹姆士来华后协助裨治文做了不少编辑工作，但担任主编仅仅一年多的时间。最后一任主编是卫三畏。他于 1833 年抵达中国，最初以"印刷工"的身份主要负责印刷工作。除裨治文外，他是与《丛报》关系最为密切的人物。不仅长期主持《丛报》的印务，而且实际负责《丛报》的编纂工作，1848 年 9 月接替詹姆士全面主持《丛报》编辑工作，负责编辑、出版和发行，直至 1851 年停刊。

《丛报》的撰稿人以传教士为主，几乎这一时期所有来华新教传教士都曾向《丛报》投稿，正如白瑞华（1966:28-29）所言："《丛报》投稿人的名单实际上就是当时所有在华英美人士的名单。"此外，也包括外交官和商人，他们主导了《丛报》的关注方向。和 19 世纪早期的西方刊物《广州记事报》《广州周报》等报纸一样，《丛报》发表的文章大多数是匿名或署笔名的。裨治文在一篇文章中曾表示"今后在作者同意的情况下据实署名"（CR.VII：401），但事实上直到最后几期才有部分文章标明作者。文章匿名的原因，并不包括避免承担责任，却并未明确指出这样做的原因。《丛报》终刊之时，裨治文和卫三畏编辑的《总索引》提供了大部分文章的作者姓名，为后来的研究者提供了便利。

除去主编之外，《丛报》共有约 136 位撰稿人，包括传教士、商人、外交官、医生、汉学家等不同职业群体，主要来自英国、美国、德国、葡萄牙、法国和中国等国家，其中大多数人仅撰写一两篇文章。其中，投稿最多的共有五人：裨治文（424 篇）、卫三畏（146 篇）、马儒翰（74 篇）、马礼逊（71 篇）和郭实腊（51 篇）。《总索引》将这五人的名字标注为 E.C.B、S.W.W、J.R.M、R.M 和 C.G，其他标注了作者姓名的文章均使用作者全名。这 5 人皆为传教士，就学识而言，他们比大多数投稿者更为出众，也比多数西方人更了解中国。他们的投稿总量占稿件的 50% 以上。此外，位列第 6 到第 10 名的撰稿人依次是：美国商人查尔斯·金（C.W. King）（27 篇）、英国著名传教士麦都思（Walter Henry Medhurst）（21 篇）、美国新教传教士埃德温·史蒂芬（Edwin Stevens）（20 篇）、英国外交官琼斯（J. T. Jones）（17 篇）、英国外交官李太郭（George Tradescant Lay）（17 篇），他们都向《丛报》投稿多篇。另有一些撰稿人身份值得特别留意，如《丛报》的赞助者美国商人奥立芬；英国汉学家、语言学家、驻华公使威妥玛（Sir Thomas F. Wade）；《威斯敏斯特评论》（Westminster Review）合编者、第四任香港总督宝宁（J. C. Bowring）；中国历史文化研究专家、第二任香港总督德庇时（J. F. Davis）；美国外交官、中美《望厦条约》条约美方签署者顾盛（Caleb Cushing）；美国首位来华医疗传教士、广州博济医院创始人伯驾（Peter Parker）；美国商人、《广州番鬼录·旧中国杂记》（又译《天朝拾遗录》）的作者威廉姆·亨特（William C. Hunter）；在当时就已知名的法国"汉学三杰"之一——儒莲（M. S. Julien）和卡雷里（J. M. Callery）。中国籍作者较少，仅有梁进德（Liang Tsin-The）、阿昌（A Chang）、阿冲（A Chong），他们均是裨治文的学生。投稿主要来源于传教士、商人和外交官三个群体。他们大多是各国在华的外侨，人数最多的群体是在华传教士，多数为美国人。

　　从这份名单大致可见《丛报》的影响已达到国际化的程度。它不仅是来华西方人士发声、获取信息的重要的新闻平台，也是一个汇集各方意见、碰撞交流思想、影响中外的阵地。《丛报》终刊之际，创刊时期的作者，除了一两个之外，都已回到各自的祖国或已经去世。刊物还特别向马礼逊父子、雅裨理、娄礼华、郭实腊等传教士表示谢意①，足见传教士撰稿人对《丛报》的贡献。可以说，一个多层次的撰稿人群体在一定程度上保障了《丛报》作为新闻期刊所具备的舆论信息多样性。

　　但是，严格地讲，《丛报》的作者多为业余学者。他们多数并非潜心研究的专业汉学家，其身份或是承担着传播基督教福音、征服异教者使命的来华传教士，或是意图通过在华贸易谋求利润的外国商人，或是肩负着为本国政府外交和军事在华服务的外交官。他们都拥有良好的教育背景、学术素养和丰富的知识储备。亲临现场的细致描述和丰富内容使得他们的作

---

① E C Bridgman and S W Williams. 1851. Editorial Notice[J]. General Index of Subjects Contained in the Twenty Volume of the Chinese Repository: 4.

品表达了 19 世纪前期欧美社会和在华西方人群体的中国观，具有重要的学术价值。就本书所涉《丛报》文本而言，出自新教传教士之手的占绝对数量比例，因此，为便于讨论，本书将译介主体界定为来华新教传教士。这批传教士来华之时，恰逢中西方格局发生重大转变之际。此时，西方近代资本主义文明经过几百年的发展，已在很多方面大幅度地超越封建时代的中国文明，他们看待中国的眼光已完全不同于明末清初时期的天主教徒，且由于其职业特性，他们更能直观地感受到中西文明间的巨大差异，也因此体现出带有西方文化优越感和基督教优越感的中国观。这些都直接或间接体现在他们的翻译活动中。

四、停刊原因

关于《丛报》的经费来源，裨治文和卫三畏在《总索引》前有一段长达 4 页、约 2000 字、类似停刊词的《编后语》（Editorial Notice）中提到：

尽管最初《丛报》的刊行得益于位于波士顿的美部会慷慨允诺赞助者使用该会的印刷机，这使得《丛报》得以刊发并维系下去，但是，没有任何传教差会对它（《丛报》）给予指导，也没有差会提供直接的支持。本刊编辑、撰稿人均未收取任何酬劳。但创刊之时，一位朋友曾慷慨承诺将会承担本刊的亏损。然印刷所的收入足以抵消支出，因此终刊之时任何人均未曾蒙受损失。

由此可见，《丛报》之所以能够坚持 20 年，一是依赖其销售所得，二是得益于奥立芬的大力资助。《丛报》第一年的费用由裨治文、马礼逊等组织的广州基督团契（The Christian Union at Canton）负责；1834 年初奥立芬主动提出由他来承担《丛报》可能的损失，解除了《丛报》的后顾之忧，也使得裨治文和卫三畏能够顶住美部会对《丛报》涉及较多世俗内容的质疑而坚持办下去。

事实上，美部会内部对《丛报》颇有微词，他们认为裨治文在编纂工作上投入了过多的精力而耽误了传教的工作，且《丛报》许多内容与宗教无关。随着矛盾的日益加剧，1850 年，美部会致信明确反对《丛报》继续刊行，这是导致《丛报》最终停刊的主要原因之一。需要指出的是，即便没有来自美部会的反对，《丛报》的停刊也在所难免。一是由于《丛报》自身面临的竞争危机和困境。1832 年创刊之际，仅有 5 家刊物和 2 份英文报纸，到了 1851 年已增至 13 家刊物和 5 份英文报纸。其中，1842 年的《中国之友》（*Friend of China*）、1843 年经《广州记录报》改版而来的《香港记录报》（*Hongkong Register*），以及创刊于 1845 年的《德臣报》（*The China Mail*）等商业报纸所提供的新闻、广告、行情类的实用信息颇受欢迎，这给《丛报》带来很大的冲击。直接竞争者的增多导致《丛报》后期运行的困境，前十年尚可依靠销售量多做到自给自足，但自 1844 年便开始连年亏损。卫三畏在他的《中国总论》中称：

> ……如果仅仅从经济利益上来考虑，《丛报》并不成功。在过去的 7 年中，它每年亏损三四百美元。最后一年只有 300 人订阅，售价是每本 3 美元，用来支付工人的工资都不够。

1851 年奥立芬在回美国的途中去世，《丛报》失去了坚强的经济后盾。许多支持者都迁居别的沿海城市或去了欧洲，发行量大大减少，刊物开始资不抵债。

此外，《丛报》后期稿源严重不足，投稿人数量锐减。1851 年 8 月《丛报》第 20 卷披露了一份在华传教士的名单，显示自 1807 年至 1844 年共有 73 位传教士来华，其中 33 位曾为《丛报》供稿。1845 年到 1851 年，在来华的 77 位传教士当中，仅仅有 3 位为《丛报》供稿。早期的主要撰稿人马礼逊父子和郭实腊也都相继去世，一些重要的作者也已回国。除了极少数文章出自以往的支持者之手，绝大多数稿件均出自卫三畏之手，甚至有时一期稿子从头至尾都是卫三畏的手笔。

还有裨治文和卫三畏自身的原因。随着鸦片战争的爆发，凭借对中国语言文化的通晓，裨治文参加了很多对华外交事务，担任翻译，参与《望厦条约》的签订等工作，这些工作都占用了他大量的时间和精力，而卫三畏在 1849 年 4 月写给弟弟的信中也透露出想创办一份中文杂志的想法。裨治文赴上海后使得卫三畏越来越感到力不从心，1851 年底，他决定停刊。

因此，《丛报》的停刊是多方面因素共同作用的结果，是时代的必然。既有《丛报》自身面临的资金短缺、竞争激烈的问题，也有编著者、支持者的因素。《丛报》的编辑对停刊感慨不已，《编后语》中表达出"希冀在未来，我们曾经的辛苦工作会得到公正的评价，《丛报》的作品会得到恰当的地位"。同时，他们再次阐明刊物的价值："在中国像《丛报》这样一份60页的月刊用以讨论重要的话题、描述有趣之处、刊载有价值的译文、记录事实的真相——这些是《丛报》介绍中国、诠释中国的永恒的见证。"①应该说，这显示出《丛报》撰稿人对刊物在中西文化交流中的重要作用所持有的积极肯定的态度。

第二节　研究综述

作为第一份以中国为研究对象的英文期刊，《丛报》是早期西方人观察中国的一个渠道，是发表西方人舆论和西方人中国研究成果的重要阵地（吴义雄，2013:4）。《丛报》传播中国知识的重要手段便是翻译，正是通过对中国典籍、语言、历史、文化等文献的译介，《丛报》在西方最期待了解中国的关键时期输送了大量的信息，充当了晚清时中西方沟通的媒介。对《丛报》译介的研究不仅需要梳理原始的翻译实践，还需要考察决定译者翻译活动的时代背景、基督教义特征等外部因素。本节对《丛报》相关研究进行梳理，以此廓清研究现状，为后续研究奠定文献基础。与本书研究相关的成果多见于基督教新教传教史、中西文化交流史、汉学史、报刊史、翻译史等多方面研究。综述将在回顾相关研究基础上指出其为本书提供的资料基础和研究启示。

一、国外相关研究

与《丛报》相关的国外研究资料主要包括《丛报》编纂者的著述、传记和后人的相关研究等。这些成果对于研究《丛报》译介背景和动机均有重要的参考价值。

（1）传教史、中西交流史著作

英国新教传教士米怜（William Milne）所著《新教在华传教前十年之回顾》（*A Retrospect of the First Ten Years of the Protestant Mission to China*，1820）中记叙了《丛报》撰稿人马礼逊（Robert Morrison）、米怜等在1807年至1819年在华等地的活动。书中收录了大量马礼逊日记、信件和时人评

---

① E C Bridgman and S W Williams. 1851. Editorial Notice[J]. General Index of Subjects Contained in the Twenty Volume of the Chinese Repository: 5-6.

论与背景介绍，是研究他们汉语学习和翻译的重要史料，具有极高的文献
价值。

《丛报》主编之一卫三畏的《中国总论》（*The Middle Kingdom*）是一部
几乎涵盖中国社会与历史文化所有重要方面的汉学专著，被誉为美国汉学
的开山之作。该书从数量上看，引用《丛报》上的文章是最多的，尤其是
初版，内容涉及贸易、农业、地理、风土人情、语言文学、科学技术等多
方面。这些汉学文章为书写《中国总论》打下了坚实的基础，是考察《丛
报》在美国传播影响的重要参考。

英国传教士伟烈亚力（Wylie Alexander）所著《1867 年以前来华基督
教传教士列传及著作目录》（*Memorials of Protestant Missionaries to Chinese*，
1867）记录了 1867 年以前所有来华新教传教士的生平、活动和出版物。该
书按照传教士来华的先后顺序编排。每篇传记由两部分组成：前一部分是
传教士的小传，叙述其生平与主要活动；后一部分是该传教士的中、外文
著作目录，附有内容简介。该书详尽而准确地记录了 1800 年到 1867 年来
华的 338 位基督教传教士，资料完整、准确，具有权威性，是一部重要的
宗教、历史研究方面的工具书。

进入 20 世纪，西方关于传教史研究有了新的进展，在广度和深度上都
有所推进，成果突出，出现了不少通史类研究著作。这一时期加拿大的传
教士季理斐（MacGillivary）所整理编辑的《新教在华传教百年史》（*A Century
of Protestant Missions in China (1807-1907): Being the Centenary Conference
Historical Volume*，1907）资料保存丰富，是研究 19 世纪在华新教传教士
的第一手资料，涉及在华活动史、翻译活动等，是本研究的重要线索之一。

美国著名中国学研究专家赖德烈的《基督教在华传教史》（*A History of
Christian Mission in China*，1929）是当今西方学术界的经典之作。全书资
料翔实，分析透彻，内容涉及天主教、新教（基督新教）和俄罗斯东正教
在华的传播与发展。作者注重收集历史学家至为重视的原始资料，包括传
教士的原著、信函和报告，展现由基督教第一次来华至 1926 年基督教在华
传教史。本书第十三章、第十四章均涉及新教在华传教史，叙及马礼逊、
郭实腊等人的活动，这些在华活动对他们的翻译观和翻译思想的形成有着
重要的影响。

此外，由英国汉学家约·罗伯茨（J. A. G. Roberts）编著的形象学著作
《十九世纪西方人眼中的中国》（*China Through Westerner Eyes: The*

Nineteenth Century，1999）一书介绍了中西文化交流和文明冲突中西方视野里的中国形象。该书基于大量西方人关于中国的著述，以翔实的史料、客观的评述，真实地反映了 19 世纪在华西方人对中国的认知，是了解《丛报》发行期间西方人中国观的重要资料。

（2）传教士传记

传记是记录历史人物的活动记录，是历史的组成部分，是最好的记录历史人物的方式。因此，阅读传教士的传记就是阅读历史。他们的所思、所为展现了特定阶段历史的时代特征，传递出对他们所处时代历史的领悟。《丛报》的主要撰稿人裨治文、卫三畏、马礼逊、郭实腊等均有传记或回忆录，其内容大多来自他们与家人朋友间的往来书信、日记、随笔、论文、翻译的文章和文件等一手史料。这些原始材料真实地展现了历史的本来面目，是研究《丛报》译者的翻译动机、活动、背景、选材的重要参考。

马礼逊是第一位来华新教传教士，其传记数量最多。最早的一部是他的夫人搜集他生前所写的日记、书信和文件等手稿编纂而成的《马礼逊回忆录》（*Memoirs of the Life and Labours of Robert Morrison*，2004），此后还有威廉·汤森（Williams Tomsend）所著的《在华传教士先驱马礼逊》（*Morrison，the Pioneer Chinese Missions*，1891）、英国传教士海思波（Marshall Broomhall）所著的《传教伟人马礼逊》（*Robert Morrison：A Master Builder*，1924）、赖廉士（Lindsay Ride）所著的《马礼逊其人其学》（*Robert Morrison: The Scholar and The Man*，1957）。这些传记从不同侧面介绍了马礼逊的生平和在华传教活动，包括编纂《华英字典》、创办英华书院、翻译《圣经》和推动《中国丛报》的创刊等。

《丛报》创刊主编裨治文的夫人伊丽莎·布里奇曼（Eliza J. Gillett Bridgman）撰写的《裨治文的生平与事业》（*The Life and Labors of Elijah Coleman Bridgman*，1864）是关于他的第一部传记，也是最为全面的著述。它从基督教和传教士的视角，详细而清晰地展示了早期来华传教士的真实生活。纽约州立大学布法罗分校的雷孜智（Michael C. Lazich）基于各种信件、日记、英文史料等原始文献完成了以裨治文为题的博士论文，并以此为基础于 2000 年出版了《千禧年的感召：美国第一位来华新教传教士裨治文传》一书，该书以 19 世纪的时代背景为依托，基于大量真实史料对裨治文的生平和事业进行客观而公允的评价，是研究《丛报》创办过程及裨治文的翻译思想等的必要参考。

《丛报》另一重要撰稿人卫三畏的传记是由其子卫斐列（Frederick Wells Williams）所著的《卫三畏生平及书信——一位美国来华传教士的心路历程》，该书按年份刊载大量卫三畏与父母、妻子、裨治文和其他朋友的往来通信和部分日记，记叙了他在华期间所闻、所为、所感。阅读本书可以了解这位美国早期汉学研究的先驱者在华活动的心路历程，是解读其《丛报》译介选材、编纂《中国总论》等汉学活动的必备之作，也能够为研究中国近代史、中美关系史等提供参考。

撰稿人郭实腊的传记主要是由鲁珍晞（Jessie G. Lutz）撰写的，共有两部：一是《郭实腊：早期中国基督教文化的促进者》（*Karl Gutzlaff: Missionary Entrepreneur in Early Chinese Protestant Literature*，1982）；二是《开放中国：郭实腊在中国的传教事业》（*Opening China: Gutzlaff and Sino-Western Relations*，*1827-1852*，2008）。作为早期来华新教传教士，郭实腊在华活动长达 20 年，在传教、著书、航行，以及参与鸦片战争等方面都有积极的活动。他的传记视角独特，涉及面广。

此外，《丛报》其他主要撰稿人如娄礼华（Walter M. Lowrie）、鲍留云（Samual. R. Brown）、米怜等人，均有传记或回忆录记叙他们在华期间的主要事迹和活动（W. M. Lowrie，1849；Grifis，1902；Morrison，1824）。

（3）期刊论文等

日本学者岩井大慧（Iwai Hirosato）、沼田炳雄（Numata Tomoo）、百濑弘（Momose Hiromu）等十几位学者自 1942 年至 1944 年，对《丛报》前十五卷内容进行重新整理，并将其按照书评、文章、新闻等栏目分类，部分由日文节译而成《〈中国丛报〉解说》（An Explanatory Guide to *The Chinese Repository*）十五卷，每卷约 150 页，为《丛报》原篇幅 1/4（转引自尹文涓，2003:25）。这项工作为后来者提供了极大的方便，表现出日本学者对该刊的重视程度超过美国和中国。

澳大利亚伊丽莎白·马尔科姆（Elizabeth Malcolm）发表在《现代亚洲研究》（*Modern Asian Studies*）上的《〈中国丛报〉与 1800—1850 年西方关于中国的著述》（*The Chinese Repository* and Western Literature on China 1800 to 1850）是针对《丛报》较为深入详尽的国外研究。该文系作者在 1960 年的硕士学位论文基础上整理而成。文章从《丛报》创刊背景和动因入手，对《丛报》撰稿人、发行面、影响等方面进行了简要精确的评价，是关于《丛报》研究较有参考价值的一篇文献。

20 世纪 90 年代美国涉及《丛报》的主要研究论文有两篇: 一是张格物 (Murray Rubinstein) 的《等待战争: 鸦片战争前的美国传教士和〈丛报〉》(*The Wars They Wanted: American Missionaries Use of The Chinese Repository before the Opium War*, 1988)。该文将对传教士活动的研究放在他们和《丛报》的互动关系中, 从而凸显了《丛报》作为舆论载体的特殊意义。二是赵得林 (音译自 Der-lin Chao) 的《从〈丛报〉看 19 世纪西方人汉语学习》(*Promoting the Study of the Chinese Language in the Early 19th Century: The Chinese Repository* as a Resource)。两篇文章中都大量使用了《丛报》上的相关史料。

近年来, 随着海外汉学研究的升温, 韩国学界也有不少学者开始关注《丛报》的汉学价值。韩国中语中文学会是韩国中文学界最有影响力的学术团体, 拥有一千多名会员, 其会刊《中语中文学》刊载多篇与《丛报》相关的文章。韩国的《当代中国文学》《中国语文论译丛刊》《中国语言文学》等期刊也有数篇《丛报》相关研究, 多与传教、文化等主题相关。

这些文章包括《〈中国丛报〉对 19 世纪上半叶东亚知识话语的考察》(The Discourse and Network of the Knowledge on Eastern Asia in the First Half of the 19th Century: Focusing on *The Chinese Repository*)、《〈中国丛报〉发刊词的翻译及评论》(The Translations of the Introductory Remarks of *The Chinese Repository*)、《〈中国丛报〉与〈中国总论〉间的关联性研究》(A Study on the Correlation between *The ChineseRepository* and *The Middle Kingdom*: A Review on the Systematization Process of Chinese Knowledge of the West in the 19th Century)、《马礼逊译介〈中国丛报〉"杂记"及评论》(The Translations of "Miscellanies", *The Chinese Repository* by Robert Morrison with an Added Commentary)、《〈中国丛报〉刊载马礼逊关于中国人及其宗教身份的认识》(Robert Morrison's Perceptions on Chinese People and Christian Identity Revealed in *The Chinese Repository*)、《从 19 世纪早期东西方文化接触中的〈中国丛报〉谈传教过程中的中西语言接触》(Cultural Contact between East and West in the Early 19th Century and *The Chinese Repository*: Focused on the Contact Process of Chinese-western Language Culture in a Process of Christianity Propagation)、《裨治文在华传教工作及 18、19 世纪之交宗教复兴语境下解读〈中国丛报〉发刊词中的"知识"概念》(Bridgman's Missionary Work in China and the Concept of "Knowledge" in the Early Introductory Remarks in

The Chinese Repository Seen in the Context of the Religious Revivalism of the Eighteenth and the Early Nineteenth Centuries)、《郭实腊的第三次沿海游记及评论》(Gutzlaff's Journal of His Third Voyage along the Coast of China—Translated into Korean and Annotated with a Commentary)、《〈中国丛报〉译介〈四书五经〉及评论》(The Translations of *The Chinese Classics* of *The Chinese Repository* with an Added Commentary) 等多篇论文。

同样来自韩国的学者闵正基以《丛报》第一、二卷的"书评"专栏为考察对象，以此探究新教传教士汉学话语的构建。哈佛大学的韩南（Patrick Hanan）教授致力于 20 世纪以前中文白话小说的研究，其论文《19 世纪在华传教士小说研究》(The Missionary Novels of the Nineteenth-century China) 对在此期间新教传教士在中国国内创作和翻译的中文小说进行总体概述，并重点介绍了其中成就较为突出的作者。该文考察了多部《丛报》译介的中文小说及其影响，关注了这些小说在西方的传播影响。

二、海峡两岸暨港澳地区相关研究

国内学者在 20 世纪 80 年代才开始关注《丛报》。1982 年，广东省文史研究馆组织专家从《丛报》中编译部分与鸦片战争、林则徐等相关的内容，分别由中华书局于 1983 年出版了《鸦片战争史料选译》，由广东人民出版社于 1986 年出版了《鸦片战争与林则徐史料选译》。两部著作侧重翻译与广东人民反抗侵略斗争和林则徐禁烟等内容相关的史料，为相关领域研究者提供了研究便利。广东省人民政府文史研究馆主办的历史类期刊《岭南文史》于 1985 年至 1988 年分 7 期先后连载了《丛报》20 卷文章的中文提要，将每篇文章的标题、概要等一一译出，涉及版本、译者等信息，在当时国内仅存两套合订本《丛报》的情况下，为研究鸦片战争和中国近代史提供了重要资料。2008 年，广西师范大学出版社出版了全部 20 卷《丛报》的影印版，同时刊出了由北京外国语大学张西平主编、顾钧和杨慧玲整理的《〈中国丛报〉篇名目录及分类索引》，对《丛报》文章进行了更为细致的分类、编译，并提供详尽的卷数和页码信息，极大地便利了学界利用这一文献史料。以上文献都为本研究的资料搜寻提供了宝贵的史料线索，是研究所依据的重要基础。此外，追溯相关学科的研究成果也对本书提供了诸多启示。

（1）中西文化交流史

北京大学尹文涓博士的《〈中国丛报〉研究》（2003）是目前所见关于《丛报》最为系统的研究著述，史料丰富，分析详尽。论文考察了该刊在中西文化交流史和中国近代化进程中的影响，涉及内容主旨、编辑运转等史实的分析，并重点关注了《丛报》上关于鸦片贸易的讨论和对"God""Spirit"等词汇翻译引起的"译名之争"，力图从整体上把握刊物20年的舆论效应和两起争论在中西关系格局变迁中承载的历史意义。同时，该文从《丛报》与19世纪西方汉学的关系，以及《丛报》与当时中国知识界的接触角度探讨了《丛报》在中西文化交流史及中国近代思想史上的重要意义。该文在引用的海外文献、所关注的《丛报》的具体文章内容和对相关发行背景的考察上，对本研究在史料运用和研究内容选取方面有重要的借鉴作用。

卞浩宇的《晚清来华西方人汉语学习与研究》（2010）涉及马礼逊和裨治文在华汉语学习经历，以及《丛报》上关于汉语学习和研究的译介文章。汉语学习是《丛报》翻译选材的主要原因之一，而该文的系统论述为本书研究西方人学习汉语提供了丰富、珍贵的历史文献资料。

中山大学吴义雄教授是中西交流史领域对《丛报》研究较为深入的学者。他的《在宗教与世俗之间——基督教新教传教士在华南沿海的早期活动研究》（2000）以新教在华传播开端阶段的历史为研究对象，关注19世纪前期新教传教士在华南沿海的宗教活动、传教士与西学传播和近代西方的中国学等方面的问题。该书充分利用了《丛报》的资料，探讨了新教传教士译介《丛报》中国文化典籍的情况，并初步解读了这一群体与早期西方汉学的关系。他的另一部近期著作《在华英文报刊与近代早期的中西关系》（2013）以19世纪20年代到40年代出版发行的英文报刊为研究对象，探讨了这些报刊及其所塑造的舆论在这一时期中西关系演变过程中的角色，同时考察了在华西方人对中国社会文化的认识的评价。该书用相当篇幅阐述了《丛报》与中国研究间的关联，利用《丛报》刊载的译介文章，检视了西方人对中国历史文化、语言、政治与法律的认识，并肯定了《丛报》作者群重塑西方关于中国观念和知识的认识的努力，从而审视了《丛报》作为西方人经营的媒体在近代早期中西文化交流进程中的作用和意义。

台湾大学历史研究所张志惠的《〈中国丛报〉与新教传教士关于中国的理解与书写》（2006）旨在以《丛报》文本为基础，探讨新教传教士关于中国的理解及为预设读者所建构的中西交流模式，从而审视19世纪上半叶的中西文化间的互动关系。

除以上专著对《丛报》研究之外，不少国内硕士论文也以《丛报》相关研究为题。如戴丽华的《〈中国丛报〉与早期中美文化交流》（2007）评价了《丛报》在东学西渐和东方文化交流中的桥梁作用；吴慧珺的《〈中国丛报〉时事报道研究》（2015）以《丛报》刊载的新闻报道入手，结合细致的文本分析和消息的来源、受众、内容等方面的特点，探讨《丛报》向西方传递的中国形象；曹飞霞的《鸦片战争前后美国对华认识——以 1832—1851 年的〈中国丛报〉为研究中心》（2013）关注《丛报》创办前后美国对中国认识的变化及《丛报》所发挥的作用。杨玉秋的《基督新教传教士与鸦片战争——以 Chinese Repository 资料为中心》（2013）以新教传教士为研究主体，基于《丛报》的文献，探析这一群体在鸦片战争前后的活动及其对中西关系等方面的影响。陈延燕的《〈中国丛报〉与十九世纪中叶西人汉语研究》（2018）关注《丛报》汉语研究和教学类的文章，并探讨对当下对外汉语教学的借鉴意义。

期刊论文方面较有代表性的包括谭树林的《卫三畏与中美文化交流》（1998）和《〈中国丛报〉考释》（2008）、邓绍根的《美国在华宗教新闻事业的开端：裨治文与〈中国丛报〉》（2012）和《美国在华早期宗教新闻事业的守护者：卫三畏与〈中国丛报〉》（2013）、顾卫星的《马礼逊与中西文化交流》（2002）、张涛的《〈中国丛报〉的孔子观及其向美国的传播》（2016）和王海、王海潮、钟淇的《19 世纪上半叶在华外国人汉语拼音化活动与影响——基于〈中国丛报〉记述的考察》（2017）。此外还有王树槐的《卫三畏与〈中华丛刊〉》（1981）、苏精的《〈中华丛论〉的生与死》（2006）和孙若怡的《卫三畏与〈中国丛报〉》（2009）等。

以上有关《丛报》的研究从不同侧面以人物、事件、理论、活动等作为主要线索关注史料，进行了多种的梳理和研究，展现出《丛报》及其撰稿人在文化交流史领域的研究价值。其中所涉史实及分析阐述方式为本书提供史料依据及研究背景，是把握译介作品及译者活动的重要因素，但囿于研究范围和中心的限制，未能更多地提供翻译学视角的史料解读。

（2）汉学史

汉学史著作也有不少涉及《丛报》的研究，为本研究提供了必要的汉学学术背景。浙江大学张施娟的博士论文《裨治文与他的〈美理哥合省国志略〉》（2004）主要研究了《丛报》创办者裨治文和他的《美理哥合省国志略》，论及裨治文在华早期活动和在鸦片战争中的活动，以及《美理哥合省国志略》内容、传播和影响。其中部分章节概述了《丛报》创刊经过并涉及《丛报》刊载译介的官方文件等，为本书的撰写提供了必要的历史背景资料。

顾钧所著《卫三畏与美国早期汉学》（2009）以《丛报》后期主编卫三畏与美国汉学的关系为切入点，基于原始史料的开拓与挖掘，阐明了卫三畏在美国汉学历史上的贡献，从其汉语学习、汉学著作、刊物的编纂和影响与晚年所获荣誉等方面做出了客观公允的评价。书中将《丛报》中卫三畏译介的文章篇目按发表时间进行了分类统计，为后续相关研究提供了直观有效的计量统计信息。该书利用了前人没有利用或没有充分利用的卫三畏家族档案和其他英文资料，并基于一手史料进行了深入系统的考察，对美国早期汉学整体状况予以清晰的展示。

宋莉华的《传教士汉文小说》（2010）点面结合地对明末至晚清的传教士汉文小说进行了详细论述。考虑到《丛报》在早期向西方译介中国古典小说方面发挥了重要作用，在西方社会影响很大，并对传教士进一步学习和模仿中国小说起到了实质性的推动作用，该书第五章重点关注了《丛报》译介的古典小说及其对传教士的影响，为本研究提供了宝贵史料线索。

孔陈焱的博士论文《卫三畏与美国汉学研究》（2010）在既有成果基础上，多角度、全面系统地评价了卫三畏的汉学成就及其对美国早期汉学发轫的影响，该文亦包括对卫三畏在《中国丛报》发表文章的列表统计，通过可视化的图表和数据阐明卫三畏以编辑《丛报》为基础展开汉学研究的开端。同时，以美国汉学开山之作——《中国总论》为个案研究，总结出早期汉学的特点，勾勒出美国早期汉学的概貌。

马少甫的博士论文《美国早期传教士中国观和中国学研究——以裨治文为中心的考察》（2007）关注《丛报》创办者裨治文的中国观及其特点、成因和产生的影响，同时分析了卫三畏作为裨治文在华事业重要推进者所持有的中国观及《中国总论》与美国汉学发展之间的关联。

熊文华的《美国汉学史》（2015）是关于美国汉学发展的漫长轨迹的全面综述性著作，书中对美国汉学进行了整体扫描，梳理了新教传教士为美国汉学问鼎天下创造契机等脉络。该书在介绍美国汉学家团队及其建树中多次征引《丛报》译介史实。

相关代表性期刊论文如仇华飞的《论美国早期汉学研究》（2000）、尹文涓的《〈中国丛报〉与汉学研究》（2003）和《〈中国丛报〉与19世纪西方汉学研究》（2014）等均探讨了《丛报》与美国汉学的关系。

（3）传教史

《丛报》研究与基督教新教传教史密切相关，近年来国内学界出现了一些较有代表性的研究著作。顾长声的《传教士与近代中国》（1981）作为传教士与近代中国关系的开山之作，对自鸦片战争至中华人民共和国成立期间传教士在中国活动的全过程进行系统记录。他的另一部著作《从马礼逊到司徒雷登——来华新教传教士评传》（1985）试图从横向对传教士在近代中国的活动及其影响进行考察。该书选取 29 名基督教新教传教士，对他们各自的生平加以评述，包括《丛报》主要撰稿人裨治文、马礼逊、郭实腊、鲍留云在华主要活动，并概述了《丛报》创刊的背景。

罗伟虹主编的《中国基督教（新教）史》（2014）专写基督教新教历史，综合国内外史料几乎对所有重大事件都有细致的叙述。其中，第一编是关于 1807 年到 1911 年清末时期的新教史，记叙了裨治文、卫三畏、郭实腊等人的活动，并简要提及裨治文译介中国古籍经典和卫三畏编写《中国总论》的史实。

以上所述各项研究反映了《丛报》多领域的研究价值，为本研究提供了 19 世纪上半叶中西社会背景、文化的相遇、传教士译者的生活环境、翻译思想形成的过程等信息，这些都是影响译者工作和译作形成的要素，是分析《丛报》译者活动的重要基础，提供了必要的学科背景。本研究将充分考虑到翻译活动受到的背景性影响，力图始终把握翻译学的视角，基于多学科的外围性研究，从传教士译者在历史中的多重角色中聚焦其译者属性，从其翻译行为和活动的影响中聚焦其翻译学意义。

（4）翻译研究

黄焰结等（2016：38）调查了国内数十家高校和学术机构的图书馆馆藏与翻译史相关的著作，并结合读秀数据库、孔夫子旧书网等网络数据库做检索补充。以"翻译史""翻译研究"等为关键词搜索，同时结合人工阅读筛选，统计出 1979 年至 2013 年国内共计出版 540 部翻译史著作，主题多以文学翻译史或翻译文学史为主。就翻译方向而言译入史又明显多于译出史数量，具体到与本书相关的传教士译出史关注寥寥①。马祖毅的《中国翻译通史》（2006）堪称翻译史领域的巨著，内容翔实，史料丰富，涵盖了

---

① 其中，文学翻译、翻译文学史著述所占比例最大，达 17.4%，译入史（291 部）数量大大多于译出史（56 部），二者相差悬殊。

自公元前 841 年（周厉王三十七年）起至公元 2000 年左右的翻译活动，是译史研究集大成之作。但对于传教士期刊翻译，尤其是与《丛报》相关的翻译未做深入讨论，仅仅在其古代史第二章，即"西方传教士的西学译介"部分提及裨治文曾翻译过《三字经》《千字文》和《孝经》并刊登在《中国丛报》上的史实。

近年来，随着《丛报》影印版的出版及网络资源的普及，原始资料的获取变得更加容易，相关学科对《丛报》关注逐渐升温，其译介史实也引起翻译界的关注。学位论文方面，南开大学的赵长江以《19 世纪中国文化典籍英译研究》（2014）为题，系统考察了 19 世纪中国文化典籍英译文本概况，并辟专门章节讨论传教士期刊登载的中国文化典籍英译作品。论文以《中国丛报》和《中国评论》译介的部分典籍为例，初步探讨了英文期刊译介文学作品的轨迹，涉及《百家姓》《三字经》等典籍的翻译，并总结出 19 世纪期刊典籍英译发展趋势为从关注实用到关注学术。此外，台湾师范大学甘彩蓉的《卫三畏与〈女学〉英译研究》（2011）以"文化菱形"的概念为依托，探析卫三畏《女学》的翻译方法和目的，以及译文所建构的中国女性形象。济南大学刘同赛（2014）硕士论文《近代来华传教士对中国古典文学的译介研究——以〈中国丛报〉为中心》梳理了《丛报》译介的古典文学作品，力图总结出译介目的和意义。广东外语外贸大学的覃璐思思硕士论文《清末刑律及法律报道的跨文化译介策略——〈中国丛报〉法律类文本翻译报告》（2016）从跨文化视角探讨关于中国刑法内容的翻译规律。同校的黄浩则以《〈岭南风土人情录〉翻译报告（节选）》（2016）为题，通过翻译《岭南风土人情录》总结其中体现的传教士文化译介策略。同样来自广东外语外贸大学的钟淇以《中国地名的回译原则——〈中国丛报〉广州海上丝路专题报道的翻译报告》（2018）为题，关注的是《丛报》中《中国航海指南》一文关于中国地名的回译方法。文青的论文则以《〈中国丛报〉中神话传说（节选）回译报告》（2018）为题，关注《丛报》所载神话典籍《搜神记》的翻译。上海师范大学的许方怡（2017）尝试研究《丛报》刊载译介的中国古典小说作品，考察刊物在中学西传发展脉络中的作用，挖掘出《丛报》译介的价值和局限性。因主题和篇幅所限，以上论文研究均属单篇或单类作品的译介研究，反映出《丛报》译介研究已取得一定的进展，但多数以总结其中翻译策略和归纳翻译史实为主，研究深度和所涉范围还存在极大的拓展空间。

　　学术专著方面近年来也出现了一些相关研究。邓联健基于其博士论文所著《委曲求传：早期来华新教传教士汉英翻译史论 1807—1850》（2015）以早期来华新教传教士汉英翻译为考察对象，对 1807 至 1850 年传教士译介中文文献概况进行全面深入的分析。该书是以传教士翻译，尤其是以译出作品为独立研究对象的佳作。其中第五章以《丛报》为中心，对译介内容进行了概述，并在书中部分章节以《丛报》中的文章为线索，勾勒传教士英译文献的轨迹，是迄今为止对《丛报》译介研究较为详尽的著述，包含跨学科的成果，颇具学术价值。但该书着重于传教士英译中国文献的总体状况，重点在新教传教士群体的汉英翻译史，并非针对《丛报》译介全面系统的综合性研究。李新德的《明清时期西方传教士中国儒道释典籍之翻译与诠释》（2015）聚焦明清时期西方传教士之"他者"中国宗教形象，以及传教士西译儒道释的翻译选材、翻译策略、接受和影响等内容。书中涉及马礼逊对《三字经》《大学》的英译和诠释。此外，该书运用跨学科研究方法，综合翻译理论、比较文学形象学理论、文化相遇研究等方法论，对经典西文文本进行评析，其研究方式和思考方向对本书撰写有着重要的启示作用。宋丽娟所著《"中学西传"与中国古典小说的早期翻译（1735—1911）——以英语世界为中心》（2017）以 1735 年到 1911 年翻译成西文的古典小说为研究对象，勾勒小说西译的历史轨迹，关注译介选材、策略、翻译载体，详细阐释每个历史阶段的特征；同时该书探讨了中西文学交流的双向性和不平衡性，以及其中的权利关系制约。该书第三章以近代外文报刊小说西译为中心，涉及《丛报》刊载的部分古典小说翻译。不仅列举了小说译介的篇目，且初步探讨了译介的意义和作用，为本书撰写提供了珍贵的资料。

　　同时，期刊论文中与《丛报》译介相关的研究也呈现增长的态势。针对《丛报》首次译介到英语世界的典籍，学界给予了一定程度的关注，出现了多篇从翻译、比较文学等视角挖掘《丛报》价值的研究文章。第一类是典籍译介研究，也是数量最多的研究。王燕（2008）、李海军（2011，2014，2017）、顾钧（2012）、张建英（2016）都关注了清代小说《聊斋志异》通过《丛报》在英语世界的最早译介，研究主题涉及译介内容、译介方式、译介所受意识形态的操控、译介影响等方面。王燕（2009）、李海军（2013）均以《丛报》首次译介《红楼梦》为中心，探讨了译介过程中的诸多误读。王燕注重误读产生的原因、译介的立场与观点，李海军则将重点放在译介

《红楼梦》过程中对具体文学价值、艺术成就、人物和故事情节的误读内容。四大名著之一的《三国演义》同样也是经《丛报》首次进入英语世界的。刘丽霞、刘同赛（2014）探讨了《丛报》译介《三国演义》的内容、特点和错误等；王燕（2016）解读了《丛报》刊载的《三国志评论》中对作品的总体评价、译介缘由等。李海军、蒋凤美（2016）关于《丛报》的译介研究将补充和完善译介典籍文献的目录作为研究的重点。李红满（2018）重点关注了德国传教士郭实腊在《丛报》译介的古典小说。近年来，对于《丛报》译介的一些典籍，诸如《南宋志传》《海国图志》《说文系传》《关雎》《御纂医宗金鉴》《蚕桑合编》《农政全书》《孝经》和朱子学、"四书五经"等作品，学界先后进行了不同视角的考察和解读（刘同赛，2013；满丹南等，2016：120-123；李海军、彭劲松，2014：157-160；张大英，2013：102-105；顾钧，2014：19；蒋凤美等，2016：62-65；宁博，2017：192-194；赖文斌，2016：67-69）。这些研究基于不同典籍文本简要概述了《丛报》的译介内容和特征，多属介绍性论文，总结性强，但缺乏理论深度。第二类是从跨文化角度关注译介文本的研究。王海、覃译欧、尹静（2016）研究了岭南风土人情文本的译介方法和传播策略，从跨文化视角解读了在华西方人在中国文化认知过程中的偏差和误读；王海、王乐（2014）剖析了《丛报》刊载的《京报》英译本中的跨文化传播规律与技巧。尹文涓（2005）关于新教传教士《京报》节译的研究以《丛报》译介《京报》文本为主，讨论了在向西方介绍和传播中国文化情报中产生的反应与影响。

由上可见，目前翻译界的《丛报》研究已取得了一些科研成果，为后续研究提供相当数量的信息。尽管不少是史实陈述或资料整理性质的基础性工作，属粗线条的笼统描述，但其筚路蓝缕之功不可埋没，为进一步研究提供必要的参照。

这些研究尚未系统化、规模化，具体表现在：第一，研究性质较为单一。现有研究多以介绍性研究为主，注重分析和总结基于译介史实的表象，专注于史料的爬梳，集中于译介文本的罗列和摘录。只有少数文章触及译介过程中的文化冲突，多数研究虽对翻译史实有所提及，也仅仅是作为史料的佐证，对译文的文本分析未能形成足够的重视和研究，翻译文本仅仅作为传播内容的陈述或史实描述，强调客观性的同时忽略了其主体影响力，对译者的翻译行为与翻译文本所蕴含的影响和意义研究则较为匮乏。第二，研究范围、题材过于有限。已有研究多以单篇文献译介为主，散见于期刊、专著中，且相对集中于文学典籍等作品的译介，未能关注更多领域的文本。如中国文化典籍类已有研究占全部该类文本的比例不足 1/3，而且《丛报》中大量时事政治类、语言民俗类文本的译介尚未得到任何形式的研究。少数经典著作的翻译探讨较为零散，仅注重个别语句的译法细节，对翻译目的和策略的关注也存在严重不足。第三，研究的深度有待拓展。研究或沦为汉学史和文化研究的附庸，或大多处于初步介绍的基础阶段，史料记录与叙述居多，理论阐述较少。对于现代翻译理论的运用和分析不明显，也未能从作品译介的探讨中总结出规律性的发现，至今尚无系统的译介研究出现。总之，现有研究对《丛报》译介事件缺乏基于文本的深入分析和理论思考，未从翻译文化史视角对《丛报》译介活动结合社会历史语境进行系统研究，而这正是本课题意图深入探究的内容。

近 30 年来，翻译研究的文化转向将研究模式从语言对比的窠臼中脱离出来，转而延伸至更为宏大的文化交流语境中，并开始注重从文本外的语境中探究翻译行为的前因后果。翻译是文化发展、文化交往的产物，也是促使文化繁荣和变异的要素。翻译使文化具有了杂交的优势，所形成的翻译文化是本土文化同外域文化互动的结果，可以说，翻译史研究就是翻译文化史的研究（王克非，2001:37）。由此观之，《丛报》的译介研究无疑是具有文化交流价值的翻译事件。本着回到历史现场的宗旨，研究将融合静态的文化学阐释和动态的历史阐释，透过文本分析剖析翻译选择的动因和传播的效力，以彰显社会文化语境和译者主体性在翻译中的互动作用。

事实上，翻译作为《丛报》向西方介绍中国的重要手段，见证了《丛报》自东向西的文化传播历程，将翻译事件纳入翻译文化研究框架内，全面研究其翻译概况也是证明翻译的文化效力最为有力的手段，是翻译文化史研究的重要内容。《丛报》的文本渗入了当时的社会历史语境，对翻译事件的研究也应该透过史实现象，分析译介传播中以译者为载体的翻译行为的特点和影响因素，从而透视翻译产生的影响和意义，实现从描述到解释的研究深化。因此，循着翻译文化史的路向，对《中国丛报》翻译活动进行系统、深入的研究成为必然。

第三章　理论依据与阐释

赫曼斯（Hermans，1999:56）认为，翻译理论包含对翻译问题的历史思考，作为研究的切入点，起着"探照灯（searchlight）的作用"。理论基础的选择决定了研究范式的差异，随之也会发掘出研究对象的不同侧面。本章主要阐述《丛报》译介研究所依托的理论框架和依据。

翻译活动作为跨文化沟通的枢纽，是异质文化交汇的媒介，也是进入译入语文化的必要桥梁。翻译展现出源语民族的思想、文化、地理、历史、政治的概貌，翻译的过程就是外来思想文化融入译入语语境并重新建构体系的过程。这一过程，既涉及文本层面的移译和改写，也涉及翻译过程以外的评介和解读。

《丛报》所涉多领域的中国文化知识正是以翻译为传播的载体进入英语世界的，从而构建出 19 世纪西方人眼中的中国形象和以中国知识为核心内容的美国早期汉学体系和特征。翻译决定了中国知识在英语世界以何种方式存在，翻译的内容、策略和评介也在一定程度上导引了西方人认知中国文化知识和中国形象的态度。可以说，翻译在 19 世纪中西文化交流中发挥了不可估量的作用，既有文化价值，也有历史价值[①]。受不同历史时期社会文化背景的影响，翻译研究经历了从语文范式到语言学范式再到社会文化研究范式的历程。传统翻译研究注重从语言学层面的对比角度探讨译文是否忠实于原文。自 20 世纪 70 年代以来，翻译研究实现了从内部研究到外部研究的"文化转向（cultural turn）"，逐渐走出没完没了的关于"对等"问题的辩论，转而讨论跨越语言界限的文本生产所涉及的诸多因素，以及文本产生后如何传播的问题（Bassnett＆Lefevere，1990:133）。研究开始将目光投向了文本以外的社会、历史与文化，形成了一种宏观的翻译视

---

① 许钧在《翻译价值简论》一文中将翻译的价值总结为社会价值、文化价值、语言价值、创造价值和历史价值 5 个方面，并指出："翻译在实际文明进程中扮演着重要而独特的角色……不断促进文化的积累与创新。"

野，从而催生出了翻译文化学派①。翻译文化学派注重对翻译现象的描述，避免了规定性研究的弊端，将翻译置于更大的历史文化背景下考察，注重并积极探讨目的语文化语境中制约翻译过程和翻译涉及的各种外部因素，关注翻译对译入语文学和文化的影响、作用，以及在塑造特定文化过程中所扮演的角色，由此掀起了文化翻译的大潮，实现了翻译领域的重大突破。

　　本研究将依托翻译文化学派的主要观点，以此阐明研究所依据的理论框架，在描述《丛报》译介概况的基础上，探讨翻译过程中所涉各种文化、社会、政治、历史、宗教等因素对翻译的影响，力图使研究更加全面、深入。

第一节　翻译：文化视域下的操纵和改写

　　《丛报》的翻译活动涉及中西两种不同文化的碰撞，是文化交流与建构的过程，文化的交际本质决定了这一点，也彰显了翻译研究同文化研究之间的紧密联系。对翻译的研究，是文学史和文化交流史的重要组成部分。这一点也历来为翻译文化学派所重视。

　　文化学派的代表研究者苏珊·巴斯奈特（Susan Bassnett）和安德烈·勒菲弗尔（Andre Lefevere）于 20 世纪 90 年代吹响翻译研究文化转向的号角，将翻译同社会、文化、历史、意识形态因素紧密联系起来考察，尤其着重强调文化对翻译的影响。它使得翻译研究挣脱单纯语言学分析和形式主义的束缚，转而注重翻译现象背后的因素，即从翻译过程、文本分析的研究转向翻译活动的研究，更多地注重对翻译现象的描述，从而避免单纯、规定性的价值判断研究引发的弊端。在《翻译、改写和对文学名声的操控》（*Translation, Rewriting and the Manipulation of Literary Fame*，1992/2004）一书的序言中二人指出：翻译当然是一种对原文的改写（rewriting），所有的改写，不论其目的为何，都反映了某种意识形态（ideology）和诗学（poetics），因此操纵（manipulate）文学以一定的方式在一定的社会中发挥作用。书中，勒菲弗尔正式提出了改写理论，认为改写泛指对文学原作进行的翻译、改写、编选、批评和编辑等各种加工调整的过程，标志着其理

　　　①这一时期的翻译研究虽然是以不同的名称命名的，如"翻译研究""描写翻译学""多元系统理论""操纵学派""低地国家学派"等，但他们从事翻译研究的基本范式和方法相近，都重视翻译与文化的互动，以及注重从语境、历史和社会规约等更大的层面上研究文化对翻译的冲击和制约。

论的成熟。

改写是一种操纵，服务于某种权力。其积极的作用有助于社会和文学的发展，引进新的概念（concepts）、新的文学样式（genres）和新的方法（devices），消极的作用是压制改革，进行歪曲和控制。翻译是对原文的"改写"，本身蕴含了权力、意识形态、诗学及赞助人的操控。在强调意识形态、诗学和文化体系等因素对翻译的影响的同时，勒菲弗尔（2006:81）还指出"有意义的翻译研究在本质上一定具有社会、历史的特性（socio-historical in nature）；翻译最需要考虑的不是字面上的对应，而是为什么那样对应，译者出于何种社会的、文学的和意识形态的考虑，那样翻译期望达到什么效果，是否到了预期的效果及原因"。文化学派在研究文外因素对翻译的制约影响与翻译作品在译入语系统地位和功能方面贡献卓著。

改写是以某种方式对源文本进行重新解释、改变或操控，服务于某种特定的意识形态的手段，即译者受制于各类文化因素对原文做出的操纵，因为翻译总要满足文化及文化中不同群体的需要，带有一定的目的性，而满足译入语文化的需要是翻译最根本、最实际的目的。因此，改写是与特定文化的政治、文学权力结构之间有密切的关系（Lefevere，1992:8），必定受制于译入语文化诗学、文学观念和意识形态规范。他尤其注重考察那些系统制约接受、认可或拒绝文学文本的"某些非常具体的因素"，即"涉及诸如权力、意识形态、机构和操纵等方面的问题"（Lefevere，1992:2）。在他看来，改写或操纵，其动机可能与意识形态相关（顺应或反抗主流意识形态），也可能与诗学相关（顺应或反抗主流的、受人偏爱的诗学）。勒菲弗尔主张，翻译、批评、评论、编辑、编纂史料都是某种形式的"折射"①和"改写"的过程，从根本上来说它们都是相同的。这种将"原创性"的作品研究和翻译作品研究的界限模糊的姿态表明翻译已经进入普通文学批评的范畴内。不过，勒菲弗尔的书中仍是以翻译为中心：

　　翻译是最为明显的一种类型的改写，也是最有潜在影响的一类改写，

---

　　① 折射（refraction）这一术语是 20 世纪 80 年代勒菲弗尔用来指一系列文学过程的普通术语，翻译也属于这样的过程。他将折射界定为：对文学作品的改编，以适应不同读者，目的在于影响目标读者阅读这个作品的方式（Lefevere，1982：4）。在各种可以归类为折射的过程中，最明显的要数翻译，它是在主流文学气候与政治意识形态背景下进行的，这些因素如同一个"光谱"，作家及其作品经过折射才能到达读者（Lefevere，1982：4）。这一术语后期被"改写"所替代。

因为翻译能够将作者或（一系列）作品在异域文化中展现形象，使得这些作者和作品能够跨越源文化的疆域……（Lefevere，1992:9）。

翻译在本质上具有文化的必然性。翻译的历史也就是文学革新的历史，是一种文化对另一种文化施加影响的历史（Lefevere，1992:preface）。凡是翻译，均可视为改写、操控，服务于某种权力。通过调整源语文本以适应外部的制约因素，即诗学、赞助人和意识形态三方面。在研究了三者之间相互作用之后，勒菲弗尔做出了重要的论断：

翻译过程中的每一个层面都表明，如果出于对语言的考虑和对意识形态或诗学之类的考虑存在冲突的话，对语言的考虑往往会被忽视掉（Lefevere，1992:39）。

因此，勒菲弗尔认为，对于意识形态的考虑是最为重要的，这里的考虑指的是译者的意识形态或由赞助行为施加给译者的意识形态。此外，他认为主流诗学从根本上讲也是由意识形态决定的。例如，早期伊斯兰教是由阿拉伯半岛传播开的，这也使得阿拉伯语的诗学最终被其他语言如波斯语、土耳其语和乌尔都语所接受。在翻译过程中，若语言、意识形态和诗学发生冲突，往往总是意识形态胜出。由此可知，早期的语言学派翻译理论对翻译过程中的各种矛盾并未做出较为全面的分析，而翻译文化学派的观点显示出对翻译活动的分析的科学性和合理性。

可见，在影响改写的诸多社会文化因素中，意识形态作为译作与社会生活反映的最典型代表，是勒菲弗尔着力强调的主导性因素。他认为意识形态是一个概念性的网络（conceptual grid），制约着人们的行为习惯、信仰等因素，由特定时期特定社会中被人们广泛接受的观点和态度所构成。在操纵文学翻译等改写活动的制约因素中，意识形态起着主导性的作用，它体现着某一团体、社会阶层或个人的思维特点和方式，从而规约着改写者的诗学方向和改写作品的观点、主题内容、形式风格等。在翻译的过程中改写了什么、突出了什么无不折射出意识形态的因素。在分析与赞助行为相关的要素时，勒菲弗尔（1992:16）指出，意识形态限制了主题的选择和表现主题的方式。但他并未把意识形态限定在政治意义上，而是比较笼统，甚至比较含糊地将其定义为"规范我们行动的形式、习俗和信仰的总称"，赞助行为主要也是与意识形态相关。可以说，影响翻译最重要的因素就是意识形态，改写或受意识形态的推动，或受意识形态限制。诗学和赞助人往往成为意识形态的附庸或同谋。

　　"操纵"是勒菲弗尔翻译理论的核心概念，主要就是指意识形态的操纵，采取以目的语为取向的实证方法。在研究方法上强调描述，效果上凸显目的语社会文化的认同，其关注点在于制约翻译生产因素的限制。在他看来，翻译活动必定会触及对原文的某种形式的意识形态操纵，这种操纵主要是由于某类社团拥有共同的信仰和价值观。当源语和译入语文化信仰发生冲突时，译者就会受意识形态驱使，采用特定的价值取向在翻译过程中对文本进行干预。翻译是最为明显的改写类型，它是潜在的最具有影响力的，因为它能够跨越原始文化的藩篱，将作者或作品的形象投射到新的文化中（Lefevere，1992:9）。翻译不仅是塑造文学的力量，而且是一种原则性的文本操纵手段（刘军平，2010:418）。译者在意识形态所表现的社会文化语境制约下，通过翻译选择和翻译策略的调整操控并规划异质文化的流播过程。这虽是针对文学文本而言，但对于考察译入语中各类译作在一定历史时期经由特定译者群体的翻译也具有启示作用。

　　《丛报》翻译活动中译者对译本的操纵和改写是普遍存在的，译介过程中出现的节译、编译、摘译、介绍，甚至翻译选词等情况均可视作为适应译入语文化而进行的一种改写行为。译者通常或是根据译入语读者阅读兴趣和需求，或是基于传教的目的，或是了解中国的动机有选择地摘译或节译中文文献内容，同时融入自己的评论。作为一份由传教士创办、以新教传教士群体为主要撰稿人的报刊，《丛报》在很大程度上不可避免地带有宗教色彩。传播基督教始终是刊物的主要目的之一，这就需要确立对中国文化的优势，只有证明以基督教为核心的西方文明相对于中国的"异教文明"具有无可置疑的优越性，后者才有可能被"对象化"，成为等待"福音的救赎"的广阔天地（吴义雄，2013:280）。他们普遍怀有一种强烈的文化优越感，在译介过程中，往往会借助中西文化的差异塑造一个落后的、需拯救的中国形象，体现出根深蒂固的文化和宗教的优越性。特定文化中知识的生产、传播和接受都受到意识形态的操纵，由此引发的改写在一定程度上都预设了翻译的社会政治倾向。译者的译作要被译入语意识形态认同，就必须对译文进行改写，受其操纵。正如王克非（2000:65）所言："研究翻译文化史须将文化现象置于当时的时代和社会环境中认识，以便理解文化、接受环境与外来思想的摄取之间的制约关系。"因此，在西方中心主义和民族优越论意识形态的影响下，《丛报》译介的文章不可避免地被操纵和改写，以达到译者群意识形态的预期。

第二节　翻译：传播和建构文化及形象的途径

一、翻译与传播

"操纵—改写"理论是以翻译本体研究为出发点，并未涉及译介行为在译入语文化中的作用。因此，作为理论框架的一部分，本书还将借鉴传播学理论及文化学派另一核心观点"文化构建"来分析翻译的文化传播及对译入语文化及形象的构建作用。

翻译是一种文化传播的行为，它的出发意图和归结重点就是传播与构建文化，是异质文化间交流的主要方式。不同文化间的交流与传播必然要依赖翻译作为途径。翻译不是简单的语际符号的转换，是中西两种文化间的交流，是跨文化信息的传播。正如劳伦斯·韦努蒂（2004:359）所言，翻译本质上是致力于转述来自异域的文本，以此达到理解、交流和传播文化的目的。翻译决定了《丛报》构建的中国文化知识和中国形象在西方世界呈现的内容和姿态，也就是说，翻译了什么就传播了什么，翻译的内容决定了传播的内容，翻译的过程就是跨文化传播的过程。

《丛报》作为中国土地上出现的最早的英文媒体之一，其传播过程就是翻译的过程，这是由二者的共同特性所决定。首先，翻译和传播都是以符号为载体的交际过程，它们的目的都是信息的传递。传播学致力于探究传播行为和过程的发生、发展的规律，侧重于对传播中符号运行的规则和使用者的研究，而翻译也并非简单语言层面的符号转换，是两种不同语言符号间信息交流的跨文化传播活动，其本质就是一种传播行为，是源语读者、译者、译语读者间通过语言转换的传播行为。它是两种不同文化间的交流，跨越文化的语际传播，传播的效力也是借助翻译的影响而实现的。其次，传播学和翻译学的研究内容有着诸多相契合之处。传播学是研究人类如何运用符号进行社会信息交流的学科，它关注信息与对象的交互作用，以及各种符号系统的形成及其在传播过程中的作用。而翻译的过程就是两种语言符号含蕴信息的转换，是符号间的交流和传播。它们的载体都是符号。

传播学研究的创始人美国政治家拉斯韦尔（Harold Lasswell）在其奠基性著作《社会传播的结构与功能》（1948）中提出了传播过程中的五大基本要素，即五 W 的模式：是谁说（who says）、对谁说（to whom）、说什么（say what）、通过什么渠道（in which channel）、产生什么效果（with what effect）。这五个方面和翻译研究中所关注的翻译主体、翻译受众、翻译内容、翻译效果和影响、翻译动机等有相通之处。从二者的目的看，传播学关注信息源到受众这一过程中的信息传递，其中的信源相当于翻译中的源文，受众相当于翻译过程中的译文读者。翻译的目的是通过语际转换的活动使得译文读者能获得和源文读者同样的信息。译者作为媒介，其基本使命就是将源文的信息转化成译文传递给译文读者。从有效传递信息的角度而言，传播学和翻译的目的也是一致的，都是尽可能传递意义和信息，本质上完成信息的传播。

文化翻译理论框架内《丛报》译介文献中起到传播作用的文本范围较为宽泛。不同于传统语言学范式下的翻译观视翻译为语言对等的产物，在文化翻译理论框架内考察翻译可以用许多不同的方式理解，这取决于不同的研究视角。从翻译传播的角度看，《丛报》的翻译文本绝非传统意义上的语言转换，而是在特定文化语境中的操控行为的结果，涉及众多的文化、社会、宗教等语境因素，是一个选择、调和、融合的结果。因此，对其进行过程研究的基础是对译文的描述和分析。随着翻译研究文化转向的到来，翻译研究领域内越来越关注译文及其在译入语文化中的作用。图里（2001）认为，翻译作品作为一种文化人造物，是以在译入语文化中可接受的译本方式来取代源语文本而存在，唯有从译作所处文化—语言的背景中来分析译作，才能理解翻译的过程。

王宏志（2007）也认为，翻译过程是一个主观裁决的过程，而不是直接的文字转换……翻译研究应该以译文为主体，只有通过对译入语文化和文学系统，以及译文本身的研究和分析，才可能准确掌握译者在进行这种主观裁决时的种种考虑因素、译出语和译入语文学系统中的意识形态和诗学准则、译本在译入语文学系统中所扮演的角色、产生的作用等。不是说完全不须考虑原著和译文的文本，但重点并不在于仅指出原著和译文的相同或相异之处，更不应以追求二者相同为目标，而是应该将原文视为译出语文化文学系统的一个组成部分，译者进行翻译，就是将这特定文化文学系统的某一部分体现于另一个文化文学系统中，从而成为这文化文学系统中的构成部分。

可见，文化视域中的翻译研究更加强调译本的信息在译入语系统中的角色和功能。在图里的翻译定义中，无论处于何种情形，只要是以翻译形式出现的或被当作翻译的，任何译入语语句均可视为翻译，即将译本作为异域文化的事实来看待。在此情形下，所有直译、意译、改写、改变、复写、重写等，甚至是完全捏造或虚构的译本，即没有原著的伪译或假翻译，均可视为翻译，成为考察的对象（王宏志，2007:33）。

《丛报》的翻译并非全译，事实上绝大多数都是摘译、介绍、译写等改写方式，且很多译文没有翻译标记，甚至来源都无法做到详尽的考证，但此类文本传播了语际信息，起到了翻译的功能，并能够从文外信息获得佐证。译者以作者的身份书写、介绍、评论等隐性的翻译方式传播中国文化知识。正是这些多种形式的文本翻译向西方传递了体系化的中国知识，构建了中国形象及早期汉学。本书借用图里对翻译的定义，不论是缩译、节译、选译、编译、转译等手段，或是译述、译评、介绍等方式，只要行使了传播功能的文本都是研究《丛报》翻译的文本分析基础。

因此，本书从翻译视角考察《丛报》文化传播情况，宽泛地选取译介文本并进行系统的审视，对其中涉及的种种现象剖析、阐释，可彰显出翻译研究的开放性和综合性。

二、翻译与文化建构

翻译在传播文化的同时也在建构文化，对译入语文化及形象的产生和演进都起着强大的构建功能。文化既是人类创造的价值，又具有民族、地域、时代的特性，因此不同文化需要沟通，这种沟通离不开翻译，因为语言文字是文化的最重要的载体。可见，文化及其交流是翻译发生的本源，翻译是文化交流的产物，翻译活动离不开文化（王克非，2000:2）。翻译研究与文化研究密不可分，是其重要的核心内容。从根本上讲，翻译也是一种文化现象，其内涵已远远超出文字间的转换。正如王宁（2009:8）所指出的，我们今天所提出的翻译的概念，已经不仅仅是从一种语言转变成另外一种语言的纯技术形式的翻译，而且是从一种形式转化成另外一种形式，从一种文化转化为另外一种文化的文化"转化（transformation）""阐释（interpretation）"和"再现（representation）"，这恰恰正是通过语言作为媒介而实现的。可以说，翻译是促进译入语文化发展的重要力量，是了解异质文化的重要渠道。

西方翻译理论界亦有不少学者持有类似的观点。以色列学者埃文·佐哈尔（Even Zohar）于 20 世纪 70 年代提出了多元系统理论（Polysystem Theory）的构想，强调将翻译文学纳入文学多元系统中，翻译文学对特定文学系统的共时历时的演进有着重要的作用，二者不可分割。因此，翻译并非次要的、无关大局的活动。翻译不仅是语言间的转换，更重要的是文化间的转换，涉及对所引进的文化模式和产品的接受。多元系统理论的提出将翻译文学的地位提高到与文学史、文化史和翻译史相关的研究上，为此类研究提供了新的路径。该理论框架下的翻译研究强调依据文本的历史文化功能，允许源译文在对等上存在一定程度的变量，体现了一种具有描述性而非规定性的模式，在方法论层面发挥着可观的作用，为翻译研究文化学派起到了理论奠基的作用。

20 世纪 80 年代后逐渐崛起的文化学派则更多地关注制约翻译的文化社会因素，并探讨翻译对译入语文化和文学的影响和作用。代表人物巴斯奈特和勒菲弗尔认为，翻译活动绝非在真空中进行，源译文之间无法借助单纯、中立的对等物为参照，翻译活动不可能不受到来自权力、时间或各种文化行为的影响。相反，翻译还要满足文化的需要，满足目标语文化中不同群体的需要（Bassnett＆Lefevere，1990:7）。在他们的研究中，试图通过引入改写和操纵的概念，解决文学和社会中意识形态、变异与权力的问题，以此表明翻译作为一种塑造力量的重要功能，通过操纵文学使其在一定社会发挥功能。在《翻译、历史与文化》（*Translation, History and Culture*，1990）一书中，他们也尝试反思翻译在文学研究中的作用，而这种反思会在一定程度上促使人们开始公正地对待一直以来在西方文化中发挥重要作用的翻译（Bassnett＆Lefevere，1990:1）。

作为译入语构建所需文化的工具，翻译在受到意识形态制约的同时，也通过意识形态来构建文化、塑造文化中的"他者"形象。在文化学派看来，特定的社会意识形态之下，翻译可以被改写、被利用和被操纵以实现译者特定的文化或社会目的，或者建构所需要的文化。从这个意义上讲，翻译绝不仅仅是翻译意义，而且是翻译文化。他们不再把翻译视为社会的附属品，而视为可引入新文化、新思想和新知识的催化剂。正是藉由各种各样的翻译和改写等形式，某些经典原作才得以超越时空的界限，通过异质文化的解读，获得新的生命，在更加广阔的空间传播和传承下去。巴斯内特在《翻译研究》（*Translation Studies*，2004）一书中以中世纪后期及文艺复兴时期欧洲各国借助民族语翻译《圣经》为例，阐明翻译在文化方面引发的深刻影响。它不仅提升了新生或弱小民族语言的地位，也使得各个民族的独特身份得到确认。她因而做出结论，翻译根本不是次要的活动，而是非常之重要的，翻译塑造了时代的知识生活（Bassnett，2004:62）。

　　劳伦斯·韦努蒂（1995:350-354）的翻译研究中也融入了翻译文化学派的观点，认为翻译既是一个政治问题，也涉及去语境、重构语境和塑造文化身份（cultural identity）的过程。译者会消除、过滤掉原文文本的一些因素，将文本从根植于源语文化的互文语境中提取出来，再移入译语文化语境中，从而实现重建语义、依托译入语再创作的重构语境过程。跳脱源语历史语境和文化传统的文本被翻译改写后，才符合译入语的文化价值观和意识形态。由此他指出，翻译是一把双刃剑，它不仅以巨大的力量再现异域文化的身份，同时也建构着本土的主体身份。因此，翻译可以是一种保守的力量，即对异域文本和文化差异进行压制和抹杀，使之透明化，以归顺于译入语的主导价值。同时也可以逾越固有的规范，使外国文本在本土再现，它引入新的文化观念，重新塑造文化身份。

　　在长期的文化交流中，翻译作为接触异质文化的主要途径之一，肩负着介绍"他者"、促进彼此文化交流的任务。研究不同文化的接触，重要的问题也许不在于它们是冲撞还是契合，而在于接受一方如何认识、取舍、激发，这是一个比较与选择的过程，最具文化史意义（王克非，2000:65）。

　　作为异质文化间相遇的场所，翻译是一个与他者对话的过程。它呈现出的不仅是文化之间的差异，更是展现异国情调魅力的机会。译者在译介文化作品时，都会在译文中创造性地注入了对中国文化、西方文化和世界文化的想象，从而完成了对新颖的文化模式的构建（杨柳、王守仁，2013:265）。也就是说，通过翻译、改写等方式构建起来的文学作品中形象对文化群体产生了直接的影响。这一过程是在译入语文化中塑造源语文化形象的过程，译作是原作及源语文化在译入语文化中的代表。翻译的一个重要功能就是在译入语文化环境中塑造出原作所处社会的文化身份和"他者"形象。通过他者之镜的映照，翻译将意识形态、观念、语言等在语际传递，在身份建构中施加了巨大的影响，构建了自我与他者的纽带关系。

　　关于西方意识形态下翻译文本所构建的"他者"形象，一直是爱德华·萨义德（Edward Wadie Said）等后殖民理论研究者关注的重点。他的力作《东方学》（*Orientalism*，2007）带给西方翻译界巨大的冲击。萨义德（2007:8）指出，东方学不是欧洲对东方的纯粹虚构奇想，而是一套被人为创造出来的理论和实践体系，蕴含着几个世代沉积下来的物质层面的内涵。也就是说，东方是西方话语实践产生的结果，本质并非被动不变，表达的是西方控制、操纵及兼并的意图。作为跨文化、跨语言话语实践的表达方式，翻译与政治密不可分。欧洲国家，还有美国，对东方的兴趣是政治性的。在东方主义的话语中，文本翻译反映了文本的世界性和译者的价值观，翻译文本的建构体现了文本的复杂性和多义性，也彰显了译者的主体创造性和重写文本的现实性（刘军平，2010:496）。

知识总是要以某种形式再现出来，而再现的过程是赋予意识形态具体形式的过程。《丛报》的翻译作为东西方话语间交流的媒介，文本折射出的是西方人眼中的东方形象。正如萨义德（2007:28）所言："一个文化体系的文化话语和文化交流通常并不包含真理，而只是对它的一种表述。语言本身是一高度系统化的编码体系，拥有许多用以表达现象、交流信息和进行表述的手段，这一点无须多加说明。"《丛报》作为 19 世纪的中国知识宝库，是西方中国学的发端所在。刊物针对的是特定的读者对象，其刊行者是构建和形塑中国知识、中国形象的主要表述者和话语权威。这批特定身份的译者所选译的文本内容反映了基督新教传教士的立场和视角，必然带有西方人预设的意识形态。他们的翻译和阐释承载着基督教义的理念，提供了西方传教士作为观察者对中国的理解和诠释，展示了东方的"他者"形象。这些文化观念和形象的确立、交流都是依赖翻译作为先驱的，翻译的功能就是打开中国知识构建与传播的通道。通过译述、增减、整合等翻译手段做自然化的处理的文本更容易被译入语本来的文化体系相包容和接纳，与其意识形态达到一致。可以说，异域文本、他者价值都是以翻译为媒介进入译入语文化的，并最终构建起美国汉学的早期体系及 19 世纪的中国形象。

本书的研究正是依托文化翻译的研究框架，基于"操控—改写观"和"文化传播与构建观"，诠释翻译现象的动因及译者在译作中的选择与操控；同时结合文本分析考察历史化、语境化的翻译过程，关注翻译在译入语中的文化建构功效。

本章小结

本章主要阐述了研究所依托的理论框架。研究范式基本是文化视域内的翻译研究，即"翻译的操纵—改写观"和"翻译的文化传播与构建观"，以此为基础开展后续研究。具有文化社会学性质的操纵—改写观强调社会文化语境对翻译的制约和操控，尤其是意识形态的操控；同时，翻译也是一种文化传播和构建行为，在传播文化的同时也在译入语文化环境中建构出文化观念和形象，是文化交流的必要途径。

第四章 《中国丛报》的中华典籍译介

　　中国古代文化典籍的翻译肇始于 16 世纪末期，距今已有 400 多年历史，是中西文化交流史、文明史的重要组成部分，也是中华文化得以同世界其他文明不断交流、碰撞和影响的源泉。西方传教士作为典籍外译的主体，其译介活动最早可追溯到晚明来华耶稣会士罗明坚（Michele Ruggieri）和利玛窦（Matteo Ricci）。这一时期的典籍英译多通过拉丁语、意大利语和法语转译。大规模的文化典籍英译始于 1807 年马礼逊入华。他于 1812 年在伦敦出版的《中国箴言：译自中国流行文学》（*Horace Sinicae: Translations from the Popular Literature of the Chinese*）中就包含了蒙学典籍《三字经》（*The Three-Character Classic*）、儒家经典之一的《大学》（*The Great Science*），以及神仙传记类著作《三教源流》（*Account of FOE*）和《太上老君》（*Account of the Sect TAO-SZU*）的选译文章，是较为系统地将中国文化典籍译介为英文的第一位西方人。此后，随着《丛报》的创刊，马礼逊、裨治文等开始通过外文期刊翻译和介绍中国文化典籍。作为新教传教士向海外宣传中国的重要阵地，《丛报》中的典籍译介构成了一个重要主题，且占据了一定的比重，成为典籍西译的即时资料源。

　　本章将《丛报》所译中华典籍分为儒学和历史文化典籍两类。目前学界关于典籍译介的辑录有两种。吴义雄（2013:403-407）对《丛报》译介中国历史文化典籍概览的统计是从历史学角度的辑录，提供出书名、译者、卷、期等主要信息，总计有典籍 53 部，所涉文章 62 篇。邓联健（2015：50-61）对 1807 年至 1850 年新教传教士翻译中国文献统计中涉及《丛报》译介典籍 16 部，涉及文章 25 篇。本书在借鉴已有目录基础上，剔除重复部分并添加缺失典籍，辑录《丛报》译介中华典籍共计 60 部，涉及 86 篇文章，对过往研究做出了有一定价值的补正。研究将基于统计文章阐述分析《丛报》译介中华典籍的选材、动机、特征，以及译介过程所受的操控因素。

第一节 儒学典籍译介评析

一、译介概况

（1）译介文献总览

通过卫三畏的《总索引》对各类文章标题、作者等信息的辑录，结合《〈中国丛报〉篇名目录及分类索引》《〈中国丛报〉中文提要（一至七）》所载文章主要内容的提示，并结合《丛报》的文本阅读和已有研究统计，本书辑录《丛报》译介儒学典籍如表4-1所示。

表4-1 《中国丛报》译介儒学典籍篇目一览表

原作名	译作名	原作者	译作者	栏目	时间	页码	卷/期
三字歌注解	Songs of Three Characters	佚名	马儒翰	文艺通告	1832.10	244-246	1/6
四书五经	Chinese Classics	孔子等	郭实腊	书评	1834.7	97-107	3/3
三字经	Santsze King	王应麟	裨治文	书评	1835.7	105-118	4/3
百家姓考录	Pih Kea Sing	佚名	裨治文	书评	1835.8	154-160	4/4
千字文	Tseen Tsze Wan	周兴嗣	裨治文	书评	1835.9	229-243	4/5
孝经	Filial Duty	孔子及弟子	裨治文	书评	1835.12	345-353	4/8
小学	Primary Lessons	朱熹	裨治文	书评	1836.6	81-87	5/2
					1836.11	305-316	5/7
					1837.8	185-188	6/4
					1837.12	393-396	6/8
					1838.4	562-568	6/12
书经	The Shoo King	先秦诸子	郭实腊	书评	1839.12	385-400	8/8
	Astronomy of the Shoo King		文惠廉		1840.12	573-586	9/8
	Chinese Views on Intoxicating Liquor		波罗满		1846.9	433-444	15/9
	Chinese Sacrifices		裨治文		1848.2	97-101	17/2
春秋	Chronology and Geography of the Chun Tsiu	孔子	裨治文	历史	1849.8	393-399	18/8

如表 4-1 显示可见，按照刊物发表的顺序，列表将《丛报》译介的儒学典籍的情况悉数展现，提供了中英文对照篇目、原作者、译作者、栏目、发表时间、起止页码和刊载卷期等主要译介信息。《丛报》译介儒学类典籍 9 部，共计 16 篇文章，多数属"书评①"一栏，另有部分属"文艺通告"和"历史"栏目。译者除《丛报》主要撰稿人中的裨治文、郭实腊、马儒翰之外，文惠廉（William Jones Boone）和波罗满（William John Pohlman）也均为来华传教士。

（2）译介动机

翻译选材是翻译活动的首要步骤。从表 4-1 可见，《丛报》译介的儒家典籍既包含经典著作"四书五经"，也涉及不少诸如《三字经》的蒙学类作品。事实上，早在晚明时期，就已有多位耶稣会士或合作、或独立翻译了"四书五经"等儒家典籍，毫无疑问，这和他们来华的主要目的——传播基督教义是密不可分的。要使传教得以顺利展开，就得从文化入手。文化认同感在宗教传播中作用显著，因此，耶稣会传教士们就需要在中国，这个具有深厚历史文化积淀的东方古国的文化中寻找与西方文化相近、相同、相容的方面。他们往往从儒家学说中寻找有力的思想观念资源和支持的依据，并以此为切入点，为天主教在中国的立足寻求文化上的依托。利玛窦曾言："虽然儒家拒绝谈论超自然的真实，但在伦理教诲方面与我们几乎完全一致。"（朱维铮，2001:181）他们试图从中国古代典籍中找出跟基督教相一致，至少在表面一致的成分，因此译介研习中国典籍是传教必不可少的先决条件。

19 世纪以来入华的新教传教士，肩负着促进海外宣教事业的责任，怀有把西方文明传播到异教徒土地上的理念。他们与前辈耶稣会士有着同样传教目的，借助出版、翻译等文字工作实现其宣扬基督教义的功利性动机。裨治文就《丛报》宗旨在其日记中说："但愿它完完全全是上帝的作品，从诞生之日起，在它的整个成长过程中，都是如此；愿它的每一页都充满了真理，宣扬上帝的荣耀，增加其子民的德与善。"②在他看来，对中国的报

---

① 本书对《丛报》文章分类栏目所依据的是张西平教授主编的《〈中国丛报〉篇名目录及分类索引》，该分类从文章内容出发，分为书评、历史、文化、传教、政治、条约、语言、风俗、文艺通告等四十余类，较之《总索引》分类更详细，也更契合本书研究主题。

② 参见《裨治文日记》（1832 年 5 月 1 日）。转引自 Bridgman, Eliza G. 1864. *The Life and Labors of Elijah Coleman Bridgman*[M]. New York: Anson D F Randolph: 74.

道和研究不仅仅是为了帮助西方了解中国，更是以基督教文明来帮助日益衰落的中国文明的必不可少的步骤（CR. I:5），而要实现这一目的，深入了解研究中国主流的儒家文化是寻求传播基督教道德的有力方法。在传教这一宏旨下，《丛报》译者译介儒家典籍主要有两个目的：一是了解并评判中国思想文化基础；二是批判中国古代的基础教育。

第一，了解并评判中国思想文化基础。

19世纪上半叶，在西方欲打开中国大门进而注入基督教异质文化的背景下，认识和协调与儒家思想为主体的中国传统文化的关系，是传教士们面临的问题。利玛窦在论及儒家时曾言："儒教是中国固有的，并且是国内最古老的一种。中国人以儒教治国，有着大量的文献，远比其他教派更为著名……。"（转引自裴化行，1993:31）耶稣会士发现，要想在中国获得财富、荣誉，并得到任用，唯一的途径就是学习儒家经典。儒学作为中国自古以来的正统思想，受到历代王朝的推捧，地位之高，影响之广，是其他任何典籍所无法比拟的。封建社会臣民行为的规范、伦理道德的树立，以及社会生活的方方面面，无一不依从儒家经典，其影响可谓沦肌浃髓，无处不在。因此传教士一向对儒学典籍非常重视，试图通过译介封建文化的核心内容了解中国文化特质。儒学是当时的显学，在传教士看来，儒学包含了中国的教义和实践，它已经成为中国人宗教、社会和政治生活的核心。因此，儒学是理解中国和中国人的钥匙（陶飞亚，2005:135）。

文化对待它所能包含、融合和正视的东西是宽容的，而对它所排斥和贬低的就不那么仁慈了。在宣扬上帝才是唯一真神的同时，传教士们对其他宗教表现出强烈的排斥性与攻击性。事实上，作为西方殖民者的传教士，他们来到中国并非出于对中国文化的尊重和崇拜，而是要验证基督教的"普世性"。在传播殖民文化的背景下，他们研究、翻译中国儒家典籍，并非真诚地对几千年中国文化所取得的成就感到敬畏；而只是为了在中国典籍中，从基督教视角出发，查找儒家思想的缺陷，以此达到突出其在中国的消极影响，强调基督教的优越性，达到促使美国国内更加支持他们的"神圣"传教事业的目的。他们对儒家经典已不再如耶稣会士般持有好感，对中国传统文化少了热爱和矜持，普遍抱有贬低儒家文化的心理。在他们看来，儒家著作"行文混乱，充斥着无理据支撑的判断以及毫无联系、前后不一的道德准则；完整的历史分期和浮华的文风下，实则空洞、言而无物"（CR. XV：44）。

1834 年《丛报》第三卷发表的《中国经典》（The Chinese Classics）一文，以介绍兼评论的方式将儒家经典著作"四书五经"作为整体首次译介到英语世界。译者郭实腊系通晓多种语言的天才，来华前就曾勤奋学习汉语语言和文化。他重视儒家经典，多有论述，认为"没有儒家经典著作及其注释的知识，就无法获得一种正确的中国知识"（Barnet & Fairbank，1985:63）。因此，他选择儒家学说最具代表性的作品进行评判，以证明其愚昧落后。该文通篇都充满了对儒家学说的贬损和批评，认为"内容过于琐碎杂乱、多处重复，话题老旧，令外国读者感到乏味无趣"（CR. III:97）。随后的几段中，他对几部经典分别予以评介，多数为负面的批评，如《大学》"引用和主题几乎无关"，《中庸》的"作者不具备智慧，堆积语录"，《诗经》"幼稚、行文矛盾，重复琐碎"，《礼记》"令人反感，风格冗长啰嗦"（CR. III:97-107）等较为密集的负面评价。此外，郭实腊还认为《春秋》《诗经》等都无法与西方的类似作品相提并论。对于儒家学派创始人孔子，郭实腊对其思想也有诸多批判，包括《论语》崇尚的男尊女卑思想、孔子的休妻行为、孝道思想等。第八卷中关于《书经》（The Shoo King, or Book of Records）的介绍，他认为"中国人从孔子身上只是学会了崇尚古风而不求甚解的创作风格，全然不顾常识与逻辑"（CR. VIII:386-387）。这些负面言论对于秉承西方优越论的传教士而言，是诋毁儒家思想，为传教活动寻求合法理据的必要铺垫。因此，其译文中也不时夹杂着对基督教意识形态的美化，如"出于对神和人类的热爱是所有仁政和善行的基础，但他们的体制中缺少这类动机，我们也不能过多责难作者，因为他们并没有受到神启"等（CR. III:98）。

《丛报》译者借助对儒学典籍的译介了解中国文化思想的同时传达出对儒家思想的批判，以此营造出传教氛围，增强传教事业的使命感和神圣感，赢得来自国内的支持。正如麦都思所言："我们如果想在这个国家引进一个新的宗教，就需要了解当下他们对神圣的和永恒的事物的看法，并指出他们自身体系存在的缺陷，这可以看作引入另一个体系的前奏。"（CR. IX:76）

第二，批判中国古代的基础教育。

《丛报》选译儒家典籍中，不少是启蒙典籍作品。在浩瀚的中华古老典籍中，蒙学典籍是基于儒家典籍的精髓而衍生出的蒙童初级教育读本，专门用于启蒙的识字，涵盖内容广泛，涉及伦理、历史、教育、天文等诸多方面的常识，犹如百科全书，是封建时代儿童启蒙教育的基石。此类典籍文本简练，对仗工整，且内容通俗易懂，流传范围广泛。它们历来具有重要的核心地位，是据史料记载最早被翻译的典籍。中国学堂的蒙学课本是了解中国文化教育的最佳途径。

事实上，传教士们对中国初等教育以识字、写字为主，继而学习"四书五经"的做法并不认同。他们认为，儿童所用的课本，如《三字经》《百家姓》《千字文》等"绝大多数内容太难，从始至终都不适合儿童身心发展，根本无法引起孩子们的兴趣，也不能扩大他们的视野"（CR. VI:235）。裨治文于 1835 年 5 月发表的《中国教育现状》（Education among the Chinese）一文中对中国教育历史的发展与现状进行了简要的概述，他发现中国长达数千年的教育史中，"世界历史与地理，精密的自然科学和纯文学完全被忽视"（CR.IV:4）。他认为，"毫无疑问，中国的教育制度是反对正确的教育和真理与知识的传播"，造成的结果是"中国人在艺术和科学方面的进步微乎其微"，"天文学史几乎空白"，"对地理学涵盖的基本准则一无所知，居然凭借臆测确定地理位置"（CR.IV:1-4）。中国在道德观念和伦理思想方面的教育"在很长时间以来一直在退化，这是由一个本质上存在缺陷的制度所导致的一种自然的、无法避免的后果；在道德方面，中国从来没有站在高处；而且，随着中国目前状态的延续，这个国家将永远无法离开原地走出多远"（CR.IV:9）。

他们秉承的教育观就是以西方教育批判中国古代传统教育。自 1835 年 7 月开始，《丛报》陆续刊登了裨治文译介的蒙学典籍，对中国基础教育作了进一步的考察。在这些文章中，裨治文表达了对中国基础教育的负面评价。《三字经》的译后评论中，他指出："令人感到惊讶的是，天朝没有为孩子们准备一部更优秀的书籍。《三字经》从始至终都难以理解，除非是对语言知识掌握谙熟的人。有许多适合少年心智的系列课文都比《三字经》要好。虽然此书的确文风浅白，语言纯真，但缺乏道德情操和宗教准则，未包含任何一词来引导儿童的思维，使之超越时空与感觉。全书看不到天父、创造者、主宰者及人之不朽等字眼，学生们在通往永恒的道路上只能在黑暗中摸索前行。"（CR.IV:118）《千字文》《孝经》的译介中也表达了类似的观点。要改变这种现状，他们认为必须走以西式教育改造中国的思路。但是，"这种有益的变革必须经由外国的机构来进行，或者，至少通往预期效果的原始动力应该来自国外"（CR.IV:9）。

合而观之，儒家典籍的译介意在了解中国思想文化的根基及中国人核心思想的来源，并达到评判、贬低中国古代基础教育的目的，从而为传播福音做出必要的准备和铺垫。

二、译介特征

《丛报》译介的儒家典籍呈现出较为明显的译介特征，概括说来主要有以下三个方面：一是通过译文前的导言对所译文本底本、选材、内容等进行简要的介绍；二是对文本采用异化为主的翻译策略；三是通过译后注释评论达到批判中国文化的目的。

（1）译前导言：对所译文本纲领性的介绍

导言通常能够体现出译者的知识管理，译者在此常常以正面的方式现身，对所译文本进行介绍、评价。《丛报》在所译介的儒学典籍译文前都添加了长短不一的导言，或是对所选译本底本的评价，或是对内容的简要介绍，或是提示典籍的主题。

裨治文将《三字经》的题名翻译为"*Santsze King, or Trimetrical Classic; its form, size, author, object and style; a translation with notes; the work ill adapted to the purposes of primary education*"。从题目的翻译和解释可知译文为注解式翻译，会涉及形式、作者、风格，且裨治文对作品初步评价为"不适合初级教育"。他在导言中首先介绍了三种底本：《解元三字经》（*Trimetrical Classic by a Senior Graduate*），音译①为"*Keae yuen Santsze King*"；《三字经注释》（*Notes and Explanations of the Trimetrical Classic*），音译为"*Santsze King choo sheih*"；王伯厚编纂、王晋升注解的《三字经训诂》（*Trimetrical Classic, elucidated and explained*），音译为"*Santsze King heun koo*"，也就是裨治文参照的底本。针对排版特点他指出："中国的书籍和希伯来书籍一样始自右方，但文字并非自右向左横排，而是自上而下竖排。"（CR.IV:106）在对汉字数量、音律简要介绍后，译者肯定了带有注解的版本使用范围更广泛，也更简明易懂。而后，裨治文翻译了王晋升的序言，阐明该书"语言易解、风格简明"，"是对历史和经典文献了解的一把钥匙"，"有助于少年形成良好的习惯等"。他评价道："这本小书的主要目

---

①《中国丛报》译者的音译方法借鉴利玛窦等使用拉丁文为汉字注音法，探索用西方字母为汉字注音，采用创新罗马拼音标注的注音方式为汉字做音译转换，可以帮助在华西方人快速识字，为后来广泛应用的威妥玛式汉语注音（Wade-Giles romanization）奠定了基础。

的就是使本国年轻人修习语言，通过韵律加强记忆，吸引注意力。中国所有省份都使用该书，它是儿童开始修习阅读的第一本书。"正式译文前就翻译特点，他补充："就其主题和文体，我们的译文细读之下适合理解。我们保留了原文的两句一行的特点，但未尝试将译文韵律化。"裨治文还总结了《三字经》的主题（argument），为西方读者阅读理解提供了便利："人之本性；教育的必要和模式；孝道和友善的重要性。数字；三才；四季；五行；五常；六谷；六畜；七情；八音；九族；十义。所应学习的文化课程及书目。根据朝代更迭顺序叙述历史。从先朝贤人、政治家的行为及个人旨趣、家族荣耀方面激励大众读书学习。"（CR.IV:106-107）

　　其他典籍前也多有类似的评介，如在第四卷《孝经》的题名翻译为"*Heaou King, or Filial Duty: author and age of the work; its character and object; a translation with explanatory notes*"，以此可知译介将涉及作者、成书年代及特点等，并会为译文添加注解。其后的导言内容首先概述了《孝经》的主要内容，即"主要为孔子所言""是他与弟子间的对话"，继而简要说明译文所参考的三个版本，并指出该书宗旨是"提高天下所有人的道德水准并对其加强治理"。而且，"由于篇幅所限，有些地方无法添加注解，建议读者参考原著的解说和注释"（CR.IV:345）。

　　第四卷第五期《千字文》的翻译前，也添加了详细导言。题名被翻译为"*Tseen Tsze Wan, or the Thousand Character Classic: its form, size, object, style and author; a translation with notes; new books needed for primary education of the Chinese*"。译介文章诚如其名，从《千字文》的格式、长度、目的、风格、作者、翻译和注解及中国初级教育呼唤新书的观点一一展开。文章开头就肯定了该书和《三字经》《百家姓》几个世纪以来的影响，其主题就是"人"和"责任"，随后总结其排版和韵律特点——"最独到之处是不重复用字"，且从中可见"汉语同英语相比，很少使用虚词"。此外，还简要介绍了《千字文》的成书经过。正式译文前同样给出了该书的主题（argument），提示每部分主要内容，便于读者抓住文章主旨（CR.IV:229-230）。

　　《百家姓考略》译介中，裨治文将题目译为"*Pih Kea Sing Leo, or a brief inquiry concerning the Hundred Family Names: character and object of the work; variety of names in China, and the manner of writing them; degrees of consanguinity, with the terms used to express them*"，提示了文章主要译介内

容。导言中，译者简要介绍了百家姓的含义——"百家，即一百个姓氏"，注释者为"王晋升，也就是《三字经》的注释者之一，两部作品形式和篇幅也很类似"。其内容涵盖"四百五十四个姓氏，其中四百二十四个为单字，剩下的三十个为复姓"，"其按照韵律的排序便于学生记忆"（CR.IV:154）。

总之，儒学典籍的译介中，译者将导言作为联系翻译文本与研究成果的最佳场所，通过发挥其主体作用对译文的语言文化语境进行主观构建，对翻译文本及其牵涉到的文化元素提供简明、清晰的介绍，为译文构建出丰富的语言文化语境，阐释译入语所涉文化背景，使西方读者对拟译文本有了初步的认知，以达到易解的目的。

（2）文本直译：原汁原味再现中国传统文化

德国翻译理论家、语言学家施莱尔马赫（1992:141-166）在其著名的《论翻译的方法》一文中阐述了翻译的两种途径：一是尽可能地不打扰原作者的安宁，让读者去接近作者；另一种是尽可能不扰乱读者的安宁，让作者去接近读者。他认为，异化翻译将外国文本中的语言和文化差异表现出来，发挥文化重构的作用。它通常会偏离本土的文学规范，让读者感受一种异样的阅读体验。《丛报》的译者受基督教理念的影响，在儒学典籍的具体文本翻译上，基本秉承了忠实于原文的直译为主的异化翻译策略，多处译文呈现出直译甚至字字对译的特点，译者力图客观地再现中国蒙学典籍的原汁原味的特色，以直观表达出中国传统文化。如《三字经》的译文：

原文：人之初，性本善。性相近，习相远。
译文：Men, at their birth, are by nature radially good;
　　　In this, all approximate, but in practice widely diverge.

原文：昔孟母，择邻处。子不学，断机杼。
译文：Of old, Meng's mother selected a residence,
　　　And when his son did not learn, cut out the half-wove web.
　　　（CR.IV:107）

《三字经》的英译是以源语一句为单位，每两句为一个语义段。每句的英译文成单独一行，共计178行。从译文可见，译者根据英汉语的差异，将每两个小句合并成一句英语的复合句，基本是字字对译为主的客观翻译，选词不生僻，皆为常用词汇，句式风格也保留源语浅显、易懂的特点，西方读者较为容易把握和理解。

《千字文》的译文亦采取直译为主的策略。

原文：天地玄黄，宇宙洪荒。日月盈昃，辰宿列张。

译文：The heavens are of a somber hue: the earth is yellow.

The whole universe at the creation was one wide waste.

The sun reaches the meridian and declines; the moon waxes and wanes.

In divisions and constellations the stars are arranged.

原文：寒来暑往，秋收冬藏。闰余成岁，律吕调阳。

译文：Heat and cold (summer and winter) alternately prevail.

The autumn is for ingathering; and the winter for hoarding up.

The intercalary portion of time completes the year.

Music harmonizes the two principles of nature.

译文基本是对原文的客观翻译，字词位置和句子结构大致保持了汉语的原貌。译者裨治文明确表示："翻译是直译、遵循字面含义的方式……我们的目的就是要向读者传递原文的本来含义，并通过添加的评论阐明中国的教育体系，同时提升他们的智力和道德习惯。"（CR.IV:231）同样，《孝经》的译文也体现出言简意赅、通俗易懂的特点。

原文：子曰："爱亲者，不敢恶于人；敬亲者，不敢慢于人。爱敬尽于事亲，而德教加于百姓，刑于四海。盖天子之孝也。《甫刑》云：'一人有庆，兆民赖之。'"

译文：The sage said, "If he loves his parents, he cannot hate other people; and if he respects his parents, he cannot treat others with neglect. When, therefore, his love and respect towards his parents are perfect, the virtuous instructions will be extended to the people, and all within the four seas will imitate his virtuous example. Such is the influence of filial duty when practiced by the son of heaven." In the

Book of Records, it is said:

"When the one man is virtuous,

The millions will rely upon him."

原文：在上不骄，高而不危；制节谨度，满而不溢。高而不危，所以
长守贵也。满而不溢，所以长守富也。富贵不离其身，然后能
保其社稷，而和其民人。盖诸侯之孝也。《诗》云："战战兢兢，
如临深渊，如履薄冰。"

译文：When those who are above others are free from pride, they are not
in danger from exaltation. When those who form rules of economy
abide by them, nothing will be wasted of all their abundance. To be
elevated, and yet secure from danger, is the way in which continu-
ally to maintainnobility: and of an abundance to have nothing
wasted, is the method by which riches are to be continually secured.
Thus preserving their nobility and riches, they will be able to protect
their possessions with the produce of their lands, and to keep their
subjects and people in peace and quietude. Such is the influence of
filial duty when practiced by the nobility." In the *Book of Odes* it is
said:

"Be watchful, be very watchful,

As though approaching a deep abyss,

Or as when reading upon thin ice."

《孝经》是儒家十三经之一，是专门阐述伦理孝道思想的著作。原文体
现了中国古文的特点，行文简练，对仗工整，句义丰富。裨治文的译文则
遵循英语语法习惯，根据潜在的逻辑关系添加了连接词，表达简明易懂。
译文着眼于字意本身的翻译，对可能涉及争议的一些关键概念和名词的翻
译不进行烦琐的宗教辨析，也因此复杂的句型和冗长的修饰成分都极少见
到。在翻译一些对西方人难理解的字词时，他通常采取较为通俗的诠释策
略，譬如：以"sage"译"子"、以"son of heaven"译"天子"、以"possessions
with the produce of their lands"译"社稷"等。

此外，在《小学》的译介前言中，译者也表明："在译文中，我们努力

保留汉语的惯常表达，尽管这样经常是以牺牲流畅英语行文为代价的。"（CR.V:305）对比源译文也可看出，译者对篇章结构和句子的结构都几乎未做大的变化，基本从头至尾都是逐句逐字地翻译，少有对专名的解释。可以说，译者的英译忠实原则贯穿在诸多儒学典籍的翻译中，他们的翻译对中国经典儒经中的人物、概念等并未给予详尽的解释，对其中蕴含的微言大义也未见挖掘阐释。一方面，这与他们入华时间短，汉语理解能力有限等客观因素有关；另一方面，也和他们的翻译目的相关。他们以文本的本来面目示人，以直译的方法存真，原汁原味地保留原文的一切信息。以直译法让文本进入英语的语境，对具有争议性或不易理解的字眼，均采取通俗的诠释策略，这样译文中不仅易理解，而且一切问题都会由原文承担。译文也藉此展现中国初等教育的内容。但也会让西方读者误以为：中国经典的儒家书籍，一个民族的"圣经"，其内涵不过尔尔。这对于贬低中国传统文化，从根本上否定儒家学说起着重要的作用，呼应传教士译者所提出的改革中国基础教育的主张。

（3）译后注释：中国文化知识的传播和评介

注释是古代典籍的重要组成部分，《三字经》《千字文》的译介也包含不少译后注释的内容。注释是译者显身、介入翻译的方式，通过注释译者往往可以解读内涵、加入评论，以显身的方式传达见解，与读者展开交流。既可以帮助读者消除语言文化带来的障碍，了解原作的微意，亦可以阐明译者自身的观点。

《丛报》儒家典籍译后注释的作用大致有两类：一类注释是解释评论型的，即选译中国学者的注疏，解释典籍的内涵，使其清晰可解。同时，不乏夹杂着译者对原作的褒贬臧否，阐明自身对中国教育的观点。在《三字经》的译文后，选择原文的56句注释加以解释，其中既有引用王晋升本来的注解和孟子、孔子等中国古代圣贤的名言，也有译者自身对中国传统文化的理解。例如，"性相近，习相远"注释中引用孔子《论语》的"性相近也，习相远也"的观点；"人之初，性本善"的注释中引用《孟子·尽心上》中的"孩提之童无不知爱其亲者，及其长也无不知敬其兄也"阐述人性本善的观点。同时，裨治文评论道："这里提出的有关人自然天性的主张与人的通常行为很不一致，以至于一些中国的道德家们完全否认其正确性，认为有些人天性就是好的，有些就是坏的。"（CR.IV:111）诸如此类对中国文化的贬损在《千字文》的译后评论中也可见到："此书的编纂并不适合教育的目的。儿童或成年人除非是在不情愿的状况下，才有可能拿起此书，他们认为学习它是一项令人厌倦的任务。《千字文》，不论从其原文还是译文来看，都有必要为初等教育提供新的教材。"（CR.IV：229）此外，《小学》译文后的简短评论中也反映出相似的态度："这类教育的根基是不完整、不安全的。必须承认，古代圣贤所教授的知识许多是值得全盘接受的，但是他们本身在传授知识时并不了解知识的起源。"（CR.V:86）"他们从不知晓对上帝的敬畏，当然也就无法在其授课中体现。这一简单的事实构成了他们伦理体系的巨大缺陷。他们言说着智慧、真理、正义、仁爱等品质，而行动中这些美德却形同虚设。道德的约束从未能感知，所有的罪恶均是源于内心。这样的事例不胜枚举。虚假、欺骗、偷盗、抢掠等罪行会长久抹黑这个伟大帝国的记录，破坏人们的幸福感。"（CR.V:87）

在裨治文眼中，中国教育体系是中国人知识衰落的根源所在，从基础教育选用的迂腐教材和陈腐的说教就可以看出。他认为："无视子女的教育，不提供适当的教育给学龄前儿童，是社会腐败的根基所在，与此同时还造成了家庭、社会和政治上的种种罪恶之行，这片土地充斥着这样的罪恶。"（CR. IV:4-5）可见，译者正是借助其译后的评论性注释达到批评以儒家学说为根基的中国基础教育体系的目的。

另一类注释是文化普及型的，也就是对译文涉及的中国传统文化知识给予必要的补充。如第四卷《百家姓》的译介文中除翻译部分姓氏外，针对西方人不了解的中国姓名文化作了细致的补充，重点介绍了"姓（family name or surname，*sing*）"的起源和"名（ming or individual name）"的各种分类：幼名（joo ming or milk name）、书名（shoo ming or book name）、官名（Kwan ming or official name）、字（tsze or epithet）、号（haou）、国号（state title or title of the year of his reign）和庙号（meaou haou or temple title）（CR.V:84-85）。对它们的取法背景、缘由和命名的时间等逐一进行了介绍。而后，译文又以中国家族等级分层为主题，对中国家族亲属关系，如夫妻间、父子间、继父母、兄弟姐妹等的称谓知识一一进行了具体详尽的补充和说明。《小学》的译文后，亦有对翻译文化知识的补充，如在《立教》篇的译介后，译者对"塾"在正文直译为"school-room"，译后的注释中补充"古时，居住在一起的25家形成一间，其中儿童接受教育的地方称为塾，也就是学堂"（CR.V:85）；"堂"也是先直译为"academy"，再解释为当聚居的家庭数量达到500家时儿童受教育的地方。另外，对中国的古代教育文化知识进行了必要的背景介绍，指出："最低层次学校称为小学，儿童八岁入学，学至十五岁，而后才被允许进入高一层次的教育机构（CR.V:85）"。这些内容考虑到了英语读者的求异心理，同时又将传统中国教育文化传递给他们，使得文化特色得以保留。

翻译理论家西蒙（Simon，1996:35）认为："译者的主体性必须理解为译介活动的复杂过程的一部分，这种活动为译者积极的和批判的干预预留了空间。"作为新教传教士出身的译者，他们对文本的诠释和理解受制于其基督教意识形态，是推动他们翻译儒家典籍的动力，或隐或显地体现在其译介的特征中。

从本节的分析中我们可以看出，儒学典籍是中国古代思想文化的代表，但传教士译者的译介中并未对其中的核心概念及文化理念进行有深度的阐释和解读，或是进行较为系统的研究，而仅仅追求忠实地表达字面内容，做普及型、介绍性的翻译，力图做到通俗易懂。一方面受限于这批译者本身对汉语和中国文化的理解程度，另一方面也与他们的翻译动机和目的相关。《丛报》译者对儒家著作是以基督教为评判标准的，他们评判中国初等教育的选材、方式，含有对中国经典颠覆解构之意，是为传播福音扫清道路的必要举措。这种意识形态对翻译的影响极为深刻。它并没有明显表现在对文本翻译的操纵和改写中，而是体现在其选材、译前注释和评论等副文本中，它们是构建译者独特身份、彰显译者主体地位的场所。在这些地方对翻译文本进行知识管理和操纵，对译介过程直接干预，以显身的方式频频对儒家思想和文化进行评判和指责，着力展现中国文化和教育体制的不足之处，使其缺陷暴露无遗。这正是基督教意识形态对文本的操纵，其对于建构一个文化思想基础低、亟须唤醒并接受神的指示的中国形象起到了关键的作用。

韦努蒂在其著作《译者的隐形》（1995/2004）中对17世纪以来的翻译理论与实践进行了详尽、全面的考察。他指出，西方300多年的翻译实践中，居于霸权地位的英美国家往往倡导以归化的翻译策略来翻译其他民族的经典文学作品，对原文的形象和文化多有歪曲、丑化之处，且以流畅、自然的译文来迎合读者，体现出西方种族中心主义及文化帝国主义的价值观。一方面满足了文化霸权的需要，另一方面译者的身影、译作、他者的声音等都处于隐身的状态，消弭于无形之中。

《丛报》译者对儒学典籍的译本却为我们提供了截然不同的反例。他们受制于基督教意识形态，是译者诠释框架的重要组成部分，渗透在译者对文本的理解中。因此，在意识形态的强力介入下，传教士译者不可能甘于完全隐身。他们利用注释、导言等副文本空间现身评论，采取直译的方法，以忠实之名让典籍以其本来面目进入译入语世界，接受西方读者的可能带有怀疑、敌意的评判和审视。尤其是他们对中国基础教育典籍的直译和评判，促使中国形象在英语世界的恶化，向西方传递了一个缺乏创新的教育制度形象。裨治文对《千字文》如此评价："这本教材根本没有达到教育的目的。孩子们甚至是成年人，如果不是迫于无奈的选择，很难从内心深处喜欢上它。"他还说："忽视孩子们的教育，不给学前儿童以适当的教育，是导致社会腐败的根源，还酝酿了家庭、社会、政治的罪恶，这片土地充满了罪恶。"（CR.IV:4-5）这样的译本显示，直译也可以作为矮化东方，为西方殖民主义服务的工具。

与此同时，必须承认的是，《丛报》译介的儒家典籍在中学西传中起到了桥梁的作用。《孝经》《小学》都是借助《丛报》首次进入英语世界的，可谓首创之功。此后 1879 年理雅各在参考《丛报》译文的基础上，在其出版的《东方圣书》（*The Sacred Books of the East*）第三卷再次译介了《孝经》。他在译文注解中多处评点裨治文的翻译，在宗教比较领域进一步诠释了对《孝经》的认知。《三字经》的译介则上承马礼逊的译本，下启德国汉学家欧德理（Ernest Johann Eitel）和英国汉学家翟理斯（Herbert Allen Giles）的译本，是《三字经》西译的一座桥梁。1841 年，裨治文出版了他编辑的《广东方言中文文选》（*A Chinese Chrestomathy in the Canton Dialect*）一书。该书也收录了他的《三字经》英文译文，但页面排版与所载版本不同，内容上考证了历代中文《三字经》的不同版本及历史演变，对后来传教士翻译这部典籍时选择源语文本的版本具有启发和借鉴意义（邹颖文，2009:176-177）。

第二节　历史文化典籍译介评析

一、译介概况

（1）译介文献总览

本节将聚焦《丛报》译介的历史文化类典籍[①]，按照前述方式，通过《总索引》《〈中国丛报〉篇名目录及分类索引》及《〈中国丛报〉中文提要（一至七）》的提示，结合《丛报》的文本阅读及相关学科已有研究统计，本书辑录《丛报》译介历史文化典籍如表 4-2 所示。

表 4-2　《中国丛报》译介历史文化典籍篇目一览表

原作名	译作名	原作者	译者	栏目	时间	页码	卷/期
姓谱	Chinese Biography	李绳远	马礼逊	杂记	1832.7	107-109	1/3
大清万年一统经纬舆图	Review: Ta Tsing Wan-neen Yih-tung Kingwei Yu-too	黄千人	马儒翰	书评	1832.6	33-42	1/2
					1832.8	113-121	1/4
					1832.9	170-179	1/5
香山宝卷	Story of the Fragrant Hill	普明禅师	郭实腊	杂记	1833.9	223-225	2/5※[②]
圣庙祀典图考	Shing Meaou sze-teen too kaou	顾沅撰	马儒翰	文艺通告	1833.9	236-237	2/5
丹桂集	Tan-kwei Tseih, the Olea fragrans Misellany	佚名	马礼逊	文艺通告	1834.1	426-427	2/9
二十四孝故事	Twenty-four Example	郭居敬	卫三畏	书评	1837.8	130-142	6/3
子不语	Not the Sayings of Confucius	袁枚	F.A. King	书评	1838.1	445-447	6/9※
补瓷匠	The Mender of Cracked Chinaware	待考	亨德	书评	1838.4	575-579	6/12

[①]为便于讨论，本节所涉典籍，不仅包括成册典籍，亦包括出自典籍中的文化文本及后来收入典籍中的作品。

[②]带有"※"标记的文章系本书所做的目录补正。

原作名	译作名	原作者	译者	栏目	时间	页码	卷/期
三国演义	Notice of the San KwǒChi, or History of the Three States	罗贯中	郭实腊	书评	1838.9	231-249	7/5
			美魏茶		1841.2	98-103	10/2
			美魏茶		1842.8	411-425	12/3
五虎平南后传	Ping Nan How Chuen	不题撰人	郭实腊	书评	1838.10	281-289	7/6※
历代神仙通鉴	Review of the Shin Seen Tung Keen	徐道	郭实腊	书评	1839.2	505-525	7/10
			郭实腊		1839.3	554-568	7/11
			威廉·斯皮尔		1849.9	485-503	18/9
王娇鸾百年长恨	Notice of a Chinese Tale	冯梦龙	罗伯聘	书评	1839.5	54-56	8/1
春园采茶谣三十首	Ballad on Picking Tea	李亦清	卫三畏	书评	1839.8	195-204	8/4
谢小娥传	Revenging of a father' death	李公佐	卫三畏	书评	1839.11	345-347	8/7※
海路	Hae Luh	杨炳南	裨治文	书评	1840.5	22-24	9/1
卫藏图识	Tibet	马揭、盛绳祖	郭实腊	书评	1840.5	26-46	9/1
百忍歌	Pih Jin Ko, or an Ode on Patience	张公艺	鲍留云	书评	1840.5	46-53	9/1
正德皇帝游江南	TheRambles of the Emperor Chingtih in Keangnan	何梦梅	郭实腊	书评	1840.6	57-73	9/2
佛国记	Travels of Fa Hian in India	法显	雷慕莎	书评	1840.10	334-366	9/6※
御撰医宗金鉴	E Tsung Kin Keen Yu Tsoan	吴谦等	裨治文	书评	1840.11	486-488	9/7
女学	Neu Heo or The Female Instructor	蓝鼎元	卫三畏	书评	1840.12	537-559	9/8
纲鉴易知录	Chinese History	吴乘权	裨治文	书评	1841.1	1-9	10/1

原作名	译作名	原作者	译者	栏目	时间	页码	卷/期
三教源流圣帝佛帅搜神大全	Sketch of Matsoo Po	干宝	叔未士	文化	1841.2	84-87	10/2
	Sketch of Kwanyin				1841.4	185-191	10/4
	Sketch of Yuhwang Shangte				1841.6	305-309	10/6
	Account of Hiuen-tien Shangti		卫三畏		1849.2	102-109	18/2
	Mythological Notices		裨治文		1850.6	312-317	19/6
三皇纪	San Hwang Ke	司马贞	裨治文	书评	1841.4	231-233	10/4※
增广智囊补	Poo Nang Che Tsang Sin	冯梦龙	郭实腊	书评	1841.10	550-560	10/10
东园杂记	The Tung Yuen Tsa-tsze, or Eastern	佚名	卫三畏	风俗	1841.11	613-618	10/11
中国新史	A New History of China	安文思	裨治文	书评	1841.12	641-648	10/12※
三才图会	Portrait of Pwanku, the First Man	王圻、王思义	裨治文	书评	1842.1	46-47	11/1
	Portrait of the Three Sovereigns				1842.2	110-113	11/2
	Portrait of Fuhi				1842.3	173-176	11/3
	Portrait of Shinnung				1842.6	322-324	11/6
	Portrait of Wang Ti				1842.7	386-388	11/7
	Portrait of Chuenhiu				1842.11	616-617	11/11
	Portrait of the Emperor Ku Kausin				1843.2	75-77	12/2

原作名	译作名	原作者	译者	栏目	时间	页码	卷/期
苏东坡全集	Notice of the Works of Su Tung Po	苏轼	郭实腊	书评	1842.3	132-144	11/3
聊斋志异	Liáu Chái I Chi, or Extraordinary	蒲松龄	郭实腊	书评	1842.4	202-210	11/4
	Legends from Liáu Chái.		卫三畏		1849.8	400-401	18/8
红楼梦	Hung Lau Mung, or Dreams in the Red Chamber	曹雪芹	郭实腊	书评	1842.10	266-273	11/10
南宋志传	Nán Sung Chi-chuen, or History of the Southern Sung dynasty	熊大木	郭实腊	书评	1842.10	529-540	11/10※
明史	History of the Ming Dynasty	万斯同等	郭实腊	书评	1842.11	592-614	11/11
广东通志	Topography of Kwangtung	郭裴	裨治文	地理	1843.6	309-327	12/6
明心宝鉴	Ming Sin Páu Kien	范立本	米怜	书评	1847.8	406-411	16/8
海国图志	Hai Kwoh Tu Chi	魏源	郭实腊	书评	1847.9	417-424	16/9
西方公据	Si Fang Kung Kū, Public Proofs from the West	彭际清	米怜	书评	1847.9	448-454	16/9
关雎	TheHarmonious Water-birds	佚名	娄礼华	书评	1847.9	454-462	16/9
卷耳	The Mouse-ear						
四库全书	Chinese Lexicography	纪昀等	裨治文	语言	1848.9	433-462	17/9
笑得好	Anecdotes to Inculcate a Moral	石成金	卫三畏	文化	1848.12	646-649	17/12※
					1849.3	159-161	18/3※

原作名	译作名	原作者	译者	栏目	时间	页码	卷/期
相思寺公孙合汗衫	Siáng-kwoh sz' kung-sun hoh hán shún	张国宾	卫三畏	书评	1849.3	113-115	18/3
至圣编年世纪	Notices of the Annals of Confucius	李灼、黄晟	裨治文	书评	1849.5	254-259	18/5
蚕桑合编	Cultivation of the Mulberry	佚名	肖	农业	1849.6	303-314	18/6
家礼帖式集成	The Worship of Ancestors	佚名	卫三畏	文化	1849.7	363-384	18/7
农政全书	Directions for Cultivation Cotton	徐光启	肖	农业	1849.9	449-469	18/6
说文解字徐氏系传四十卷	The Shwoh Wan, or Etymologicon	徐锴	裨治文	书评	1850.4	169-185	19/4
醒世宝言	Precious Words to Awaken the Age	张礼承	裨治文	书评	1850.5	233-241	19/5
大清圣武记	Holy Wars of the Tsing Dynasty	魏源	裨治文	书评	1850.5	241-244	19/5
瀛环志略	Universal Geography of Sü Kiyü	徐继畬	卫三畏	书评	1851.4	169-194	20/4
灌园叟晚逢仙女	Kwán yuen siú wán fung Sien-nū	冯梦龙	奥利芬	书评	1851.5	225-246	20/5※
榕园全集	Complete collection of the Garden of Banians	李彦章	卫三畏	书评	1851.6	340-344	20/6

　　如表 4-2 显示可见，按照刊物发表的顺序，列表将《丛报》译介历史文化类典籍的情况悉数展现，提供出中英文对照篇目、原作者、译作者、栏目、发表时间、起止页码和刊载卷、期等主要译介信息。《丛报》译介历

史文化类典籍 51 部，共计 70 篇文章，多集中于"书评""文化""语言""文艺通告"等栏目。题材涉及历史、文学、文化、农业、地理等多方面，涵盖小说、戏剧、诗歌等多种形式，以小说的数量为最多，总计 27 篇文章。译者除《丛报》五位主要撰稿人裨治文、卫三畏、郭实腊、马儒翰、马礼逊之外，其余译者叔未士（J.L.Shuck）、美魏茶（William Charles Miline）、鲍留云、娄礼华、米怜等均为在华传教士，所译篇目占总量的 92%，为译介主要群体。

孔慧怡（1999:9）认为，影响翻译选材的因素中，主体文化的倾向占了压倒性的优势。确实，这批传教士受其基督文化的影响，其译介选材和动机都与传播基督教义的初衷紧密相关。历史文化作为一个民族的文化直观、生动的体现，与中国社会紧密联系，具有丰富的内涵，是西方社会了解中国文化的主要渠道。他们将译介中国历史文化类典籍作为了解中国的语言文学、历史哲学及宗教思想等方面生动详致的凭借。典籍，尤其是小说，因其能够生动形象地再现中国人的文化和生活特性，承载着中国人最真实的信息而引起传教士对其社会认知功用的关注。然而，同耶稣会士相比，新教传教士译介的文学典籍多为内容浅近的通俗小说，经典文学著作相对较少，仅有《三国演义》和《红楼梦》两部，译介内容也只是简要介绍故事梗概和个别情节的节译，且误读较多，最典型的应属郭实腊译介的《红楼梦》，他将主人公宝玉误当作女子。此外，刊物尽管译介了《苏东坡全集》，但未涉及具体诗歌的翻译，选译的诗歌《春园采茶谣三十首》《百忍歌》等也并非传世佳作，能够代表中国古典诗歌发展巅峰的唐诗、宋词也未见任何形式的译介。正如方豪所言："明清来华教士几无不研读中国经籍，实亦中国古代文学作品也，惟教士所重者在经籍中之宗教思想……纯粹之文学作品，教士多不注意，甚或有不屑一顾者。观早期教士中无一翻译中国文学名著，可知也。"（方豪，2008:966）究其原因，主要是他们初到中国，受传教政策所限，活动范围狭窄，传教事业大多始于身边的华人助手、雇工等教育程度较低的人群，知识层次不高。他们无法像耶稣会士般接触到徐光启等知识精英和朝廷官员，缺少优秀人士的指导和帮助，加之自身汉语水平有限，因此其选择的译本，尤其是小说，多为语言浅白、通俗浅显的作品。

（2）译介动机

从现实的角度来讲，基于传教和了解中国的基本目的，他们译介历史文化类典籍具体动机有二：一是汉语学习教材的需要；二是探悉中国历史和宗教。

第一，汉语学习教材的需要。

传教士们来到中国，志在传教，改变"异教徒"的信仰，欲了解中国的历史文化、风俗习惯，掌握汉语是必要的前提，也因此他们注重汉语教材的使用和编写。早在耶稣会士时期，他们就十分重视利用中国本土材料做汉语教材。最早的汉语学习材料是罗明坚以中国二十四节气做识字教材的散页，之后利玛窦所译的《四书》经过多次修订成为传教士研习中国文化的教材。同时，他们还致力于编纂双语字典，如马礼逊的《华英字典》就是在参考上万卷中文书籍基础上编著而成的经典教科书。他们同样也重视通过翻译作品对照汉语原文的方式学习汉语，如马儒翰就撰文推荐使用题材多样的翻译作品为教材，包括《三国志》(*History of theThree Contending States*)的部分章节、德庇时的《好逑传》(*Fortunate Union*)、《四书》(*Four Books*)、《五经》(*Five Classics*)等，希望能通过这些翻译作品，"学习汉语者可以克服遇到的困难，在汉语学习道路上不断进步"(CR. VII:119)。可见，《丛报》译者十分提倡将翻译作品作为学习教材的做法。

因此，传教士译介历史文化典籍正是抱有将其作为教学素材以了解中国文化习俗的目的。他们尤其关注中国古典小说，但并不像中国文人对小说抱有偏见。尽管他们中的有些人可能更关注中国文学经典文本和古代思想文化传统文本，但这并不意味着他们就因此排斥中国小说或民间文学，更何况在他们看来，这些文学样式中所包含的信息量可能还远远超出知识分子本位中心的文学文本（段怀清、周伶俐，2006:86-87）。小说由于其生动的语言和浅显通俗的风格，适宜作为学习中文的素材。不少译介的中文古典小说都阐明其有益于汉语学习的作用。如对《王娇鸾百年长恨中》，裨治文认为："我们真诚地希望，在华的每个外国人在闲暇之时，能学习提高汉语水平。尽管学习汉语很难，但一旦掌握，将是十分愉快和有益的。黄小姐的故事是中国人浅显易懂作品的一个典范。"（CR.VIII:54)《南宋志传》的译介结尾也写道："本书十分适合汉语学习者，即使是最优秀的汉学家也可以从此书中学到令写作风格流畅的技巧。"（CR.XI:540）郭实腊译介的《正德皇帝游江南》结尾处写道："汉语的初学者，往往可以较容易地读懂本书，和那些令语言学习者感到苦恼的经典书籍相比，这套七卷本的小说能给他们带来益处。"（CR. IX:73）同样由郭实腊译介的《红楼梦》的结尾处也写道："……读完一卷后，语感容易把握，任何想掌握北方官话表达形式的人都可以通过细读这部小说来汲取营养。"（CR. XI:273）小说作为一种大众艺术，拥有广大民众使用的通俗生动的语言。它不仅有利于读者阅读，也便于来自异域和有着异质文化背景的人士学习和掌握，因而很容易就与这些西方传教士产生契合，从而达到通过译介的途径学习汉语的目的。

第二，探悉中国历史和宗教。

历史题材的典籍和小说备受《丛报》撰稿人的青睐。郭实腊在《丛报》第三卷一篇题为《中国历史年代评论》（Remarks on the History and Chronology of China）的文章中呼吁西方学界应多关注中国历史，重视历史研究，他指出："只要我们还缺少一部好的中国史书，就不可能对中华民族形成正确的认识……如果我们不对他们的历史有彻底的了解，我们想要解决他们长期政治存在的问题，想要找出令他们同其他民族不相融合的秘密所需付出的努力，就都将是徒劳的。"（CR.III:54）他进一步指出："书写一部关于中国历史的书籍是应时代所需。如果这部历史能够以塔西佗式①的记忆和罗伯逊式②的轻松风格撰写，将会使人们对中国产生更强烈的兴趣。"（CR.III:54）因此，郭实腊所译介的古典小说，主要就是同时具备这两方面特点的历史演义小说，包括《三国演义》《五虎平南后传》《正德皇帝游江南》《南宋志传》《增广智囊补》等。他认为，历朝历代都有类似性质的作品。每一位伟人都有人为之立传，每一次天灾人祸都有演绎它的讲史小说。尽管其中不乏无聊之作，但也有许多风格各异的佳作，这些作品是每一个希冀写出一部中国历史杰作的外国人必读的③。因此，他译介历史演义小说是向西方大众传播中国历史文化知识、对中国文明再评价的前提。这是确定西方对华态度、政策的基础。同样重视中国历史的还有裨治文，他在历史典籍《纲鉴易知录》的译介中就表达出对了解中国历史的渴望，他说："又有谁不想了解中国的整部历史呢？……中华帝国，这样一个古老历史的国家，具有无可比拟的深度和资源，非常值得我们的关注。"（CR.X:1）裨治文还译介了一系列以中国历史典籍为基础的文章，包括以《史记·三皇

---

① 塔西佗式：普布里乌斯·克奈里乌斯·塔西佗（Publius Cornelius Tacitus，约公元55—120年）是古代罗马最伟大的历史学家。

② 罗伯逊：威廉姆·罗伯逊（William Robertson，1721-1793），18世纪英国史学家。

③ 参见 China Opened（1838：467-468）。转引自宋莉华. 2010. 传教士汉文小说研究[M]. 上海：上海古籍出版社：81.

本纪》为底本撰写的《三皇纪》,以明朝王圻、王思义编纂的《三才图会》图文资料为基础的古代帝王图像的八篇介绍短文和依托于《史记》与其他正史译介的中国干支纪年法的文章等。郭实腊也介绍了《明史》一书。对这些典籍的译介很大程度上向西方普及了中国历史知识,继而使读者对中国历史文化形成进一步的认知。

此外,裨治文关心中国历史的另一重要原因是希望透过中国历史朝代更迭中君主专制体制的发展、历史的表述方式找到中国排外的原因。他指出,《丛报》登载的中国历史文章,"无论关注的是帝王及臣民的道德品质还是中国政府的结构,都是为了发掘出阻碍人类永久和平的障碍,这些障碍并非新近形成的,而是伴随中国历代的发展延续至今,影响最大的就是视皇帝为绝对的权威,天下皆臣服于他……从而剥夺人民的自由,迫使他们不敢超越国家边界,不敢和外国人互动"(CR. III:518)。可见,他译介历史知识也是为了找寻阻碍中西和平互动的历史根源。

《丛报》对中国传统宗教信仰的了解和认知是选取相关典籍译介的动因之一。这很大程度上是由于传教过程中传教士们受到来自中国底层民众各式信仰的挑战,这些被他们视为"迷信堡垒"的宗教信仰在中国人中的影响却无处不在,是妨碍在华传播基督教义的一大障碍,《丛报》也因此选译了不少带有中国宗教色彩的书籍进行探究,如郭实腊、卫三畏均选取《聊斋志异》的故事进行简译。译者认为其中充斥着各色精怪、鬼魂和妖怪等,主要反映出中国人的道教信仰,旨在从中窥见中国人的宗教思想,并从基督教义的角度进行贬低和批判。《丛报》选译的《历代神仙通鉴》一书分三集,讲述了上古至明朝时期的神仙故事,涉及儒、释、道三教。译者郭实腊和威廉·斯皮尔(William Speer)都将关注的重点放在书的宗教色彩上,而非文学内容上。郭实腊在译文中用较长的篇幅介绍了中国道教的相关内容,威廉·斯皮尔的译介则集中于书中与基督教相关的记载。郭实腊译介的另一部小说《香山宝卷》是清初时期关于佛教世俗化的文学故事宝卷,内容以观世音菩萨化身为妙善公主,化度王室与国民皈依佛法的故事为主,在民间较为普及,影响面广,符合普通民众礼仪和风俗的旨趣。郭实腊在介绍中国佛教时译介了此书,显然是希冀了解其以小说宣教的方式并欲将其应用于宣教本土化中。《三教源流圣帝佛帅搜神大全》中几则故事的译介也是出于了解中国信仰体系的动机。该书是一部神仙传记类的著作,以收录儒、释、道三教诸神故事为主要内容。从选译的 14 位神祇译文来看,译者介绍并阐释了中国人的宗教信仰，认为是非理性的迷信想象和虚构，整体持批判的态度，意在理解宗教思想的基础上传播基督教信仰。

二、译介特征

《丛报》历史文学典籍的译介呈现出较为明显的特征：一是运用多样化的翻译模式；二是广泛应用副文本；三是采用多元化的翻译策略。

（1）翻译模式的多样化

译者的翻译活动，实际上是在复杂多元的"权力网络（a network of power relations）"中进行的"阐释、交换、转换"行为。其过程如同作家写作，译者也是在书写翻译（writing translations），他们的选择与作为赋予原作生命，呈现在一个异域的全新世界里，让使用另一种语言的人们去感知和体验，从而滋养和丰富他们的文化（Bassnett，2007；Bassnett & Bush，2006）。译者的"显身（visibility）"让我们观察和分析译者书写翻译的行为，从而阐释他们翻译活动最基本的任务是选择待翻译文本和适切的翻译方法，观察他们理解、选择、重写的过程，可以透视译者群体的文化使者特色，阐述他们对中国历史文化知识的理解。

受限于期刊的体例，典籍由于篇幅长，内容繁多，浓缩译介在期刊上必然要删减情节，进行整体性介绍。《丛报》译介的典籍中有相当部分是以缩译、节译、摘译、概述等形式刊载的，而其选择的内容旨在实现译本在译入语语境中要达到的目的。《丛报》译者的翻译活动始终没有偏离过其传播教义的最终旨归，因此，无论是选材、翻译策略，还是译作能否在译入语世界被接受和产生影响，都完全不能摆脱主体文化的规范和内在动力（孔慧怡，1999:107）。他们的译介都是为了向西方读者提供真实中国的信息，展现中国社会的现状以凸显福音拯救中国的必要性，在具体的做法中，译者主要采用了以下五种翻译模式。

第一，全译。

完整翻译原典籍的方式在《丛报》中并不多见，只适用于篇幅较短的书籍，如《谢小娥传》《二十四孝故事》《醒世宝言》《灌园叟晚逢仙女》《笑得好》，以及科学类的《蚕桑合编》、医学类的《御纂医宗金鉴》等。

第二，介绍。

介绍的方式主要用于较长篇幅的典籍译介，是《丛报》译介典籍的主要模式，如《红楼梦》《苏东坡全集》《榕园全集》，以及史学类的《明史》

《三皇纪》《中国新史》等。

第三，摘译。

摘译的方式主要应用于介绍特定内容的主题，译者往往从典籍中摘取出相关内容，经过编辑和翻译而形成的文本。如为了解和更加广泛地阐释中国人的信仰，叔未士、卫三畏、裨治文三位译者从《三教源流圣帝佛帅搜神大全》中专门挑选出 14 则故事译介，涉及对观音、玉帝、玄天上帝、五雷神、海神等各路神仙的介绍，旨在通过内容的把握对中国人供奉崇拜的神仙功能及群体做一了解，并在理解宗教思想基础上做出批判以利于传教。在《农政全书》的译介中，译者先简要介绍了该书作者系明朝著名科学家徐光启，而后摘译了其中的《木棉》一篇。

第四，缩译。

《丛报》向西方社会输入中国历史知识在很大程度上是通过历史演义小说实现的，郭实腊就曾在《增广智囊补》译介文章结尾处提及："小说选取了一条不同的路径，生动地描绘出时代、国家和人民，而不像严肃的历史学家那般注重姓氏、阴谋、愚蠢类的故事、典礼或仪式。"（CR.X:553）可见，他认为小说比史书更具可读性，也因此他将很多历史演义小说内容压缩，重新译介，凸显其中的历史知识，其中较有代表性的是《三国演义》《南宋志传》和《五虎平南后传》。

《三国演义》一书在《丛报》中共计译介三篇文章，涉及郭实腊和美魏茶两位译者，从其所属栏目"历史"可见，《丛报》注重《三国演义》的历史性而非文学性。郭实腊认为此书是"中国巅峰之作之一"（CR.VII:233），并充分肯定该书的历史性价值，"它将历史的真相艺术性地融入小说写作中，牢牢抓住了读者……该书对公元 710—317 年三国鼎盛时期做了最忠实的刻画"（CR.VII:234），"这部作品可视作历史著作书写的典范……它对人性刻画之深刻在其他作品中难以见到，那是它对那个时代人的激情和缺点的记录……句子简练，语言和谐悦耳，作者更注重独特的思想而非流畅的词语，这使得他不同于同时代的作家"（CR.VII：249）。从译介内容看，三篇文章只是选取书中的主要情节和人物予以整体性的介绍。译前郭实腊指出："编者将尽力对本书做公允的介绍，品评优秀历史人物，因为整部书书写的正是他们的故事。"（CR.VII:234）第一篇文章基本是对该书的完整介绍，对前十回译介详细，几乎涵盖了自三国兴起至最终衰落的所有关键性事件。整体偏重对曹操、诸葛亮生平重大事件的介绍，并以他们为中心辐射对魏、蜀、吴的描写。第二篇则是对黄巾起义的介绍，完整交代了起义发生的历史背景、产生原因、主要人物、战争过程和结局，是对书中关于起义记载的详尽译介。第三篇主题围绕诸葛亮展开，之所以选取诸葛亮是因为"他是三国历史上最有名的人物、最伟大的英雄"（CR.XII:27）。情节涉及三顾茅庐、刘备托孤、五次北伐，结合第一篇文章中的赤壁之战和七擒孟获的情节，对中心人物诸葛亮进行了全面的译介。

其他译介的历史演义小说中，《五虎平南后传》的题目被译为"Ping Nan How Chuen, an historical work in six volume"，可见译者将其作用视同史书。译者认为此书是"对《三国演义》这一享誉盛名著作的模仿，成就虽远不及《三国》，但始终是中国人智慧的结晶，仍值得外国人关注"（CR.XII:281）。译介内容则注重对小说历史背景、主人公狄青和段红玉的情节的介绍。《南宋志传》的题目被译为"Nan Sung Chi-chuen, or Hisory of Southern Song Dynasty"，显然译者译介此书是为了解南宋的历史，对全书五十回均有所介绍，重点抓住了中心人物赵匡胤及其相关章节，译者结尾处评价此书："本书语言风格浅白易懂……描写生动……读者不会因长段叙述和对次要人物描写失去对历史主线索的把握。"（CR.XI:540）可以说，这些小说的缩译内容都在不同程度上凸显出其中的历史背景，满足译者对中国历史知识的需求。

第五，改译。

作为一部带有宗教性倾向的期刊，《丛报》对异教信仰的关注成为报刊的主要内容之一，《总索引》专门辟有"异教信仰"一栏，对该类作品的翻译成为西方人了解中国人宗教思想的凭借，其中以《聊斋志异》的译介最具代表性。郭实腊在《丛报》在第十一卷第四期对中国志怪小说《聊斋志异》进行了译介，选取《祝翁》《张诚》《曾友于》《续黄粱》《瞳人语》等9个故事。文章开篇提出中国人信仰的佛教和道教不过是一种迷信，译者认为："中国人的迷信思想极为深厚，他们根本无法从此梦魇中解脱出来。唯有基督教才能将他们从这种束缚中解救出来。基督教的全部含义在于创建健康的心灵，使得我们能在上帝和圣羔面前获得永久的福祉，在其照耀下，得以结识圣徒和天使。当我们熟悉圣物后，就会极度鄙视这些迷信的谎言。"（CR.XI:204）因此，在所译介的故事中，郭实腊进行了删减和改写，故事主旨和原文都有所偏离，所删减或突出的情节都服务于其译介目的，即了解并批判中国人的迷信思想，并认为应以基督教信仰来救助中国人被腐化的心灵。以下列三则故事译介为例。

《祝翁》

原文：济阳祝村有祝翁者，年五十余，病卒。

译文：An old priestof Tau had died, and his spouse entered the house with great wailing.

原著中的祝翁只是个普通老年人，但译文却将其修改为道教的一个老道，把祝翁去世后在黄泉路上思念自己的老伴改写为惦记"自己的整副尸骸（a whole set of skeletons）"。原文叙述祝翁死而复生，复又携妻双双并枕而死的故事，其主题重在歌颂老祝夫妇夫妻情深，而译文却改为凸显道士老翁的强势、无情及其可控制人生死的超能力，意在评判道家异教迷信的思想。

《瞳人语》

原文：百药无效。懊闷欲绝，颇思自忏悔。闻《光明经》能解厄。持一卷浼人教诵。初犹烦躁，久渐自安。旦晚无事，惟趺坐捻珠。持之一年，万缘俱净。

译文：Hespentseveral years in utter blindness to expiate for his forwardness, and was not restored to sight, until he had done penance, paid the priests their fees, and prevailed upon them to intercede in his behalf with the fairy, who had stuck him blind.

原文故事中的主人公长安才子方栋因偷窥女子、品行不端而惹祸上身，但通过诵读《光明经》即佛教三大经典之一的《金光明经》多日，使得内心排除杂念，解除疾病，改过自新。译文对情节做了改写，将内容调整为通过道士的通仙能力和自身的忏悔才恢复光明，在其中增加了道家的玄幻色彩。

《张诚》

译文：There lived a family in Kwangsi, who exposed to repeated wars, lost their whole property, and the husband as well as his wife were carried into hopeless captivity. But there remained still two brothers, who reduced to poverty used to go to the forest in order to collect-firewood. Whilst thus engaged, one day, a tiger rushed from his lair upon the youngest of the two, who apparently killed the fierce animal, but having been severely wounded, all at once disappeared in the jungle. His brother was inconsolable at his loss, and after pin-inga few days, died brokenhearted. The relations deeply affiliated by this calamity, thereupon consulted a sorcerer, who lived in the village. This man was only too glad to charge himself with bringing them to life again and therefore repaired instantly to the city. Here he cited a whole host of spirits and set the immediately to work to resuscitate the young man that had lately died. As soon as the latter felt the return of his faculties, he again immediately instituted a search after his brother but without the slightest success.

原文共计 2300 余字（限于篇幅，原文省略），而译文仅有 340 词，经过译介，篇幅大幅度被缩减。而且，译文对原文做了很大的改动，只是翻译了原文的梗概，删除了很多情节。原文中主题是两兄弟张讷和张诚手足情深的感人故事。译文经改写突出的重点不同于原文，关注兄弟俩遭老虎袭击、弟弟失踪、哥哥伤心至死的情节，特别将重点放在请来的巫师召唤魂灵，帮助哥哥起死回生，而且最终找到弟弟的情节。译文的主题偏离了原文，突出了巫师具有召唤死人魂灵、助人起死回生的神力。另外，译文仍采用的是第三人称的叙事模式，但删除了原文的"异史氏曰"这类干扰性话语，这也是早期汉学家英译《聊斋志异》的一贯做法（李海军，2011:78）。

以上三例基本都是对故事做了删减的改译，可见译者关注的是原文中的中国人的宗教思想，并站在西方基督教的立场对其做出批判。文章开始郭实腊就批评了中国人持有的道教和佛教鬼怪思想，他认为："中国那些异教的圣哲信奉的是自然的进程和规律……但都与真理相去甚远……且无法解释世界的本源。""《聊斋志异》主要论及的是道家信条，中国人的精神世界中充斥着灵魂、幽灵和鬼怪的思想"（CR. XI:202），"……虽然他们装作不信仰他们，但迷信由此而产生，无法摆脱"（CR. XI:204），这种贬低中国宗教信仰的观念与他们所处的西方中心主义的历史文化背景和传教的目的直接相关。作为身处 19 世纪的欧洲人，传教士服务于英美等国，他们很难摆脱欧洲优越论的论调。这些特征在传教士代言人身上及作品流露的态度中表露无遗。他们总是以西方的价值体系为出发点来评判中国的精神信仰。对所在社会、文化的理解是影响译者翻译方法的一种因素。在翻译或改写过程中，突出某种意识形态正是译者操控行为的体现。

因此，作品按照这一预设的意识形态进行改写，折射出其中淡化甚至扭曲偏离了原文的主题，体现了译者所表达的观点：道家是迷信，宣扬基督教是必要的。"基督教能赋予人健康的精神，永世生存的期盼，在圣人的宝座前与他们相处的可能。如果我们能够熟悉崇高的真理，自然就会鄙视愚昧无知的迷信。"（CR.XI:204）受意识形态影响而改写的《聊斋志异》成为反映中国精怪思想的宗教作品，其内在的文学价值却被遮蔽掉了。

《丛报》在历史文化典籍的译介中，译者采用不同的翻译方式，通过缩译、改译、摘译等手段选取了为己所用的内容，这些都受控于译者的翻译动机、对中国文化的认知水平、意识形态，以及译语社会文化语境诉求的影响，是一个经过译者的选择、阐释和调整的过程，并由翻译作为载体在新语境下进行重构的过程。

（2）副文本的广泛应用

《丛报》对历史文化典籍的译介很大部分是译述之作，由他们译述的作品具有明显的特殊性和研究价值，绝非纯粹的语言学意义上字当句对的移译，而是一种文化翻译，是受西方宗教文化影响下的阐释和再生。正如本雅明（Walter Benjamin，1992:71-82）所认为的，一部作品，如果不经过翻译的中介，或许会早早终结自己的生命……也许它每一次被翻译成另一种语言，都有可能失去一些东西，或者经历被曲解、被误读的过程，但最终它却又可能在另一种文化语境中产出一些令原作者始料不及的新的东西，而大量添加的副文本正是阐释原文的主要方法，主要应用于文中形成译述结合、文末添加评论两种方式，并呈现出一定的学术性特征。

第一，译述结合。

《丛报》典籍翻译多采用译述的方式，改译、编译、缩译等形式中均有使用。具体的行文多体现为夹叙夹译的方式，存在大量评论性的副文本。一方面，由于译者中文水平有限，难以做到在全文的深刻理解基础上的通篇翻译；另一方面，译者以显身的方式对原文予以操纵，添加或删减相关内容以符合西方读者的预期。此外，夹叙夹译的行文方式还可以拓展更多题材的作品，增加西译的书目。李奭学（2012:19-25）认为该类文本"当然是翻译，是翻译的策略之一"，"夹叙夹译确有其理论上的合法性"。

译介过程中的叙述和评论大致分为三种类型：一是作品评介类。此类评论数量最多，几乎每部典籍中都会出现，多以介绍作品来源、作者、底本、主要人物、译介内容为主。如《三国演义》开篇简述了故事梗概，译介故事情节多穿插评论。或评介人物，如对刘备和孙尚香结亲时添加评述，称其为"汉室后裔"，说明刘备具有汉室血统，出自汉王室的正统地位，符合原著"尊刘贬曹"的主旨；或提供背景，如文章开头和结尾处，译者都对该书的历史地位、艺术成就和影响力加以介绍，为读者提供诸多背景知识。历史典籍《中国新史》译介中，译者评论："本书在其问世的年代间是非常有价值的，即便是现今也可以提供其他著作中难以见到的有用的信息。"（CR. X:641）二是观点评述类，即对原著内容、文体风格等发表评论。如《大明正德皇帝游江南》的译介中，译者将明朝和西方国家的发展状况做一比较，指出明朝发展模式固守成规，逐渐式微，而西方国家在历经文艺复兴之后，开始迈向新的发展阶段；文体风格的评述更是多见，如《南宋志传》的译介中评价该书是"译者曾阅读过最为有趣的中国作品之一"（CR.XI:540），评价《香山宝卷》"是用一种通俗易懂甚至浅俗的风格写成，偶尔夹杂些巴利语"（CR.II:223）等。三是文化释义类。对中国典籍中出现的特有文化和事物做出阐释，消除因文化差异产生的隔阂，易于西方人读者把握内涵，理解情节。如《谢小娥传》的译介中，译者在故事展开前简要介绍了古代中国人有为亲人复仇的观念；《丛报》第十卷所译《三教源流圣帝佛帅搜神大全》三个故事的篇末都对文中的人物观音、妈祖等做进一步的文化阐释。

第二，译后评论。

将副文本置于译文之后表达译者评论性观点是一种对正文内容的补充。较为典型译例就是《丛报》第十八卷第三期刊载了清代著名笑话集《笑得好》中的八则笑话，题为"Anecdotes given by Chinese authors to inculcate a moral, or to illustrate human conduct"，点明译介内容为警醒世人道德行为的奇闻轶事，译者为卫三畏。按译介顺序分别是《一张大口》《我不见了》《吃人不吐骨头》《打个半死》《少米少床》《兄弟合买靴》《话不应》和《看写缘簿》，这是该书首次被译介为西文，在中国古典笑话译介史和传播史上具有首发性的重要意义。八篇短文译介过程一致，均采取了全文翻译与译后评论结合的模式，以其中一则笑话译介为例。

原文：一张大口

两人好为大言，一人说："敝乡有一大人，头顶天，脚踏地。"一人曰："敝乡有一人更大，上嘴唇触天，下嘴唇着地。"其人问曰："他身子在哪里？"答曰："我只见他一张大口。"

译文：A Large Mouth

Two men were telling stories with each other. One man said, "there is a man in our village, whose head reaches to the clouds, and his lower lip lies on the ground." The other asked, "Where's his body then?" "I have only seen his big mouth," rejoined the latter.

Moral——this last certainly had the thickest cheeks,—— i.e. no shame.

译文对原文采取全篇翻译的方式，未做任何删改。语言平实通俗，用词明白易懂，注重原文内容的传达，保留原作的对话体风格。原文笑话结尾处均无评赞，译文结尾都以 Moral（德训）的形式添加了对笑话的点评，指出其寓意所在。《一张大口》在结尾处，根据原文旨意，添加了精练的评语："德训——后者必然脸皮极厚，即厚颜无耻。"以此阐明原文内涵，讽刺谈论之人，帮助西方读者理解笑话语言中可能超越读者认知范围的内容。其余几则笑话的翻译模式与此相同。因此，采用翻译和评论性副文本相结合的模式不仅传达原文的含义，更能用作品警示针砭世人、将道德驯化的目的融于幽默生动笑话中的方式传递给西方读者，从而开启译介中国古代笑话集的滥觞，丰富古典小说西译的篇目。同时，翻译与译后评论相结合的方式，使得译者从更加客观的角度对所译文本进行审视和体察，有效地拓宽了译文的文化外延。

米怜译介的《明心宝鉴》亦采取译后评介的方式。该书荟萃明代之前中国先圣前贤有关个人品德修养、修身养性、安身立命的论述精华，以劝诫、启蒙为主要目的，共由二十篇文章组成。米怜先是将二十篇标题悉数列出，并选取各篇中一两句话做进一步的阐释。结尾处译者评介道："摘录这 20 篇的内容尽管都很有教化意义，但第 15 篇中关于妇女的'兄弟如手足，夫妻如衣服'的观点是对女性不尊重的态度，几乎遍布中国人的书籍、行为方式和内心。"（CR. XVI:411）

第三，学术化的评论。

典籍中的副文本不仅评价、补充正文本的内容，且展现出一定的学术化的色彩，这也是《丛报》区别于当时《广州周报》和《广州纪事报》的特点之一，主要体现在对所译介典籍相关内容做专题性质的评论。

如郭实腊在译介《历代神仙通鉴》一书时，追溯了与此相关的中国道教史，涉及道教与中国社会的关系，尤其以汉朝至五代十国时期为代表叙述其产生和演变的经过，脉络梳理清晰，阐述具体详尽，体现出一定的学术特质。卫三畏的《家礼帖式集成》译介了中国人丧礼文化中的仪式及其中各种细节，包括家庙、灵位、悼词、祭扫等礼节。通过这些细致的介绍，译者就中国人的异教信仰和祖先崇拜展开了讨论，并总结出中国人信仰体系的显著特征，即充满功利色彩、毫无服从律令的意识、形式刻板空洞等，指出对祖先的崇拜是中国文化体系内的基本内容之一。这些描述与概括都是从具体实例出发归纳所得，使得其结论真实可信。

其他译介如《正德皇帝游江南》中译者还从中西对比角度出发，比较了明朝时期的中国和西方国家发展的差别，并认为明朝开始步入衰败时期，而西方则将迈入新的历史发展阶段等。这种带有分析、归纳性质的学术化评论正是在探索客观事物中产生的，彰显出译者对中国研究的观察、思考和总结。《苏东坡全集》的译介中不仅对全集内容做详细的介绍，还对苏东坡所处宋代文化背景和苏轼的文学成就、从政理念、为人修养、生平经历等诸多方面进行介绍和点评，是英语世界中苏轼作品和生平的首次译介，意义非凡。既有客观的叙述，亦有主观的点评，呈现出一定的学术深度。

（3）翻译策略的多元化

翻译策略是指翻译过程中的文化取向，体现文化立场、文化目的和文化态度等的翻译理念、翻译途径、翻译程序和转换方式（姜秋霞，2018:104）。典籍翻译中涉及大量中国文化内容的译介，《丛报》的译者并未拘泥于单一的翻译策略，而是采用异化归化并用的策略，在具体的转换中，主要采用以下三种翻译方法。

第一，罗马注音音译+中文书写+套译/意译+解释性副文本。

《丛报》在译介《三教源流圣帝佛帅搜神大全》中涉及大量神仙名的翻译，这些意象都不存在于西方文化中，不为读者所知。译者在处理此类词语时，常常采用归化异化并用的翻译策略，即罗马注音音译加中文书写的翻译方法做异化处理，具体名称翻译套用英语文化人物的归化处理方式。

原文：风伯神　译文：Fung-peh Shin　风伯神　or Aeolus

原文：雨师神　译文：Yu-sz' Shin　雨师神　or Jupiter Pluvius

原文：海神　译文：Hai Shin　海神　or Neptune

以上三个译名在翻译时不仅以音译和中文书写的方式保留汉语的异质特色，还用希腊神话中类似的人物套译，体现出一种本土化的特色，易于读者接受。如"Aeolus"即埃俄罗斯，希腊神话中"风神"；"Jupiter Pluvius"即朱庇特，神话中的"雨神"；"Neptune"即尼普顿，神话中的"海神"。用它们分别套译原文的"风伯神""雨师神"和"海神"，归化异化并用，既达到保留异域话语形式的目的，又考虑到译语读者的认知范围，自然得体。

原文：五雷神　译文：The Wu Lui Shin　五雷神 or Five Thunder Spirit

原文：电母神　译文：The Tien-mu Shin 电母神 or Lightning Mother Spirit（CR. XIX:312-313）

以上两个译名翻译中也是采用异化归化并用的策略。以音译和汉字书写保留语言形式本色，而后意译出译名，采用更接近受众的方式加以影响，易于读者接受。

此外，对个别译名，译者亦添加解释性副文本予以说明，如对"风伯神"的释义中，指出"风伯"名叫"飞廉"，是一种神鸟，可引起风的变动，身形似鹿，布满豹纹，头如孔雀，尾巴像蛇，是掌管风之神。"雨师神"的释义中指出其掌管布雨之职，又称为"商羊"，可以自由伸展或收缩等（CR.XIX:313）。这些解释性的副文本信息对西方读者了解中国古代神话中的形象做出必要的背景知识补充，有助于文化意象的译介和传播。

第二，罗马注音音译+中文书写+副文本（注释、插图等）。

《丛报》译介的典籍《三才图会》系由明朝人王圻及其子王思义共同撰写的百科全书式的图书。该书成书于明朝万历年间，其内容涵盖丰富，天文、地理、人物、时令、文史、鸟兽、草木等十四门之多。自第十一卷第一期开始，裨治文总计发表了八篇介绍上古帝王、神话人物的文章，采用的仍然是归化异化融合的方式，以图文并茂的方式将文字与插图相结合，传播其中的文化信息，互为补充，相得益彰。以下译例是对人物的译介。

原文：伏羲　译文：Fuji，伏羲，the first of the Five Sovereigns, whose reign commenced two thousand eight hundred and fifty-two years before Christ（CR. XI:174）

原文：黄帝　译文：Hwang ti，黄帝，the Yellow emperor—because the color of the earth is yellow（CR. XI:321）

原文：炎帝　译文：Yen ti，炎帝，or the Blazing emperor（CR. XI:323）

以上三例在对历史人物的译介中采用同样的方式。首先，用罗马注音音译出名称，继而根据其特征和背景给予必要的解释，传达出这些人物的相关内容。其次，译者亦时而在译文中穿插汉文字的字样，以直观的形式为西方读者提供印象。此外，每位人物的译介文字前，均提供人物图像，分别置于文本之前，这些图像均直接套用《三才图会》的插图，对文本译介起着引导、阐释和将人物形象化传播的作用。而且，作为对人物译介的必要补充，译者裨治文撰写副文本评析介绍人物。以"黄帝"的译介为例，他根据《三才图会》的内容，在副文本中补充其早年成长经历、为政举措、人物评价等方面背景知识，从而形成对"黄帝"的完整译介，有助于读者对历史的了解，起到文化传播的作用。图 4-1 为《中国丛报》中的黄帝插图。

图 4-1　《中国丛报》对历史人物黄帝译介插图

第三，异化策略传递东方情调。

异化可使读者体验到具有陌生感、新奇感的异域文化，彰显出异域特色，利于保存源语文化的异质性，使不同文化群体能相互鉴赏与尊重。异化策略的使用在《丛报》诗歌翻译中体现得最为明显，基本使用的都是直译的翻译方法。《丛报》涉及诗歌翻译的共有四篇文章，分别为卫三畏译的《春园采茶词三十首》、鲍留云译的《百忍歌》，以及娄礼华译的《关雎》《卷耳》。诗歌译介虽所占比重不大，但译介特点鲜明，译者并不十分注重其文学价值，而关注其中的中国民俗文化和百科知识等带有东方情调的文化因子的传递。

译例①：卫三畏译《春园采茶词三十首》（图4-2）

该诗刊发于《丛报》第八卷第四期，题为"Chun yuen tsae cha sze"，作者为李亦青，屯溪知名茶号李祥记主人，后被苏曼殊收录进英汉对照诗集《文学因缘》。在译文前，卫三畏阐明："这组诗的翻译本应随上期茶叶种植的主题刊发，受限于篇幅，改为本期刊发。"（CR.VIII:194）由此可见译介目的是了解茶叶文化，而非注重诗歌本身的价值。"在翻译中，并未遵从英语诗歌表达取向，而只是传达原文的含义"（CR.VIII:195），30首诗的风格一致，聚焦徽州采茶女的日常生活动态，展现其生活、思想和内心情感。尽管在中国诗歌史中该诗并非精品，但文字清新流畅，结构清晰，层次井然，行文浅白。30首诗展现了采茶女、茶园的风貌，以及茶叶制作过程，是了解中国民俗茶文化的窗口。整组诗全部以同样的排版形式译出，即原文以竖列形式展现，译文横排随后列出。

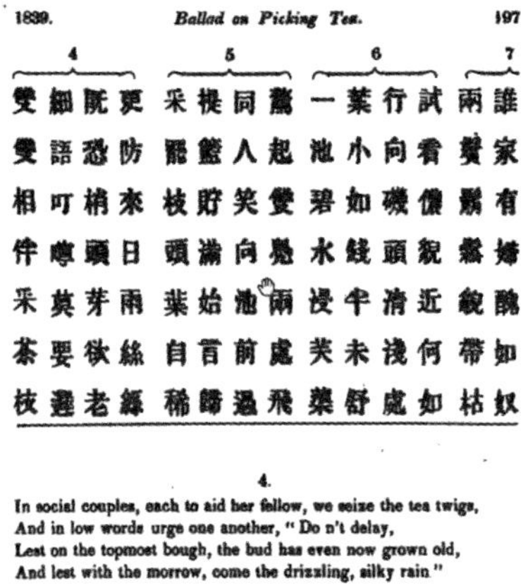

图4-2 《中国丛报》译介的《春园采茶词三十首》

下面以其中第四、五两首诗翻译为例。

《春园采茶词三十首》（节选）
原文：双双相伴采茶枝，
　　　细语叮咛莫要迟。
　　　既恐梢头芽欲老，
　　　更防来日雨丝丝。

译文：In social couples, each to aid her fellow, we seize the tea twigs,
　　　And in low words urge one another, "Don't delay,
　　　Lest on the topmost bough, the bud has even now grown old,
　　　And lest with the morrow, come the drizzling, silky rain."

原文：采罢枝头叶自稀，
　　　提篮贮满始自归。
　　　同人笑向池前边，
　　　惊起双凫两处飞。

译文：We've picked enough; the topmost twigs are sparse of leaves;
　　　We lift our baskets filled brimful, and talk of going home;
　　　Laughing, we pass along; when just against the pool,
　　　A pair of scared mallards rise and fly diverse away.

从原译文对比看，卫三畏的翻译基本是异化取向字当句对的直译，词序结构等变化较少，英语表达浅显易懂，并且按照英语语法结构添加必要的主语"we"和"I"，注重的是内容的传递，描绘出茶园采茶女民俗风情。尽管译者提前就该诗格律指出："每一节诗最初都是单独成一列，共由四行组成，第一、二、四行彼此押韵，每行七个字。"（CR.VIII: 195）但译文并未讲究格律的表达，只注重文化传播的作用。

译例②：鲍留云译《百忍歌》

《百忍歌》全名为《张公·百忍歌》，出自《张氏家训》。"百忍"为唐代张公艺一家所奉行之家风，警示后代子孙要与人和谐相处，在"忍耐"中求得生存和发展，注重人际和家庭关系的和谐。鲍留云的译介见于《丛报》第九卷第一期，题目为"Pin Jin Ko, or an Ode on Patience"。正式翻译前，译者指出，"翻译该诗旨在满足那些对中国文学特点感兴趣的读者，其行文简洁，有许多值得留意的地方"（CR.IX:46）。译者简要分析了诗歌风格：一是该诗无韵脚，但多用平行结构，是中国诗歌特色之一。诗以对句行文，韵脚多变，且有不规则的停顿，与传统诗歌不同。二是"忍"的主题值得关注，每句都有"忍"字。从语义讲，有不少英文单词可对应，无法找到最确切的对等词，只能使用相对接近的词汇。最接近的莫过于"patience"，诗借助具体的例子将这一主题形象化，通俗易懂（CR.IX:48）。《丛报》全文翻译了该诗，仍采取原文竖排、译文横排的形式，以其中部分翻译为例。

《百忍歌》（节选）

原文： 百忍歌，

歌百忍。

忍是修齐之枢机，

忍是治平之纲领。

能忍夏不炎，

能忍冬不冷。

······

译文： The song of patience universal

Of universal patience sings.

Patience is the hinge and spring of self-rule and domestic control;

Patience is the bond and regulator of good and peaceful government.

Can one be patient, summer is not hot;

Can one be patient, winter is not cold.

…

从以上译文可见，鲍留云对原诗的含义理解基本正确，用词和句式简约易懂，基本传达出原文的含义。忍字翻译为"patience""patient"，后文亦有忍作为动词的用法，译者根据搭配和上下文使用"bear""yield to""submit to""bend to"等对应表达。整部诗歌翻译大体采用直译的方法，以忠实传达出原诗的语言特色，满足读者的兴趣和期待。译文传递出源语作者意在通过援引历史掌故等实例，劝告世人在世事中要善于控制自己，秉承隐忍、谦让等中华传统美德，将中国的忍文化译介给了西方读者。

译例③娄礼华译《关雎》

娄礼华在《丛报》第十六卷第九期全文翻译了《诗经·周南》中的《关雎》《卷耳》两首诗并进行简要说明，题为 "Readings in Chinese Poetry；translations of two odes from the *Shi King*"，这是英语世界最早从中文直接译介的《关雎》和《卷耳》，下文将以《关雎》的翻译为例分析其翻译方法。

《关雎》（节选）

原文：关关雎鸠， 译文：The harmonious voices of the sacred water-birds,

　　　　在河之洲。 Are heard from their river island home;

　　　　窈窕淑女， This excellent damsel, retiring and mild,

　　　　君子好逑。 Is a lovely mate for our virtuous prince.

原文：参差荇菜， 译文：On the waves of the river's running stream，

　　　　　　　　（The Hang plant's stalks uneven stems，）

　　　　左右流之。 Are swaying to and fro：

　　　　窈窕淑女， This excellent damsel retiring and mild，

　　　　寤寐求之。 When waking and sleeping，our prince was seeking.

　　　　求之不得， While seeking，but not having found，

　　　　寤寐思服。 His troubled thoughts waking and sleeping exclaimed，

　　　　悠哉悠哉， How long!Oh, how long!

　　　　辗转反侧。 He turns him around on his bed, and turns back，

　　　　　　　　He turns him all around, and returns.

原文：参差荇菜， 译文：The Hang plant's stalks uneven stems，

　　　　左右采之。 are swaying to and fro.He gathers them now；

　　　　窈窕淑女， This excellent damsel retiring and mild.

　　　　琴瑟友之。 with lutes and guitars, he welcomes her home.

　　　　参差荇菜， The Hang plant's stalks uneven stems

　　　　左右芼之。 are swaying to and fro，they are fit for offering now:

　　　　窈窕淑女， This excellent damsel retiring and mild，

　　　　钟鼓乐之。 with music of bells and of drums come welcome her home.

整体而言，译者对原诗理解基本到位，以异化的策略基本传达出诗歌

的原意。但原诗的韵脚"鸠、洲、逑、流、求"并未在译文中体现出来，而且"左右流之"一句也未像后文类似结构"左右采之"和"左右芼之"两句在译文中有明确的对应。同时，还存在一些误译之处。与其他诗歌译介不同，娄礼华在后文对诗歌做了详细的解读。他首先指出，由于英汉语言的巨大差异，有些表达无法直译，比如说首句直译应是"Mandarin ducks quack-quack"，但此类译法无法向英语读者传递由原诗在汉语读者头脑中构建出的形象，故采用现译法（CR. XVI:455）。此处，译者显然是将"雎鸠"理解为"鸳鸯（mandarin duck）"，而事实上雎鸠是我国特产的一种珍稀鸟类、一种鱼鹰，而鸳鸯是一种常见的观赏鸟，两者并不一致。此外，译者在"参差荇菜"一句的译文前加了"On the waves of the river's running stream"一句，意在使不熟悉"荇菜"这一植物的英语读者有所了解（CR. XVI:456），但"荇"发音应为"xing"而非"hang"，显然这里的音译有误。后文就《关雎》讲述的文王和太姒的故事、诗歌写作手法"兴（suggestive）"和诗的每一节都做了详细的文化解读，并向西方读者推荐康熙年间的《钦定诗经传说汇纂》以了解《诗经》的每一篇章。就诗中出现的"雎鸠""荇菜""琴瑟"等的文化内涵一一详解，还在结尾处引用孔子的"《关雎》，乐而不淫，哀而不伤"作为对《关雎》的评价。这些富含东方情调的文化因子皆通过直译正文及对文化内容的补充译介到英语世界。《卷耳》一诗也采用大致相同的译介方法，在译后解读中对其中的文化名词作了解释，引用了不少中国学者的注释，帮助西方读者正确理解中国诗歌的精髓。

　　综上所述，《丛报》译者综合运用多种翻译策略译介文化内容，将价值理念和话语形式糅进译文之中。以音译、汉文书写、直译等方法保留语言形式本色，以必要的文化注释、插图等副文本补充文化、历史背景信息，表达方式合理，具有逻辑性，符合译语语言规范，且自然妥帖，易于西方读者接受以激发其阅读兴趣，引导他们正确认识中华文化。这既是中华文化对外推介交流的有效方式，也是一个扩大西方受众文化认知视域的互动过程。

　　从本章典籍译介分析可见，历史文化典籍的译介模式多样，而儒学典籍模式相对单一，本书分析主要原因有二：一是译介典籍的数量不同。《丛报》共计译介儒学典籍 9 部，历史文化典籍 51 部。二者数量对比明显，且前者涉及译者 7 人，后者涉及译者 13 人，也是导致其译介模式丰富的客观原因。二是历史文化类典籍所涉范围较为广泛，汉语学习、了解中国的历史、文化和宗教等都是此类典籍的译介目的。作为翻译前提的文本解读不是孤立的阅读行为，受到原有知识模块和译介目的的共同影响。解读者的宗教理念是重要的参与因素，直接介入到对原文的信息的提取和吸收中，决定了对翻译的取向。因此，译者往往会对原文做出删改，根据具体的译介动机选取最为恰当的译介模式。他们或摘译相关章节，或缩译整个典籍，或改写部分典籍内容，满足其不同的目的。

戈公振（2011：112）在总结在华西方人报刊的影响时，对他们在中国典籍研究的成就给予了相当积极的评价："渠等又致力我国经籍,贯穿考核,讨流溯源, 别具见解, 不随凡俗。"《丛报》对典籍的译介渗透到"中国历史""异教信仰"等内容，成为西方人认识中国的历史文学及宗教思想等各方面生动详致的凭借。他们选译的典籍不仅被视作有效的汉语学习的入门教材，而且成为西方人了解中国人文化习俗、历史和信仰的重要参考，从而扩展了西方人对中国及其文学的认识。这些典籍的译介在翻译史和传播史上均具有重要的意义。

首先，相当数量的典籍是通过《丛报》首次被译介到英语世界的，如《聊斋志异》《三国演义》《关雎》《卷耳》《红楼梦》《海国图志》《说文系传》《笑得好》《御纂医宗金鉴》《蚕桑合编》和《农政全书》等，开启了这些典籍西译的滥觞，推动了中国文学和文化西传的进程。如郭实腊译介的《三国演义》第29回"小霸王怒斩于吉"就被英国传教士、汉学家艾约瑟（Joseph Edkins）编译进入他的汉语教材《汉语会话》（*Chinese Conversation: Translated from Native Authors*）之中。此外，近代英国著名汉学家理雅各（James Legge）的学生何进善（Tkin Shen）以翻译《正德皇帝游江南》为途径提高汉语水平，进而再翻译难度较大的《书经》。一年后，何的全译本在英国伦敦出版，他的译本名称和郭实腊的完全一致，均翻译为 *The Rambles of the Emperor Chingtih in Keangnan*。此外，《丛报》全文翻译的《农政全书》中的《木棉》和《蚕桑合编》就被转载到了由英国人詹姆斯·萨默斯（James Summers）创刊的《中日丛报》（*The Chinese and Japanese Repository*，1863—1865）中，除标题及结尾略作改动外，几乎全文转载，体现了《丛报》典籍首发性的影响[①]。

其次，西方人自16世纪对中国典籍的译介和研究多集中于儒学典籍，

---

① 参见许海燕. 2010. 稀见英文期刊选编[M]. 北京: 国家图书馆出版社.

多是借助对儒家典籍的研读、翻译和阐释寻求其中与基督教相通之处，以达到传播教义的目的。到了 19 世纪，受浪漫主义思潮的影响，欧美主体文化对文学文化类的作品有了更多需求。德庇时曾将 18 世纪法国传教士译介的文献分为"典籍历史"和"文学"两类，指出"四书五经"等儒学典籍不如通俗译作受欢迎（转引自贺芳、邓联健，2016:15）。因而，《丛报》译介的文化文学类典籍将西方人的视角集中在以小说为主的通俗文学上，一定程度上拓宽了中国文化在西方的影响范围。

本章小结

典籍翻译作为中国文化译介的重要组成部分，是西方人认知中国的有效渠道，对其研究就应将翻译置于历史文化背景中进行考察。《丛报》译介典籍内容广泛，种类丰富，所涉文章数目众多，采用多样化的译介方法，典籍翻译也一直以来都是学界有关《丛报》研究的重点之一。本章概述了《丛报》典籍译介的状况，展现译介文本的相关信息，并以儒学典籍和历史文化类典籍为主要分析对象，探讨了两类文本的译介动机，归纳其译介特征。可以说，文本的译介特征体现了整个西方世界接受语境对翻译的影响，其翻译操控通过译者的选择和翻译方式、翻译策略在译文中呈现出来。

研究认为，出于了解、评判中国思想文化基础及批判中国古代教育的目的，《丛报》在儒学典籍译介中用译前导言对所译文本进行纲领性介绍，以直译的方法诠释文本的内容，并在译后注释中传播和评介中国文化；在历史文化类典籍译介中，《丛报》以部分典籍为汉语学习教材，力图通过翻译探悉中国历史和宗教，并采用改译、缩译、介绍等多种翻译方式和归化异化并用等翻译策略实现其翻译目的。可以说，《丛报》的典籍翻译正是译者主体性操控的结果，凸显出其选择的结果，而翻译的文本又印证了背后的历史文化语境的制约和影响，其译介过程就是被重新选择和建构的过程，是中国文化知识在异域经由翻译的渗透和融合的过程。

第五章 《中国丛报》的时事政治译介

作为 19 世纪以来一份重要的以中国为主题的期刊,《丛报》融时事性、综合性、学术性和宗教性于一体,但作为报刊,其基本属性仍是新闻出版物。因此,刊物对中国的时事政治类信息始终予以关注。20 年间"时事报道"栏目从未间断,是刊物最为固定的栏目之一,以聚焦中国社会政治等动态信息为主,是最能体现《丛报》新闻特性之处。同时,刊物十分关注清朝朝廷的政治动向、官府行政体制、法律条款等方面的内容。政府文件、皇帝上谕、官员奏折、法律文本、时政新闻、中国同西方签订的条约等被视为理解中国事态的重要资料,均在《丛报》译介之列,从其刊载的相当数量的文章便可获知。它们是《丛报》译者英译文献的重要选择对象之一。本章将结合时事政治类文本的译介,在重点分析选材概况、译介动机等客观史实的基础上,从政体文化和中西关系两类文本的译介入手,进行翻译现象背后的探源,共涉及相关文章 147 篇(其中译自《京报》48 篇)。本研究将力求在《丛报》翻译史实中总结翻译规律,定位其作用和意义,这无疑对翻译传播和文化建构的模式研究具有重要的启示意义。

第一节 译介概况

一、时事政治重要来源——《京报》

《丛报》对中国时事的关注主要体现在对《京报》的译介中,总计 48 篇文章来源于《京报》,是其获取时事消息的主要渠道。

(1)《京报》简介

《京报》源自西汉,由明代"邸报""宫门抄"发展而来,曾称"邸钞""朝报",是明清时期一种中国古代报纸。《京报》的名称在清初得以固定,以转抄朝廷官方文书为主要内容,包括皇帝的敕令和公告、简要的宫廷消息、人事任免、群臣的奏议和报告,可称为朝廷的官方喉舌。戈公振(2011:

29）所著《中国报学史》载："《京报》所载，首宫门抄，次上谕，又次奏折，皆每日内阁所发抄者也。以竹纸或毛太纸印之，多者十余页，少者五六页；以黄色纸为面；长约六寸，宽约三寸。"《京报》反映了朝廷的动态，内容真实可靠，影响范围广，是最权威、最有价值的中国官方文本，最能体现出中国人的真实意图，具有较强的政治性。来华西方人欲获取中国信息，了解中国情况，除了在自己有限的活动区域里眼看、耳听之外，可以直接了解情况和查阅资料的渠道极为有限，因此《京报》历来为西方人所重视，其影响范围还扩展至欧美本土（赵莹，2013:151）。到 19 世纪中后期，在华英文报刊刊登《京报》的译文已成惯例，足见西方人对《京报》的重视程度。

　　《丛报》曾刊载一文，对《京报》的刊行缘起和基本内容做一大致简介，从中可见《丛报》译者对《京报》的了解程度。

　　《京报》由官方在北京发行，称之为《京报》（King-paou）。"京"意为"伟大的"，广泛被中国人用于指称帝国的首都；"报"意为"宣布""告知"。在地方省份，该报被称为"京通（King-too）""内阁钞（nuy-lo chaou）"，或者简称为"京钞（king-chaou）"……它有两种形式，均为手抄本。大版的每日发行，40 页左右；小版的约 15 到 20 页，隔天发行。大型的专门供高级官员查阅，比如总督，巡抚等。删减版本的小型报是给各省内低级官员查阅。小型的《京报》对外售价较高，通常可从同官方打交道的文吏处购得，也有人以较低的价格租借来看。一些有钱人，尤其是在京城有朋友的，经常私下从北京搞到最好版本的《京报》（CR.II:506-507）。

　　可见，《京报》流传面广，受到朝廷上下的广泛重视，是清廷的喉舌。事实上，来华传教士对《京报》早有关注。法国耶稣会士龚当信（Cyr Contancin）早在 18 世纪就认识到通过《京报》了解中国治理国家政策的重要性，继而开始选择性地介绍和翻译《京报》。1807 年新教首位传教士马礼逊入华，他于 1815 年由东印度公司出版了最早的《京报》翻译合集《中文原本翻译》（*Translations from the Original Chinese*），内容主要是翻译 1813 年至 1814 年《京报》刊载的消息，既有皇帝的上谕，也有地方官员的奏折。此外，另有不少马礼逊译介的《京报》文章散见于西方人所办英文期刊：《印支搜闻》《中国丛报》《广东纪录报》《广州周报》《华人差报与广东钞报》（*Chinese Courier and Canton Gazette*），以及后来的《字林西报》（*The North China Daily News*）。其中，《丛报》是《京报》真正进入西方世界传播的最广泛的渠道。《丛报》的主要译者经常阅读、参考和翻译《京报》①。主编裨治文受马礼逊影响，在其日记中就多次引用多篇《京报》的译文②；马儒翰学习父亲马礼逊的做法，关注《京报》中政治和军事信息（王宏志，2012:29-30）；罗伯特·英格利斯（Robert Iglis）和威妥玛则根据《京报》中的信息研究中国政府；后两任主编詹姆士·裨治文和卫三畏也都译介大量《京报》信息。卫三畏在其著名汉学著作《中国总论》中称："《京报》所载之信息虽只是官方行为、官员提升、政令和宣判的记录，但对于了解政府的政策有很大的价值。"（卫三畏，2005:294）可以说，新教传教士对《京报》的兴趣由来已久，与前辈耶稣会士间呈现一种承继的关系，他们译介《京报》除关注新闻外，还"希冀从中发现清朝帝国的神秘之处"（CR. XIII:392）。

（2）译介《京报》文献总览

关于《丛报》译介《京报》的篇目，王海、王乐（2014：68-69）曾辑录《丛报》译介《京报》目录，统计共得 33 篇文章，且未标明译者。本书通过卫三畏的《总索引》、张西平的《〈中国丛报〉篇名目录及分类索引》和《〈中国丛报〉中文提要（一至七）》的提示，结合《丛报》文本阅读及相关学科已有研究文献的查证，对该目录加以补正、完善，统计出《丛报》所载译介《京报》篇目实际应为 48 篇，同时考证出主要译者为裨治文、卫三畏和马礼逊父子。辑录篇目如表 5-1 所示。

表 5-1 《中国丛报》译介《京报》篇目一览表

栏目	主要内容	时间	页码	卷/期
时事报道	发生在 1832 年 2 月 5 日星期日广东、广西、湖南交界	1832.5	29-30	1/1※③

① 本书在《京报》译介一览表中未列出每篇文章的具体译者，是由于《丛报》所附《总索引》未列举大多数"时事报道"一栏文章作者，因而无从知晓。但经证实相关文献互相佐证（王宏志，2012；吴义雄，2013；尹文涓，2003；赵莹，2018；邓联健，2015），并结合《总索引》仅有的 8 篇《京报》文章作者提示可知，《京报》主要译者为裨治文、卫三畏、马礼逊父子。

② Bridgman. 1998. *Glimpses of Canton: The Diary of Elijah C. Bridgman*, 1834-1838[M]. foreword by Martha Lund Smalley. New Haven, Conn. 转引自尹文涓. 2005. 耶稣会士与新教传教士对《京报》的节译[J]. 世界宗教研究，（02）：79.

③ 带有"※"标记的文章系本书所做的目录补正。

栏目	主要内容	时间	页码	卷/期
时事报道	叛乱	1832.6	78-79	1/2※
后记	补充来自《京报》的战事消息	1832.6	85	1/2
时事报道	叛乱	1832.7	111-112	1/3※
时事报道	来自《京报》关于平定湖南叛乱的消息	1832.9	206-207	1/5
时事报道	恒安和胡颂荫（Hengan and Hoo-sung-ih）平定了起义	1832.10	246-247	1/6※
时事报道	批判官场上拜门生现象	1833.2	427	1/10
时事报道	《京报》载山民起义情况	1833.3	470	1/11
时事报道	证实对广东李总督的判决	1833.3	471	1/11※
文艺通告	介绍《京报》缘起和内容	1833.4	492	1/12
后记	摘译自 3 月 11 日抵达广州的《京报》消息：截至 2 月 9 日，黄河畔陕西省边界发生几起暴动等。	1833.4	517	1/12
时事报道	京报	1833.6	100	2/2※
时事报道	关于最近几期（10 月 20 日）《京报》无聊报道的点评	1833.12	391	2/8
时事报道	10 月 11 日《京报》登载有关中国税收的报道	1834.1	439	2/9
时事报道	拐骗儿童事件	1834.3	537	2/11
时事报道	《京报》消息	1836.3	541	4/11※
时事报道	《京报》特点和出版情况	1836.5	7	5/1
时事报道	关于北京近期公布的政令	1836.5	50	5/1
时事报道	政府要求所有官员进行反思和悔过的消息	1836.6	98	5/2
鸦片	太常寺卿许乃济奏请弛禁鸦片	1836.7	138-140	5/3※
鸦片	朱嶟呈交的关于鸦片问题的奏折	1837.1	390	5/9※
鸦片	许球请求严禁鸦片的奏折	1837.1	404	5/9※
鸦片	皇帝将朱、许奏折转粤省吏臣的谕旨	1837.1	411	5/9※
时事报道	《京报》对福州府的杨玉春之死赞颂之辞颇多，而且给了很多丧葬费。	1837.9	262-264	6/5
时事报道	上月《京报》要闻	1837.10	312-313	6/6
时事报道	加强国库管理的消息	1838.3	557	6/11
政府	1838 年 2 月 10 日至 3 月 18 日《京报》要闻分析，可以了解政府的政策	1838.8	231	7/4
时事报道	《京报》消息	1838.10	340	7/6

续表

栏目	主要内容	时间	页码	卷/期
时事报道	封锁口岸和命令英国鸦片船离开中国内地和香港口岸/给领航员的公文/钦差大臣林则徐访问澳门/两广总督邓廷桢晓谕夷商货船的告示	1839.9	273	8/5※
战争	绮善奏报英军进攻穿鼻的奏折和道光皇帝的批示	1841.2	108-115	10/2※
独立篇	钦差大臣伊里布的审判定罪	1841.11	640	10/11
时事报道	《京报》摘录	1843.5	276	12/5
时事报道	中国官员的变动	1843.6	332	12/6
时事报道	对《京报》的评论	1844.2	113	13/2
时事报道	《京报》摘录	1844.5	272	13/5
时事报道	《京报》摘录：耆英任两广总督的上谕	1844.7	392	13/7
时事报道	《京报》摘录	1845.4	205	14/4
时事报道	《京报》摘录	1845.9	454	14/9
书评	《京报》摘录：道光二十六年 1-4 期	1846.4	227	15/4
书评	《京报》摘录：道光二十六年 5-8 期	1846.5	273	15/5
书评	《京报》摘录：道光二十六年 9-16 期	1846.6	327	15/6
书评	《京报》摘录	1846.7	380	15/7
时事报道	《京报》消息	1846.10	532	15/10
时事报道	《京报》消息	1846.12	629	15/12
时事报道	《京报》消息：清朝现状	1847.1	54	16/1
时事报道	《京报》消息	1847.3	154	16/3
时事报道	关于广西暴动的奏折	1850.9	515	19/9※
时事报道	广西骚动及相关文件	1851.7	492-496	20/7※

表 5-1 显示，《丛报》译介《京报》文章所涉栏目除"时事报道"外，还包括"文艺通告""后记""书评""鸦片"等栏目。主要以反映清朝政府最新动向为主，自 1832 年创刊起直至 1851 年停刊，《京报》译介贯穿《丛报》发刊始终，从中可见《丛报》对这份关乎清廷政治动向的刊物极为重视。

（3）译介模式：摘译为主、全译为辅

《丛报》1838 年 8 月卷刊载马礼逊的一篇《京报》的专论，指出"《京报》主要内容大致分为六部分："政务行政，即官员升迁、离职、人事变动等""军事治安，即军队官员任命、军队布控、官员奖赏等""法律事务，即法庭、刑法等""财政和公共事务，即政府收入、负债、税收、河道整修等""边疆政务"和"杂务"（CR. VI:226-231）。《丛报》译者手中的《京报》一般为流通于民间的小版本，通过对这些文件内容细致的分析，可以"了解中国政府机制和政策"（CR. VI:226）。

　　《丛报》对来自《京报》的信息，多数译文会在开篇前加上"从《京报》可获知"或"根据《京报》内容"等字样，亦有不做任何说明的情况。译介《京报》的模式以摘译为主，这一方面是由于《丛报》新闻刊物特点所致，另一方面也是受之前马礼逊英译《京报》策略的影响。译者认为"摘译是《丛报》十分有趣的一部分内容"（CR.XIII:392）。此外，根据特点的需求及新闻内容的重要性，《丛报》也会将《京报》消息完整译出成为一篇独立的文章。如《丛报》在1836年5月卷一文中，在介绍了《京报》的流通方式后，译者裨治文将道光十五年发行的第175号总计15条的皇帝上谕完整地翻译出来，意在使读者对中国的定期出版物及出版方式有所了解；1836年7月和1837年1月《丛报》分别刊载了清朝大臣关于鸦片的三篇完整奏折，由于事关清政府对鸦片贸易的态度，故均为全文翻译，未做删节，足见西方对此事的关注度。

　　《丛报》曾引用1819年4月《印支搜闻》中一篇文章的观点："中国的出版业没有言论自由，完全控制在君主手中，中国当代的书籍根本无法扩展知识的疆域……只是服务于政治需要。"《丛报》的译者也持类似观点，认为："《京报》没有思想、没有观点，没有生气，只是皇帝藉此昭告天下其权威。"（CR. V:11-12）《京报》刊载的与西方人利益无关的官员升迁、奖惩类公告对《丛报》译者毫无吸引力，他们时常感叹："我们上个月收到的《京报》没有重要的报道。"（CR. V:301）"《京报》和平常一样，几乎没有任何有趣的报道，充斥着关于朝廷、子民或国家资源的内容。"（CR.VII:336）因此，可以说《丛报》译者关注更多的是《京报》的新闻情报价值。

　　二、译介文献总览

　　《京报》对时事政治的译介仅为《丛报》的一部分，表5-2和表5-3系《丛报》译介除《京报》外其他时事政治类文本，共计104篇（表5-2为有底本类译介文本，计74篇；表5-3为无确切底本类译介文本，计30篇）。两表所涉文献系本节分析的文本基础。目前，学界尚无针对《丛报》时事政治类译本的统计，仅邓联健（2015：50-61）对 1807 年至 1850 年新教传教士翻译中国文献进行统计，涉及《丛报》时政类文章 20 篇。因此，本书的辑录是首次从翻译学视角提供的。

按照前述统计方式，根据《总索引》《〈中国丛报〉篇名目录及分类索引》和《〈中国丛报〉中文提要（一至七）》的提示，结合《丛报》文本阅读及已有研究，本书辑录《丛报》所载时事政治类文本译介篇目如表 5-2 和表 5-3 所示。

表 5-2 《中国丛报》译介时事政治篇目一览表（一）

原作名	译作名	原作者	译者	栏目	时间	页码	卷/期
求雨祷文	Taoukwang's prayer for rain	道光帝	马礼逊	杂记	1832.10	236-238	1/6※①
圣谕广训	The Sacred Edict	康熙帝	米怜	书评	1832.12	297-315	1/8
广东朱桂帧巡抚 1833 年 3 月 14 日布告	A Proclamation by Choo, the Lieut-governor of Canton	朱桂桢	马礼逊	杂记	1833.3	460-465	1/11
大清律例	Review：Ta Tsing Leu-le	斯当东	裨治文	书评	1833.5	10-19	2/1
	Review：Ta Tsing Leu-le				1833.6	61-73	2/2
	Review：Ta Tsing Leu-le				1833.7	97-111	2/3
战争条款：卢坤总督印发的册子（提议战争的条款和相关法规）	Canton Governor Loo's	卢坤	马礼逊	杂记	1833.7	129-130	2/3
绎史	The Title of Chinese Emperor	马骕	马礼逊	杂记	1833.11	309-310	2/7
朱桂桢巡抚告别公告	Farewell address of the fuyuen Chu	朱桂桢	史蒂芬	杂记	1833.11	325-326	2/7※

---

① 带有※的文章为与邓联建目录重合部分，其余未标注为本书辑录。

原作名	译作名	原作者	译者	栏目	时间	页码	卷/期
卢坤总督给行商的5封通告	Edicts from the governor and hoppo of Canton	卢坤	裨治文	时事报道	1834.8	186-191	3/4
卢坤总督的通告	Order of governor Loo	卢坤	裨治文	时事报道	1834.9	235-240	3/5
律劳卑事件中卢坤总督的所有通告；上呈道光帝的奏折和朱批	British Authorities in China	卢坤、道光帝	裨治文	中外关系	1834.11	324-343	3/7
谴责行商勾结和帮助外国人的罪行；皇帝驳回行商谏言的朱批	Proclamation against the hong merchants conniving at and abetting vice in foreigners, issued by the fgovernor and hoppo, Nov. 15th,1834; Imperial edict against extortions of the hong merchants under the name of duties and against contracting debts to foreigners.	道光帝	待考	时事报道	1834.12	391-392	3/8※
道光帝颁布禁止鸦片输入的命令	Edicts from emperor against introduction of opium	道光帝	马儒翰	鸦片	1835.2	487-488	3/10
1832年《英华年鉴》中国官府文武官员名单	Listof persons holding office in China	马儒翰	马儒翰	名录	1836.2	473-483	4/10
皇太后60寿辰颁布的谕旨	Imperial Ordinance	道光帝	马儒翰	谕旨	1836.4	576-579	4/12

续表

原作名	译作名	原作者	译者	栏目	时间	页码	卷/期
广东总督奏请批准英国新特使来华	Memorial of the governor-general, asking permission for Capt. Elliot to come to Canton	广东总督	裨治文	中外关系	1837.1	423-425	5/9
广东府政令	Edicts from the Governors of Canton	广东府	马儒翰	鸦片	1837.2	462-469	5/10
清帝恩准英国特使义律来广州	Reply permitting Capt. Elliot to come to Canton	道光帝	马儒翰	时事报道	1837.3	527-528	5/11
清帝谕示驱逐部分外国人	Edict requiring foreigners to leave Canton	道光帝	裨治文	谕旨	1837.10	296-298	6/6
地方政府禁止鸦片贸易的5份公告	Edicts against the Opium Trade at Lintin and the opium ships on the coast	福建官员；广东府	马儒翰	鸦片	1837.11	341-350	6/7
地方官员上清帝的有关鸦片贸易奏折	Governor's Memorial to the Emperor on the condition of opium trade	广东总督和巡抚	马儒翰	贸易	1838.2	479	6/10
《大清律例》关于西藏制度条例	System of Government in Tibet	王泰等	马儒翰	政府	1838.2	494-495	6/10
关于广东情况的奏折	Memorial on the condition of Kwangtung	佚名	马儒翰	政府	1838.4	592-605	6/12
广东巡抚对溺婴行为的告示	Infanticide, as described in a proclamation, addressed to the people of Canton	祁贡	裨治文	杀婴	1838.5	54-56	7/1※

原作名	译作名	原作者	译者	栏目	时间	页码	卷/期
关于严惩鸦片吸食者的奏折及皇帝的回复	Memorial against the consumers of opium	刑部官员	马儒翰	鸦片	1838.9	271-279	7/5
内廷和兵部给广东总督和地方官的公文	Injunction from the governor	内廷和兵部	马儒翰	鸦片	1839.3	598-602	7/11
关于鸦片和林则徐到来的公告	Proclamation from the Governor	广东总督和巡抚	马儒翰	鸦片	1839.3	602-604	7/11
谕各国夷人呈缴烟土稿	Edict from the imperial commissioner to foreigners of all nations	林则徐	马礼逊	鸦片	1839.4	610-615	7/12※
谕洋商责令外商呈缴烟土稿	Edict from the imperial commissioner to the hong merchants	林则徐	马礼逊	鸦片	1839.4	615-619	7/12※
钦差大臣及省督抚为禁鸦片烟事致英国女王信	Letters to the Queen of England from the imperial commissioner and the provincial authorities requiring the interdiction of opium	林则徐等	罗伯聃、裨治文	鸦片	1839.5	9-12	8/15※
林则徐的公告	Proclamation from the Commissioner	林则徐	裨治文	事件	1839.8	212-215	8/4
澳门政府告示	Two edicts depriving the English of food and ordering their servants to leave their employ	澳门政府	马儒翰	政府	1839.8	216-219	8/4

原作名	译作名	原作者	译者	栏目	时间	页码	卷/期
中国官方公告	Proclamation from the Chinese Authorities	林则徐和两广总督	马儒翰	政府	1839.9	264-265	8/5
义律和林则徐、邓总督通信节录	Correspondence between British and Chinese Authorities	义律、林则徐	待考	政府	1839.10	321-326	8/6
地方政府对外国人的公告	Proclamations of Lin and others to foreigners respecting entering the port	林则徐、两广总督、广东巡抚等	马儒翰	政府	1839.12	426-434	8/8
道光帝答复穿鼻战的奏折	Commands of the Emperor	道光帝	马儒翰	谕旨	1840.1	486-488	8/9
钦差大臣及其同事致英国女王信	Letter to the queen of England, from the high imperial commissioner Lin and his colleagues	林则徐、邓廷桢、怡良	裨治文、罗伯聘	政府	1840.2	497-503	8/510※
致皇帝的奏请	Proposalpresented to the Emperor	顺天府尹曾望颜	马儒翰	政府	1840.2	560-567	8/10
禁止吸食鸦片新条例	Edict against the smokers of opium	林则徐	裨治文	鸦片	1840.10	404-408	9/6※
戒除鸦片的条例	Lin's ten regulations to remove opium evils	林则徐	叔未士	鸦片	1840.12	560-572	9/8
道光帝上谕	Edicts relating to military operations	道光帝	马儒翰	谕旨	1841.8	439-447	10/8
中英事件	Affairs between the Britain and China	待考	叔未士	中外关系	1841.10	529-534	10/10※
大清皇帝圣训	Sacred Instructions of the Ta Tsing Emperor	雍正帝	米怜/郭实腊评	书评	1841.11	593-601	10/11

原作名	译作名	原作者	译者	栏目	时间	页码	卷/期
关于新口岸的公告	Proclamation regarding the new ports	广东府	卫三畏	时事报道	1842.11	630-632	11/11※
定海人民的宣言	Manifesto by the People of Tinghai	定海民众	裨治文	战争	1842.12	646-651	11/12※
大清会典	Ta Tsing Hwei Tien, or the Siatistics of the Ta Tsing Dynasty	官方修订	郭实腊	书评	1843.2	57-69	12/2
	Tsung Jin Fu		裨治文	政府	1845.3	130-134	14/3
训兵要言	Hiun Ping Yao-yen, or Important instructions to soldiers	俞大猷	粦为仁	书评	1843.2	69-75	12/2※
虎门条约（回译版）	Supplementary Treaty between England and China; translated from the Chinese	马儒翰	麦都思	条约	1844.3	143-149	13/3※
安民告示：耆英到任	Proclamation on taking his office	耆英	裨治文	时事报道	1844.7	386-390	13/7
南京条约	Treaty of Nanking	马儒翰	马儒翰	条约	1844.8	437-446	13/8
虎门条约	Supplementary Treaty	马儒翰	马儒翰	条约	1844.9	449-465	13/9
有关《南京条约》第 10 款说明	Declaration respecting Transit Duties	马儒翰	马儒翰	条约	1844.12	661	13/12
南京条约（回译版）	Treaty of Peace, signed at Nanking between England and China, translated from the Chinese	马儒翰	麦都思	条约	1845.1	26-29	14/1※
中美五口通商条约（译自中文）	USA Treaty with China	顾盛、璞鼎查	裨治文	条约	1845.1	30-40	14/36

原作名	译作名	原作者	译者	栏目	时间	页码	卷/期
《红本》春季版政府官员名单	List of Chinese officers	清官员	麦华佗	名录	1845.2	83	14/2
《苗疆屯防实录》论公平对待苗民	Essay on the justice of the dealings with the Miau Tsz	佚名	卫三畏	少数民族	1845.3	115-117	14/3
钦差大臣两广总督耆英为弛禁天主教折	Toleration of Christianity, intimated by the emperor Taukwang in a reply given to a memorial from the imperial commissioner Kiying	道光帝	裨治文	传教	1845.4	195-199	14/4
《红本》春季版政府官员名单	List of Chinese officers	清官员	麦华佗	名录	1845.5	234-241	14/5
中美望厦条约	Treaty of Wanghia	顾盛、耆英	裨治文、卫三畏	条约	1845.12	555-583	14/12※
弛禁基督教的圣谕	Toleration of Christianity	道光帝	裨治文	传教	1846.3	154-156	15/3
议定五口进出货物完税则例	Chinese Tariff	顾盛、耆英	裨治文	条约	1846.5	262-272	15/5
致英商的宣言	Manifesto addressed to the merchants of Canton	广州商人	待考	事件	1847.5	247-251	16/5
关于货币和税收的奏折	Memorial regarding the currency and revenue	鄂顺安	马儒翰	经济	1847.6	273-292	16/6
河南绅耆公告	Notice from the elders and gentry of Honan	佚名	马儒翰	事件	1847.6	300-309	16/6
防火治安章程	Regulations to prevent fires and promote the public security	佚名	裨治文	政府	1847.7	331-335	16/7

原作名	译作名	原作者	译者	栏目	时间	页码	卷/期
湖南贵中孚戒溺女文	Infanticide: Translation of 湖南贵中孚戒溺女文, an essay warning people against the practice of drowning their female children	贵中孚	裨治文	杀婴	1848.1	11-16	17/1※
关于中国政府和人民及关于中国语言等的杂录	Desultory notes on the Chinese government and People of China, and on the Chinese language	密迪乐	裨治文	书评	1848.2	93-94	17/2
官场民谣	The Character of Chinese officers	清朝民间	裨治文	文化	1848.7	355-356	17/7※
阅读圣谕	Reading the Sacred Edict	康熙帝	郭实腊	文化	1848.11	586-590	17/11
致上海人告示	Proclamation at Shanghai	上海知县	待考	政府	1848.9	482-483	17/9
告示：号召人民捐官	The Sale of Official Rank	户部	裨治文	政府	1849.4	207-208	18/4※
徐文定公辩学章疏	Paul Su's apology addressed to the emperor	徐光启	裨治文	政府	1850.3	118-135	19/3※

表 5-3　《中国丛报》译介时事政治篇目一览表　（二）

篇名	中译名	译者	栏目	时间	页码	卷/期
On the Execution of the laws in China	中国法律的执行情况	马礼逊	杂记	1833.7	131-133	2/3
The Death of the Empress	皇后驾崩	马礼逊	时事报道	1833.7/9	144/212	2/3
Proportion of Manchu and Chinese officers in the high posts of government	政府中满人与汉人官员比例	马礼逊	杂记	1833.11	312-313	2/7

篇名	中译名	译者	栏目	时间	页码	卷/期
Character and forms of the kotau	中国人的叩头	马礼逊	杂记	1833.12	373-378	2/8
Trait of the Imperial Clan	中国的皇族和宗室	马礼逊	杂记	1833.12	378/512	2/8
Crimes and punishments	关于杀人的6种界定	马礼逊	法律	1834.5	38-39	3/1
The Chinese Government and Constitution	中国的政府和政体	马儒翰	政治	1835.5	11-16	4/1
Notices of modern China	当代中国介绍（1）	英格利斯	政府	1835.5	361-386	4/1
Notices of modern China	当代中国介绍（2）	英格利斯	政府	1835.6	17-29	4/2
Political Division of the Chinese Empire	中华帝国的行政区域	马儒翰	政治	1835.6	49-58	4/2
Notices of modern China	当代中国介绍（3）	英格利斯	政府	1835.7	59-71	4/3
The Structure of the Chinese Government	中国政府的组织结构	马儒翰	政府	1835.7	135-150	4/3
Notices of modern China	当代中国介绍（4）	英格利斯	政府	1835.8	160-166	4/4
Local Government of Peking	北京地方政府组织结构	马儒翰	政府	1835.8	181-188	4/4
Notices of modern China	当代中国介绍（5）	英格利斯	政府	1835.9	214-228	4/5
Notices of modern China	当代中国介绍（6）	英格利斯	政府	1835.10	262-267	4/6
Structure of the Provincial Government	中国各省府官员和组织结构	马儒翰	政府	1835.10	276-286	4/6
Notices of modern China	当代中国介绍（7）	英格利斯	政府	1835.11	335-340	4/7
Notices of modern China	当代中国介绍（8）	英格利斯	政府	1835.12	361-385	4/8
Notices of modern China	当代中国介绍（9）	英格利斯	政府	1836.1	415-424	4/9

篇名	中译名	译者	栏目	时间	页码	卷/期
Notices of modern China	当代中国介绍（10）	英格利斯	政府	1836.3	489-496	4/11
List of Persons Holding Office in Kwangtung	广东省官员名单	马儒翰	名录	1836.3	529-533	4/11
Notices of modern China	当代中国介绍（11）	英格利斯	政府	1836.4	557-568	4/12
Notices of modern China	当代中国介绍（12）	英格利斯	政府	1836.9	202-208	5/5
Notices of modern China	当代中国介绍（13）	英格利斯	政府	1836.10	267-273	5/6
Notices of modern China	当代中国介绍（14）	英格利斯	政府	1836.11	316-322	5/7
Notices of modern China	当代中国介绍（15）	英格利斯	政府	1836.12	351-366	5/8
The Emperor	中国皇帝的寿辰	裨治文	时事报道	1838.11	392	7/7
The Emperor of Taoukwang	道光皇帝	裨治文	人物	1841.2	88-97	10/2
Death of Taukwang and the succession of Hienfung	道光帝驾崩、咸丰帝继位	卫三畏	时事报道	1850.3	165/231/282	19/3

按照刊物发表的时间顺序，列表 5-2 和 5-3 将《丛报》译介时事政治类文本情况悉数展现，提供中英文对照篇目、原作者、译作者、栏目、发表时间、起止页码，以及刊载卷、期等主要译介信息。从列表可见，时事政治类文本所涉栏目广泛，包括"政治""条约""贸易""时事报道""法律""时事报道""杂记""书评""鸦片"等多个栏目。译介内容丰富，上谕、奏折、通告、名录、条约等皆属《丛报》所涉范围，从多个侧面展示了晚清的政治面貌。译者中除去《丛报》五位主要译者外，还包括麦都思及其子麦华佗（Sir Walter Henry Medhurst）、美国浸信会派遣来华传教士粦为仁（William Dean）、传教士叔未士和米怜，只有英格利斯系外交官出身、罗伯聃（Robert Thom）系翻译家出身。译者群仍以新教传教士为主。

三、译介选材倾向

根据列表 5-2、表 5-3 辑录的文章，按照《丛报》主要译介选材的倾向可大致归结为"中外条约""清廷政务和法制""战乱和鸦片"和"中外关系"四类。

（1）中外条约

《丛报》问世前后和发刊期间，正是中西关系发生重大转折时期。1840年至 1842 年中英之间第一次鸦片战争掀开了中国近代史的开端，随后签订的一系列不平等条约加剧了中国沦为半殖民地半封建社会的进程。《丛报》及其译者作为这一段近代史的见证者和参与者，对此进行了积极的报道，先后刊载了《中英南京条约》的中英两版和麦都思的回译版、《虎门条约》（五口通商附粘善后条款）的中英两版和麦都思的回译版、《中美望厦条约》与《中法黄埔条约》等这一时期重要的中外条约，是中西关系发展进程中的重要记录者。

（2）清廷政务和法制

《丛报》译者对中国的政治现状极为关注，这可以从其刊载的相当数量的此类文章获知。他们视翻译反映清朝政务情况的官方文献为了解清政府运作方式、政权形态的主要来源，并通过副文本加以评述。文献大致分为三类：第一类为行政体制文献，涉及政府性质、特点的讨论、中国政区的划分、政府地方的结构、官员名单等，如《中华帝国的行政区域》（Political Division of the Chinese Empire）、《中国政府的结构》（The Structure of the Chinese Government）、《中国各省和官员的组织结构》（Structure of the Provincial Government）等。此外，英格利斯撰写的系列文章《当代中国介绍》（Notices of Modern China）内容大多是关于清朝政府行政权力分配、官阶级别等。第二类为政务管理文献，包括上谕、通告、奏折、照会，从中可了解清政府政治动向，探知统治者的决策和思想，如道光帝的上谕《耆英任两广总督》（Kiying's Commission for Commissioner for Foreign Affairs）、《安民告示：耆英到任》（Proclamation on Taking his Office）、《关于鸦片和林则徐到来的公告》（Proclamation from the Governor）等通告体现了政务管理和人事任免，还有如《徐文定公辩学章疏》、耆英为弛禁天主教所上的奏折、道光帝恩准义律来广州的上谕等都是与西方人自身利益相关的决策自然也引起《丛报》的关注。第三类是与法律类译介文献，主要涉及刑法、诉讼程序、监狱和《大清律例》及其实施。部分文章摘译自《京报》《广州纪录报》等关于滥用刑讯惨案的报道；部分文章依托于马斯·斯当东《大清律例》译本，包括裨治文对该书的评介、英格利斯对中国五刑等刑罚的介绍等。

（3）战乱和鸦片

《丛报》的时事报道关注中国社会动态，及时报道中国各地发生的战乱、叛乱和地方起义的情况，体现了作为新闻刊物的时效性，仅摘译自《京报》有关战乱的报道就有 9 则。此外，鸦片贸易是导致 1840 中英鸦片战争爆发的直接导火索，《丛报》作为战争全程的记录者，跟踪报道与鸦片相关的动态成为刊物的特点之一，与鸦片相关的文章集中于"时事报道"和"鸦片"两栏，涉及奏折、谕旨、官文等形式，如林则徐发布的《戒除鸦片条例》《谕各国夷人呈缴烟土稿》，以及《京报》全文翻译的许乃济奏请弛禁鸦片奏折、朱嶟呈交的关于鸦片问题的奏折等都及时为西方人输送了最新的消息。

（4）中外关系

《丛报》是中国国内发行最早的一批近代报刊之一，主要反映了来华西方人的自身利益、政治观点和对中国文化的认知。作为他们的喉舌，刊物在鸦片战争前后关注中西关系，并在其中扮演了极为重要的角色，涉及此间中西外交事务的交往和过程中产生的争端、摩擦等。如历史上影响中外关系走向的著名"律劳卑事件"，《丛报》作为新闻媒体对此事件全过程给予跟踪报道，力图推动中西关系向符合西方利益的方向发展，藉由此事件发表一系列中西关系的译介和评论，对其间的通告、奏折、道光帝的朱批等一一翻译刊发，为以后英国政府采取强硬政策营造出必要的舆论基础。

四、译介动机

（1）获悉政府动向，了解政体文化

《丛报》译者对时事政治类文献极为重视，这是因为受晚清闭关锁国政策的影响，身为来华西方人的译者一般驻留在以广州为中心的华南地区的开放口岸。在他们有限的活动范围内所能搜集的情报和信息显然是不足的，无法涵盖其母国欲了解广阔中国内陆地区信息和清政府政治动向的需求。随着 19 世纪上半叶西方在华势力的扩张，来自中国政治核心统治者的治国思想、政策走向、官方文献和条约、对外态度等都是西方跟中国交往中的重要情报，关系到在华传教士、商人及西方国家的利益，也对构建西方的中国知识体系至关重要。

《丛报》自创刊起就对《京报》刊载最新的皇帝上谕、清政府官文及来自各地官员的奏折密切注意，以知晓中国的新近动态，获悉有关清廷和战争的消息。通过译介《京报》旨在掌握与清朝政府、中国国情和法律相关的信息，研究中国政情，从而揭开清朝帝国的神秘面纱，更好地服务西方国家的利益。《丛报》视《京报》为获取清朝政府最新动态的重要情报源。皇帝的法令和言论、朝廷的动向往往会吸引译者的注意力，对《京报》的摘录被认为是"得以全面了解中国当下社会现状和未来的最佳方式"（CR. XIV:107），可以帮助读者"获取有关这个帝国最准确的信息"（CR. I:78-80）。"《京报》刊载重要的、引人兴趣的信息，其所传播的时间和空间远超最初的预想。由此，全世界可多少获悉大清皇帝的情绪、意愿和欲望。"（CR. I:506）《丛报》还关注其中与西方国家、人士相关的事件和人物，如林则徐、绮善、耆英等大臣的调动、受命等消息并及时译介刊载；关注战争情报以服务英方利益，马儒翰就翻译过《京报》中一则道光帝发给奕山的上谕，从中得知清军在各地的军事部署和军队调配，这些为第一次鸦片战争中的英国军队提供了重要的军事情报（CR. X:111-112）。

此外，他们关注中国政制性质，包括国家内部的矛盾冲突、中央与地方的关系，还关注中国的法律和司法制度。不少译介文章都与此相关，如马儒翰自 1835 年起连续译介了一系列论述清朝政体的文章，呈现出鲜明的主题特色，涉及中国的政府性质、中国的行政体制、官阶制度、皇权的本质、皇帝称号等；再如《丛报》刊载米怜译介的《圣谕广训》（*The Sacret Edict*）反映了清朝统治者的意志，是其维护政治稳定、对百姓进行思想教育重要手段，呈现出一整套政府的理念……作为一部文学作品，它享有极高的地位，体现了中国政府文件的精髓（CR. X:605）。传教士通过译介可以了解清代官方与社会的教化行为，向西方介绍清政府的政治伦理和执政理念，正如裨治文在评介此书时所言："……翻译、介绍《圣谕广训》将极大地满足西方人欲了解中国统治阶层的愿望。"（CR.I:298）

（2）颠覆耶稣会士传统认知

18 世纪以来的欧洲在"中国热潮"的侵袭下，欧洲人对中国普遍抱有一种思慕之情，中国的政治制度在启蒙时期的欧洲享有良好的声誉，"成为西方人赞叹、羡慕和钦佩的话题，被视为具有极其优秀的品质"，"完美地治理了中国帝国的人民"（CR. XI:11）。这类正面肯定的评价是典型的耶稣会士的中国观。他们笔下的中国拥有一个优秀的政府，中国在欧洲普及政府制度之前就已经编纂了法规，并且有了极为完备的法律机构，这是举世公认的。

到了 19 世纪，这些对中国优点的敬佩几乎已经不复存在。随着西方国家对中国认识的根本性变化，以及社会经济发展带来的扩张浪潮，《丛报》主体译者，即新教传教士的中国观已完全不同于耶稣会士。主编裨治文来到中国，其主要目的是传教，是"要向数以万计的中国人传播福音，要将无知、顽固和骄傲在他们周围筑起厚厚的高墙攻破，让他们领受福音的沐浴，要将他们古老的、根深蒂固的自罪恶与迷信弥布世界的那一刻起就愈行愈烈的体系彻底推翻"①。在《丛报》撰稿人眼中，耶稣会士们之所以对中国的记载充满诸多的谬误，不仅仅因为"他们对中国的描述和判断根植于彼时中国和欧洲的情形"，他们"极有可能希望以中国美德和制度的典范作用改变当时的欧洲"，但此后，"中国发展停滞不前，欧洲文明却取得较大的进步"（CR.IV:20）。因此，他们认为老传教士们的描述已不合时宜。"整个中国研究的领域都需要重新审视，以确定何者有益、何者无益。在从事此类探究时，我们自始至终须牢记的是，谬误是毫无价值甚至是有害的，而获取真理则是有益的行动。"（CR.VII:2，7-8）这样的表述基本是代表了撰稿人对耶稣会士有关中国的描述的态度。

《丛报》撰稿人也正是在这样的大背景之下对中国政治、社会展开译介和研究的。当时中国社会的状况、政府的黑暗腐朽的统治、东西方经济发展的巨大差异也为他们传播教义提供了条件。可以说，他们从事文字类工作的目的之一就是要对以往的中国报道进行否定。他们极力想颠覆数个世纪前由耶稣会士建构的积极、正面、传统的中国观，乐于选取能够反映、宣传带有瑕疵的中国的文献。出于这种心态和目的，他们着力描绘当下中国落后与黑暗的一面，通过英译时事政治类文献，展现清朝政府和中国社会状况的不足与需要拯救的一面，以达到其传教和服务母国政治经济利益的目的。通过揭露贪污、腐败、勒索等中国官场的阴暗面抨击和批判中国政府制度的诸多方面，比如马礼逊在《中国的政府和政体》（The Chinese

---

① 参见《莱曼·科尔曼牧师在裨治文按立仪式上的布道演说》（1829 年 10 月 6 日），载《贝尔切城历史学会裨治文档案》。转引自雷孜智. 2008. 千禧年的感召——美国第一个来华新教传教士裨治文传[M]. 尹文涓，译. 桂林：广西师范大学出版社：50.

Government and Constitution）一文中认为："中国政府的体制相比世界其他统治体制，具有更明显的军事独裁特征，……皇帝是唯一的至尊，享有至高无上的权力，可以无节制地行使立法权和执行权，……他享受诸多神圣的权力，被称为天子……全世界都要受制于他，……因此，中国傲慢地拒绝与蛮族的谈判，一直到受到强大外国武力威胁才摆出屈尊的架势开始进行谈判。"（CR. IX:11-17）禆治文在一篇《京报》的摘译文中也指出，中国政体已进入老迈时期，整个体制秩序混乱、病入膏肓，国家发展举步维艰（CR.XIV:50-52）。此外，许多来自《京报》的新闻都是负面的，字里行间充满了对中国政治社会制度、陈规陋习和落后文化的批判态度，这些充满否定和诋毁的报道有力地颠覆传统的中国观，充分展现一个亟待拯救、缺乏基督信仰的落后国家的面貌。

第二节　政体文化译介评析

政体文化与政府、政治组织等制度性结构相对应，集中反映了一个社会政治体系的特点，是了解统治阶层政治体系运作和政治态度的重要方法与途径。清朝行政体制的架构是怎样的？官方政治伦理有何特点？体现出怎样的官场形态？这些问题一直以来都为西方人所关注。这主要由于在华西方人的政治、贸易等活动及相关诉求都须长期面对中国政府的管理和控制。因而，对其做相关的了解是十分必要的，这也同西方国家制定正确的对华政策息息相关，是构建西方的中国政治知识的重要一环。这一时期的在华西报《广州纪事报》《广州周报》都有短篇文章对此讨论，比较而言，《丛报》译介的政体文化主题文章内容更宽泛，也更为系统深入，主要表现在政体类专有名词、体现政府统治思想的《圣谕广训》和对官场文化的译介中。

一、专有名词的翻译

政治体系与结构并存，任何一个体系都有着一定的结构。清政府内部行政机构的设置、职能权利、各类官职都映现出政治文化的内涵和特征。

《丛报》政论性文本译介中涉及多处称谓的翻译，包括皇帝的称谓、重要政治机构的名称、政府官员、皇室成员名单等，通过这些专有名词的翻译使得西方人更加便捷地了解"中华帝国（Chinese Empire）"的政治情形，从而架构起清政府政治体系的图景。

以下机构名和人名翻译实例选自《丛报》第四卷第一期中的《北京地方政府机构》（Local Government of Peking）、第十二卷第一期的《北京政府官员名单》（List of Officers at Peking），译者均为马儒翰；以及第十四卷第二期的《中国政府官员名单》（List of Chinese Officers），译者为英国伦敦会传教士麦华陀（Sir Walter Henry Medhurst，麦都思之子）。马儒翰的名单和麦华陀的名单大同小异，比较而言，前者介绍得更为详细、充分。

（1）机构名称的翻译

机构名称翻译多采用归化异化相结合的方法，翻译模式为英语意译文—中文书写—罗马注音音译①，以汉字和音译保留源语的特征，又以意译的方法描述含义，使得机构的基本功能得以体现。

Revisors of the Imperial Academy，翰林院修撰　Hanlin yuen siu chan
Board of Civil Office，吏部　Li Pu

对于重要机构名称的翻译，译者往往辅以解释类的注释。对军机处名称的翻译在注释中补充了构成人员的信息、皇室宗亲、最高等级的贵族等，从其构成即可得知该部门的核心地位。

The General Council，军机处　Kwan Ki Chu
This Council is composed of princes of the blood, nobles of the highest rank, ministers of the Inner Council, presidents of the six boards, with such other officers as the emperor may please to appoint.

"内阁"是政府重要部门之一，是清代中央最高行政机构。该机构名称翻译中，译者通过注释补充了其职能、人员构成和在政权统治中的重要作用，是了解这一机构的必要文化信息。

---

① 此处的音译的注音方法系根据马儒翰自己制定的一套汉字注音方案标注而成，是在马礼逊早年的注音体系发展完善而来。该方案借鉴欧洲语言学体系为框架，使用罗马字母注音，包括 5 个变音符号、13 个单元音、13 个双元音、18 个辅音和 8 个复合辅音组成，具体内容可参见 1834 年《丛报》第三卷的《论中国的书面语》（The Chinese Written Language）和 1836 年《丛报》第五卷的《论汉字注音法》（Orthography of Chinese Words）。

The Inner Council, 内阁 Nui Ko

Corresponds in some degree to the European Cabinets; it is emperor's office of business ,or administrative board from which all his ordinary commands are issued: its principal officers are four chief ministers，大学士 ta hiosz, 'great scholars' and two assisting ministers，协办大学士 hiepan ta hiosz: there are also ten 学士 hiosz, who hold a high rank, and are often appointed to colonial or other governments. Their duties are to deliberate on the government of the empire, to declare the imperial pleasure to regulate the canons of states and in general to guide the balance of affairs-thus auditing the sovereign in directing the concerns of his people.

（2）皇室宗族人名的翻译

清朝皇室宗族人数众多，且不少在政府重要部门担任要职，了解他们与帝王间的关系无疑是解开清宗室人物关系、探析政权架构的途径。其翻译方法多采取音译加注释的方式，模式与机构不同，采用中文原名—音译名简短注释的方式。对于当朝皇帝道光，译者的注释相当详细。不仅解释名—字的含义，还介绍了道光帝的身世、继位、后代情况，十分细致全面，其他人物的翻译释义中也以补充宗族关系和职权为主。

道光 Taukwang, "Brightness of Reason," (so the reigning emperor is designated during his lifetime) is the second son of the late emperor kiaking （or Jintsung 仁宗，as he has been named since his death）.Taukwang was born on the 10th of the 8th month 1781, he gained great credit in 1813 by his successful resistance of an attack on the imperil palace; he succeeded his father on the 24th or 25th August 1821. During his reign, there has been almost constant war with insurgents in one quarter or another of the empire. In 1831, the emperor lost his eldest son, the crown prince; he has now three sons surviving all under age.

睿亲王，仁寿 Jinshau, prince of the 1st order(Jui tsinwang), lineal descendant of Torhwan, the uncle and guardian of Shunchi, who established the present dynasty on the throne, and received the title which his descendants now enjoy.

郑亲王，乌尔恭阿　U'rkunga, prince of the 1st order(Ching tainwang), lineal descendant of one of the princes of Shunchi's reign.

淳亲王，绵恺　Mienkai, prince of the 1st order, Tun-tsin-wang, commanding one of the Mantchou banners.

惠亲王，绵愉　Mienyu, prince of the 1st order, Hwui-tsin-wang, for several years degraded to the 2nd order(kiumwang), but now restored; presides over the Board of Music.

　　人名翻译前，译者马儒翰首先介绍了中国汉人姓名的组成方式，同西方人相同，也是姓与名结合的方式，但为了避免混淆，《丛报》用连字符将姓与名隔开，如"Li-Tingyang"；而对于满族人的姓名，由于其姓氏特点不同于汉人，因此所有音节连续书写。马儒翰以汉字加音译的方式介绍了皇室取名的辈分用字——"玄、允、弘、永、绵、奕、载、奉"，依次音译为"Hiuen、Yun、Hung、Yung、Mien、Yi、Tsai、Fung"，还对人名用字中带有的偏旁"𤤴"（玉，yu, a gem）以音译加意译的方式予以说明，指出名如"永珹"可知是康熙子辈中关系较近者；而和道光帝关系近的子辈的名字中均带有偏旁"忄"，如"绵愉"（CR.XII:20）。

　　此外，名单之后，译者还对人物间的亲缘关系做了简短注解，如关于亲王，他注释道："亲王，即皇室中的王子，他们的子嗣称为世子。"还对部分人物关系做出说明，如"乌尔恭阿，是豫亲王之子"（CR.XII:27）等。诸如此类皇室宗族谱系的译后注解无疑有助于读者了解清皇室宗族文化和人物关系。

　　（3）皇帝称谓的翻译

　　中国古代帝王有多种称呼，这些称谓的含义也各有侧重，这也引起了《丛报》译者的兴趣。马儒翰在《丛报》第二卷发表的《中国皇帝的称号》（The titleof Chinese emperor）一文译介了"皇、帝、王、天子"等称呼的含义，他的节译所依据的底本是清朝史学家马骕所著《绎史》一书。首先，马儒翰先将每个称呼以罗马注音音译，然后在每个称呼后都添加了文化注释。

皇 Hwang

帝 Te

王 Wang

天子 Teen-tsze

他指出，"皇、帝、天子"三个称号在英语中都可用"emperor"表示，"王"一般翻译为"king"。他根据《绎史》解释了这些称号的含义：

"皇"代表"天"，三皇皆有天帝属性。"皇"具有不可预测的无边的能量，就像天一样。"皇"字是由"王"和"白"二字组成。"王"意为统治者，超越一切。"白"字与"自"字只相差一笔，其代表着"自治"，权力集于一身。"帝"字不如"皇"字可精妙地加以解释，当人的道德修养达到了与天地贯通和谐的地步可称为"帝"，而"皇"则是可以将"仁政"和"公平"完美结合的人，是最优秀、最伟大的，是天地间最有荣耀的代表。

"王"字是由"三"字加一竖统一而成，"三"字的三笔分别代表"天"、"地"和"人"，能将三者完美结合的人就是"王"。"天子"即天的儿子，表明君主的职责就是服务于天。据可信的记载："人类的母亲是在天的影响下得到孩子的，因此她们的儿子称为天子。"《圣经》中亦可见类似的记载。马儒翰指出，了解这些称谓间的细微差别有助于理解中国的历史和帝王文化（CR. II:309-310）。

从以上专有名词的翻译可见，译者多采取音译加副文本做文内注释的方式翻译。注释起到了弥补专有名词文化缺损的功能，注重中国文化知识的完整传播，是翻译过程中的重要环节。这既考虑到了西方读者的需要，拓展了背景信息，又使得正文中的文化空白得到填补和延伸。文化差异是翻译中不可避免的因素，译者处理的不仅仅是两种语言，更是语言背后的文化。面对由文化差异带来的翻译中的缺省，采用解释性的注释是补偿的方法之一。政府部门职能、皇族人物关系、帝王称谓的区别等文化信息对西方读者都是陌生的，《丛报》译者在此对缺省的内容作了适度的文化增补，使得必要的中国历史文化信息借助翻译释义得以完整传递到译入语文化中。

二、《圣谕广训》的译介评析

《圣谕广训》一书被视为满清时期的国教，系1724年（雍正二年）由清朝官方政府颁布，并运用政府之力广泛刊行的官样书籍。其内文主要架构由康熙的《圣谕十六条》和雍正的《广训》两部分组成。《圣谕十六条》摘录自康熙九年（1670年）的上谕而成，《广训》乃是雍正根据《圣谕十六条》各个信条，逐一"寻绎其义，推衍其文"，以浅显的文言加以注释，写成十六篇短文，扩展至万言长篇文章而成。由于其内容皆为文言表达，故民间出现许多有助于理解的白话版本，以满清陕西官吏王又朴的《圣谕广训衍》最为流行。

《圣谕广训》为清政府所重视，集中体现出清代统治者的意识形态，借助政治力量定期在各地宣讲，并定为考试内容，使之向社会各个阶层渗透，在社会教化方面发挥重要的作用。自清朝初期开始此书一直为来华传教士所关注。19世纪的三个英语全译本中，米怜的单行本译作是其中之一（另两部为威妥玛和理雅各的译本），1815年首次出版，1870年再版，所依据的底本正是王又朴的《圣谕广训衍》（见图5-1）。

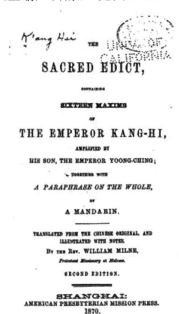

图5-1 《中国丛报》介绍的1870年英文版《圣谕广训》（米怜译）封面

　　《丛报》对《圣谕广训》的译介主要是裨治文的书评，刊载于第一卷第八期。另外，第十卷第十一期一篇郭实腊评介《大清皇帝圣训》（*Ta Tsing Hwang Te Shing Heun*）一书时，对《圣谕广训》也有所评论。此外，郭实腊还在第十七卷十一期记叙了在上海城隍庙聆听讲解《圣谕广训》的经历（CR. XVII:586-589），足见《丛报》对此书的重视程度。

　　裨治文的译介中，他首先借用一位知名法国汉学家的评论，指出："……中国社会的结构就是建立在政治—宗法原则之上的，皇帝就是百姓的父亲，所有家人都隶属于他的统治。"他继而评述："……《圣谕广训》一书正是这样一部反映政治伦理的作品，在所有中国现代书籍中，没有一部能够超越此书的价值。"（CR.I:297-298）郭实腊也认为："此书展现出康熙皇帝的雄才大略……简洁充分表达满清皇帝的意图……自恺撒大帝到弗雷德里克大帝，我们还从未听说过有帝王或君主曾系统地教导其官员并定期让他们完成学习任务以提高治理水平，但在中国却真实地发生了。"（CR. X:594）

　　裨治文在文章标题中就阐明所介绍的米怜译本主体内容包括三个部分，即康熙皇帝的《圣谕十六条》、雍正皇帝的《广训》和王又朴《圣谕广训衍》（The Sacred Edict, containing sixteen maxims of the Emperor Kanghe, amplified by his son, the Emperor Yungching; together with a paraphrase on the whole, by a mandarin. Translated from the Chinese original and illustrated with notes）。文章除介绍书之外，还刊载评论了米怜的译文，认为其翻译特点"忠实于原作，清晰明了，有时甚至可以说啰嗦"（CR.I:300）。对于译介的目的，文章指出，"书评并非评判原书的风格或翻译方法，而是希望展示出此书在情感、观点及习惯等方面的教化作用"（CR.I:300），可见，了解中国官方政治伦理、意识形态是译介此书的主要目的。因此，《丛报》按次序全文刊载了十六条圣谕及其翻译，并逐条加以点评，诠释了清朝统治者的政治思想及圣谕所承载的政教合一的儒家的学说。康熙原作十六条圣谕，每条七字，都有实在内容，涉及当时社会极重要的问题。十六条内容各有侧重，第一、二、三条突出家庭伦理、宗族和睦等儒家修齐治平等最基本层面的理念；第四、五两条关乎经济生活和农业生产；第六、七条凸显教育的重要性；第八、九条讲求法律，提倡礼仪风俗；第十、十一条强调百姓的本业，训导子弟务本业；第十二至十六条都与当时历史背景相关。

　　十六条圣谕结构一致，皆为动宾结构短语，简明扼要，中心突出，虽为文言，但内容简洁明了。米怜的译文采用统一的祈使句，意在突出劝诫、引导的目的，且统一使用目的状语结构"in order to……"以翻译原文的"以……"，句式整齐，译文表达基本为忠实原文的客观直译，清晰、易理解。本书分别从家庭伦理、经济生活、儒家教育、百姓本业四大方面选取一例，以四条圣谕的翻译和评介为例进行分析，探悉其译介特征。

信条①敦孝弟以重人伦

译文：Pay just regard to filial and fraternal duties, in order to give due importance to the relations of life.

这是圣谕第一条，强调的是家庭伦理，是儒家修齐治平最根本的内容。"孝"是古代封建社会头等重要的事情，"弟"与"悌"通用，强调敬爱兄长，为"孝"之补充。裨治文的释义中首先指出"孝"和"悌"乃是中国社会道德和文明体系最根本的两种责任，并引用雍正所言"父母之德，实同昊天罔极"，言明"孝行"是"天之经，地之义，民之行也"。继而解释，皇帝正是以孝行为首治理国家，所以圣谕以"孝"和"悌"为开端。这就要求子女要全心全意对待父母和兄长，赌博、酗酒、争吵等都视为不孝之举。尽孝、顺服之人，其儿女也必然会孝顺、顺从，这就是回报。这其中，显示出孔子及其弟子所倡导的儒家道德训诫及政治体系（CR. I:301）。裨治文在此解释了统治伦理中的意识形态，即强调儒家的孝治理念，并举例说明将之具体化，显然有利于不同文化背景的西方读者接受和理解。

信条②重农桑以足衣食

译文：Give the chief place to husbandry and the culture of the mulberry-tree, in order to produce adequate supplies of food and raiment.

这一条是圣谕第四条，强调生产的发展，农业是立国之根本。裨治文的评介一开始便指出，中国人对农业生产及布匹制造的重视是无人能及的，他们勤勉耕作，连帝王也不例外，为民做出榜样。他以雍正《广训》中"古者天子亲耕，后亲蚕，躬为至尊，不惮勤劳，为天下昌"一句来说明这一现象。另外，还引用《广训》中"……务使野无旷土，邑无游民，农无舍其耒耜，妇无休其蚕织；即至山泽，园辅之利，鸡豚狗彘之畜，亦皆养之有道，取之有时，以佐农桑之不逮"一句说明中国人视吃饭穿衣为头等重要的大事。他认为："中国人食用范围广泛……这方面几乎可以构成中国史中新奇的一章。"（CR. I:304）通过依傍中国皇帝的言论，裨治文对此句的解释和评论，使得西方读者了解农业在中国的重要地位。

信条③隆学校以端士习
译文：Magnify academical learning, in order to disrect the scholar's progress.

这一条是圣谕第六条，集中阐述学校教育的重要。裨治文的释义首先向读者解释了中国科举制度下的文人品第，即秀才（Sewtsae）、举人（Keujin）、进士（Tsinsze）、翰林（Hanlin），并详细介绍了每一级别晋升的条件，如"秀才"代表此人的学识已超过普通人，是成为"举人"的必要条件等。还引用雍正所言："古者家有塾，党有庠，术有序，国有学，故无人不在所教之中。"（CR. I:304）以此说明中国人从政府到百姓都极为重视教育。

信条④训子弟以禁非为
译文：Instruct the youth, in order to prevent them from doing evil.

这一条为圣谕第十一条，强调家庭教育的重要性及早年习惯的养成。裨治文指出，这里是说皇帝视所有子民为其子，因而广泛强调并施行家庭教育。雍正《广训》有言："……仰体圣祖子惠元元之心，无日不以尔百姓为念，尤无日不以尔百姓之子弟为念也。"可见中国皇帝都十分注重对子民的训诫。根据中国传统习俗，裨治文在后文还补充相关文化知识，如中国幼童自十岁开始在父兄的教导下启发德性，以遏制其邪行，增长知识，形成良好的习惯，这将为父兄带来荣耀（CR.I:311）。

《圣谕十六条》集中体现清政府为统御天下，以儒家孝治理念形成的政治伦理，是官方意识形态的具体条文代表，深深根治于中国儒家传统文化之中，是一套具有重要意义的价值体系，用以维持其统治秩序和社会稳定，被视为宣传官方意识形态的最佳典律。正因如此，传教士译者对其极为重视。从《圣谕广训》的译介可见，在客观忠实传递原文的基础上，逐条的副文本注释和评论也是重要内容，是正文内容的补充，完善了原文内容在跨文化层面的有效传播。主要体现在两个方面：一是解释正文所涉儒家思想和理念，并补充相关中国文化知识；二是广泛引用雍正的《广训》对十六条圣谕的推衍和阐释，将以孝道为核心的儒家学说及以此为正统建立的统治伦理更详细地展现出来，更为清楚地诠释出清政府意欲通过传统华夏文化资源所传达出的教化内容。

另外，评论也不乏基于西方价值体系的一些评判，夹杂着宗教语言及传播基督教的初衷，如认为中国人的因果报应论的循环无法带来永生，也无法在其道德体系展现出来，因而他们的内心是极为黑暗的（CR. I:301）；对"礼"的崇尚方面，尽管人人都知道要懂"礼"且屈从于它，但极少有人会去实践，他们只是去展示，并不关注其中的真实或虚伪（CR. I:310）。类似此类关于中国人道德体系的评判也频频在副文本中出现。

从文化交流的角度看，翻译是一种文化传播的方式，是不同文化间阐释交流的媒介。文化间的交流必然离不开语言转换所承载的翻译活动，是文化信息传递的方式。《丛报》对《圣谕广训》的译介中，译者的副文本起到了重要的文化传递作用，将中国文化中特有的因子在评介的文本中给与更充分的表达，弥补其在译入语文化中的缺失，旨在指出其中的儒家精髓、解释补充文化概念，完善这一教化示范文本所蕴含的官方意识形态的阐述，以达到全面认识整套典律政治伦理思想的目的。

《丛报》对政体类专有名词、《圣谕广训》中官方统治伦理的译介中贯穿着中国古代文化和西方文明间跨越时代、地域、民族的差异。而翻译向来是传播新知识、弥合差异、丰富文化的主要方式。译者采用的翻译方法虽有所不同，但其最终都是为了达到完整传播文本内容的目的。不仅将异文化在正文中再现出来，还借助大量文内文外的注释、解释性副文本进行文化阐释和补偿，对弥补信息的缺损起到很好的助益作用，将文本中的文化要素在注释中延伸、拓展，使得受限的译文文本在外围注释中得以明晰化和显性化，弥补了译文读者知识欠缺，实现文化的传播和交流。

三、官场文化译介评析

《丛报》问世前相当长时间内，耶稣会士笔下所描述的中国文化，一直受到欧洲国家的赞赏和推崇。中国的政治和法律被视为是清正廉明的，到18世纪末，这种欣赏、借鉴更优越的中国文化的情愫依然可以在伏尔泰

（1994：84）的《风俗论》中得到印证，中国被称为"强大而文明的帝国"，他曾将中国的政治制度赞誉为"人类精神所能够设想出的最良好的政府"。但自19世纪初期以来，随着中西关系的演变，矛盾冲突的加剧，西方人看待清朝政府的政治体系和司法制度的态度发生了转变，此类观念和心态亦体现在《丛报》的对清朝官场文化的译介中。官场文化折射出清政府政治文明，是展现政府形象的主要途径，也引起了《丛报》译者的兴趣，从对官场制度和民谚的译介中可以看出他们眼中清政府的形象。

　　（1）官场制度名称的翻译

　　中国历代官场都存在官爵买卖，最早可追溯到战国时期。清朝时期的官场则将买卖官职的传统发扬到了极致，形成一套严密规范、光明正大的官职"捐纳"制度，这也在《丛报》文本中有所体现。《丛报》第二卷第一期中，马礼逊根据道光十二年九月十八日《京报》内容，对捐纳制度进行了译介和评述。他将其意译为"卖官"，并简短注释，同时评论道："这是一个坏制度，很多年老的买官者、希望有官职的人是没有职业的游手好闲之辈，而那些买到官职的人也不过是将其作为从老百姓那尽早得到回报的机会。"（CR.II：431）

　　卖官（捐纳）
　　译文一：Sale of office，i.e. eligibility to office，as vacancies may occur.
　　　　　　（CR.II：431）
　　译文二：Sale of official rank-or rather of diplomas, making the holders thereof eligible to office-is one of the worst features in the present policy of the Chinese government. （CR. XVIII：207）

　　此外，裨治文于《丛报》第十八卷第四期发表的《捐官》一文对卖官制度也进行了一番译介。其译介方法和马礼逊基本一致，先意译，而后简短注释，并附评论性副文本的方式。他认为："卖官，或是说出卖一种凭证，使得持有人能有资格做官，是当前中国政府政策最坏的一种……这一制度的可憎之处在于鼓励实施痹证。一方面，它将那些有能力、受过教育、理应得到职位的人才拒之门外；另一方面，它却使那些资质低下的人成为朝廷官员。但奇怪的是，尽管这一制度明显不合理，但却一直得到皇帝及其大臣的坚决支持。那些有钱但无德无能之辈轻易地就用金钱获得了通往高官的通行证，在职位的掩护下，可以折磨人民，将正义商品化，允许各类恶人无所顾忌地获取利益。"（CR. XVIII:207）两位译者副文本评论清晰地展示了清朝政治制度的弊端和龌龊之处，这些事实充分说明了曾经备受天主教耶稣会士推崇的清朝政府在当下已完全蜕变成腐败僵化、极力搜刮民脂民膏的黑暗政府，完全颠覆了老传教士们的美好印象。

（2）官场民谚的翻译

清朝自乾隆后期开始经济、社会状况皆开始走向衰败，吏治腐败，卖官鬻爵、官员贪赃枉法现象严重，官场混乱不堪，这些在民谣中多有反映。民谚广泛流传于民间，是底层百姓生活实践的总结和真实写照，借助口头的形式传播，通俗易懂。官场民谚集中反映出时代风貌，是他们对政府、官员特征的规律性总结，其中多为讽刺官场的内容。

1848 年《丛报》第十七卷《中国官员的特性》（The Character of Chinese Officers）一文中，译者裨治文搜集、翻译了一些反映中国官场的民谚，如"官情如纸薄""官字两个口""送肉上""衙门八字开，有理无钱你莫来""身在帝王边，犹如共虎眠""有错捉，无错放""一代做官，十代做乞儿""群羊付与豺狼牧"等。它们体现了大众对社会事务的认识。从内容看，这些民谚多为底层百姓对官员和官场报以仇怨的敌视性话语，译者采取了相同的翻译方法。

民谚①：大鸡不食细米。

译文：Ta ki puh shih si mi

"The large fowl does not eat small rice." or in other word, the officer who occupies a high post is not satisfied with small bribes. By law bribes are forbidden; in practice they are necessary, first to secure office, and in the second place to secure from an incumbent.

民谚②：官字两个口。

译文：Kwin tsz liang ke kaw

"The word *officer* has two mouths" In Morrison's dictionary the word *Kwin*, officer, is said to be derived from "a *covering* under which many are assembled." The top part represents a *covering*, while the lower parts exhibits *two mouths*; hence the play upon the word; for an officer, thus furnished with two mouths, can easily change his words, and what he utters with his lips is not to be depended upon.

民谚③：官情如纸薄。

译文：Kwan tsing ju chi poh

"The affection (or kindness) of officers is as thin as paper." Though styled the fathers and mothers of the people, they are generally reputed to be destitute of all regard, and often instead of protecting, feed upon, the people.

民谚④：衙门八字开，有理无钱你莫来。

译文：Ya min pih tsz kai yu li wu tsien ni moh lai

The gate of an office opens like the character eight, *pah* 八; though you may have reason on your side, and are without money, come not near it.

以上所有译文的翻译方式均为先音译，然后客观直译，并添加解释性副文本。以音译保留其发音的特征，而后以直译阐明谚语的基本含义，有助于读者理解文本和其中蕴含的中国官场文化；最后以注释的副文本详细解释民谚的寓意，注释挖掘民谚的深层次内涵，起到导读的作用。"大鸡不食细米"和"衙门八字开，有理无钱你莫来"的注释突出深藏于谚语表层含义之下对清政府官员腐败现象的揭露。其中，民谚（4）的"八字"在译文中的直接使用汉字凸显了形象，有助于西方人理解。民谚（2）的注释解释了汉字"官"的字形含义且注重对官员毫无诚信、信口开河形象的刻画，使得谚语的真实含义得以顺利传达。裨治文在文章结尾处还强调："这些谚语已经足够说明那些认为中国人民已经摆脱统治者压迫的观点是错误的，看上去这片土地上每个政府机关都贪污，每一个官员（极少数除外）做官都是为了发财，经常采用一些龌龊的行为实现这一目的。"（CR.VII:361）

官场文化的翻译选材和翻译方法与其翻译目的密切相关。西方传教士对拟译文本的选择体现了其作为译者的显身位置，是译介主体基于自身需求而做的翻译操控。这种操控深受其主体文化的影响，在翻译的每个阶段都有可能发生。捐纳制度的译介、充满民怨的官府民谚的翻译一方面彰显了译者群体、译语读者欲了解中国官场特点的诉求，他们以必要的注释传播其中文化因子，采取的翻译策略考虑到了译语读者的理解和接受，其对于翻译内容的阐释和传播架构起了中西文化交流的平台；另一方面译者欲塑造晚清黑暗、腐朽、没落的政府形象，只因其出发点是传播宗教和西方文明，其内在的需求就是要凸显中国的落后。在当时西强东弱的时代，"建立在政治、文化甚至宗教基础之上的东西关系的本质是一种强弱关系——这一点在西方看得非常清楚"（萨义德，2007:49）。也正是这种来自先进文明、充满了优越感的译者，怀着对异教中国的否定心态在其所译介的评论性副文本中呈现出否定、贬低的色彩，以塑造出一个腐败、黑暗的政府形象，颠覆耶稣会士曾经的认知，凸显基督传教拯救中国的必要性。

第三节　中西关系译介评析

一、律劳卑事件的译介评析

中西关系一直是《丛报》关注的重点，《总索引》显示约有 100 篇文章与中西关系相关，其中发生在 1834 年的"律劳卑（Lord Napier）事件"是一起重要的中西外交冲突事件，是鸦片战争前夜影响中西关系史的一件大事。《丛报》作为期间颇具影响力的媒体，对这一事件给予了高度的关注，在 1834 年 8 月到 1835 年 1 月的期刊上，刊载多篇关于此事件的新闻报道，产生了一定的政治影响，尤以对"夷目"一词的翻译为代表。

（1）事件经过概述及译介评析

19 世纪 30 年代，英国资本主义工商业空前发达，欲拓宽海外贸易市场，推进对华商业往来，以攫取更多的在华利益。英政府遂派出律劳卑出任首任驻华商务监督，管理在华商业事务。1834 年 7 月 25 日，在未携带国书、未经清政府允许的情况下律劳卑私自抵达广州。到华后，他没有按照惯例与行商联系，直接以书信致函两广总督卢坤要求会见，且书信采用"平行款式"，"混写大英国字样①"，违背清朝"禀帖"的成例，言辞态度极

---

① 参见中国第一历史档案馆. 1987. 两广总督卢坤等奏为律劳卑来粤不尊法度现予封舱示惩片[M]// 鸦片战争档案史料（一）. 上海：上海人民出版社：146.

为傲慢。由于当时中英之间没有外交关系，卢坤拒绝其要求，并多次经行商劝导，告知"天朝制度，从不与外夷通达书信，贸易事件，应由商人转禀"，行事应"遵循章程①"等。但律劳卑不听从劝告，"屡次执拗，诚属顽梗②"。其间，卢坤以官方名义多次给广州行商发出通告，力图使其遵守中国的法律规范，但未见成效，中英之间贸易遭全面禁止。双方矛盾逐步升级，1834 年 9 月，律劳卑两次命令英国舰队与广东地方政府交火，引起轩然大波。卢坤遂调集军队，封锁珠江，英军进退维谷。最终，英方的恫吓没有成功。律劳卑的擅自行动给英国商人带来巨大经济损失，招致英国媒体广泛的舆论谴责。9 月 21 日，律劳卑被迫返回澳门，并于 10 月在当地病逝，史称"律劳卑事件"。

　　这一事件是中英产生贸易关系以来英方向中国发起的最为严峻的一次挑战，其间造成的中英冲突使得双方关系趋于紧张。英方希冀中国敞开国门，可使其自由地向中国倾销鸦片、商品和原材料，从而攫取巨额经济利益。律劳卑来粤造成的外交、贸易的冲突使得两国关系恶化并走向破裂，可以说是鸦片战争的前奏（郑永福，1986:42）。随后英国鸦片商人、殖民主义者乘机鼓动，叫嚣发动战争，终于在五年之后，即 1840 年爆发了中英第一次鸦片战争。

　　在整个律劳卑事件中，《丛报》给予了热切的关注，并进行了积极的报道。不仅记录新闻事件的走向，并通过一些细节推动事件的进展，一定程度上可以说改变了历史的进程。对此事件的译介和主要评论集中在 1834 年 8 月、9 月和 11 月的报道中。

　　1834 年 8 月，律劳卑来华后一个月，《丛报》当月刊的"时事报道"所刊登的三条消息中有两条都与此相关：一是 7 月 25 日英国驻华领事律劳卑到广东，致书广东总督要求与其会谈，但被拒绝。二是卢坤总督给行商的 5 封通告的英译，中英贸易中断，两艘英军舰抵达虎门。《丛报》全文翻译并刊载了所有的通告，且未做任何评论和解读。几则通告均按中文全部译出，未做删节和修改，但通告本身的内容强调的是要遵守中西交往的一贯原则。

---

① 参见中国第一历史档案馆. 1987. 两广总督卢坤等奏为律劳卑来粤不尊法度现予封舱示惩片[M]//鸦片战争档案史料（一）. 上海：上海人民出版社：147.

② 参见中国第一历史档案馆. 1987. 两广总督卢坤等奏为律劳卑来粤不尊法度现予封舱示惩片[M]//鸦片战争档案史料（一）. 上海：上海人民出版社：146.

原文：外夷英吉利国在广东贸易已历一百数十年。一切事宜均有奏定章程。遵守已久。夷人虽在化外，既来粤贸易，即应恪守天朝定例，方可相安。

译文：The outside barbarians of the English nations have had a continued trade at Canton for a hundred and some tens of years. Allaffairs are conducted according to the established regulations reported to the emperor, which have long been obeyed and kept. Although the barbarians are beyond the bounds of civilization, yet having come to Canton to trade, they should immediately give implicitobedience to the established laws of the celestial empire[①]. （CR. III:187）

原文：随饬广州协副将韩肇庆谕以天朝制度，从不与外夷通达书信，贸易事件，应由商人转禀，不准投递书函。继思化外愚蠢，初入中华，未谙例禁，自宜先行开导，俾得知所遵循。

译文：Accordingly, orders were given to Han Shaouking, the footseang in command of the military force of the Kwangchow foo, to tell him authoritatively that, by the statutes and enactments of the celestial empire, there has never been intercourse by letters with outside barbarians; that respecting commercial matters petition must be made through the medium of the hong merchants, and that it is not permitted to offer or present letters.

Again, considering that he was stupid and unpolished, having come from without the bounds of civilization, and that, it being his first entrance into the central, flowery land, he was yet unacquainted with the rules and prohibitions, it appeared undoubtedly right first to explain to him and guide him, to enable him to know what he was to obey and act in compliance with. （CR. III:189）

---

① 本书所引用奏折系根据中文原件抄录（以下同），原件载中国史学会主编. 1954. 中国近代史资料丛刊：鸦片战争[M]. 上海：神州国光社。

且通告口吻仍显示出天朝大国的姿态。

原文：……第念该国过往向来尚属恭顺，该国散商，均尚安静。若因律劳卑一人之过，概行封舱，未免向隔。仰体皇上天地之量，中外一视同仁，曲加体恤。

译文：…but havingconsidered that the said nation's king has heretofore been always reverently submissive, and that the said nations' several merchants are all still quiet and peaceful; that, that if, for the error of one man, lord Napier, all the ships' holds should be closed, they cannot but be overwhelmed with grief, I, your majesty's minister Loo, looked upward to embody my august sovereign's liberality, (extensive) as heaven and earth, which beholds with the same benevolence the central and the outside people, and stoops to treat with compassion.（CR. III:188）

原文：姑念该夷目初来不知，天朝制度不加深究。

译文：But in tender consideration for the said barbarian eye, being a new comer and unacquainted with the statutes and laws of the celestial empires, I will not strictly investigate.（CR. III:188）

卢坤告知律劳卑应按照中国的惯例行事。

原文：该夷贸易，如有更定章程等事，均应该商等会同查议通禀。

译文：In the trade of the said barbarians, if there are any changes to be made in regulations, in all cases, the said merchants are to consult together, and make a joint statement to the superintendent of customs and to my office.（CR. III:188）

《丛报》对通告的翻译反映了广州政府的态度，凸显了官方傲慢、高高在上的大国形象。为整个事件中担任公告翻译的裨治文提及，该事件是中国政府野蛮及不公正的结果，他们错误并傲慢地对待欲寻求友善、互惠的英国人（Brigman，1864:87）。

1834 年 9 月，《丛报》时事报道也将卢坤总督在随后事件进展中发布的公告全文译为英语予以刊发。在当期的"后记"一栏跟踪报道了律劳卑到澳门、军舰撤离等事态缓和的趋势。10 月期还发布了律劳卑葬礼的祷告，读者的悼念词和编者论等。《丛报》对律劳卑事件的评论和态度较为完整和清晰地体现在 1834 年 11 月和 12 月的两篇文章中。

11 月的《丛报》所载的 10 篇文章中，有 6 篇都与该事件相关。裨治文在长达 12 页的《在华英国当局》（British Authorities in China）一文中对律劳卑事件给予更为详尽的总结和回顾。《丛报》刊发了此次事件中所有中国官方通告，仍然全文客观翻译，对其中一些对西方人的负面描写和凸显清朝大国风范的表述等未见删减一字。

> 原文：该夷目畏惧恭顺，遵照天朝制度，再行奏请恩施，准其开仓交易，以昭惩戒。
>
> 译文：Should the barbarian eye, with awe and fear, pay reverential submission and obey and act according to enactments and statutes of the celestial empire, we will then again report, requesting your majesty graciously to permit the opening of the ships' holds for traffic; thus may a warning punishment be clearly manifested.（CR. III:329）

> 原文：唯该夷目律劳卑，既称来粤贸易，何以一经封舱，狡焉思逞，竟敢阑入内河，放炮回拒？
>
> 译文：The said barbarian eye, lord Napier, having stated that he came to Canton to trade, why, when the ship's holds had been closed, did he craftily think to carry a purpose, and go to the daring extreme of having the inner river broken into, and of having guns fired off, returning resistance?（CR. III:338）

> 原文：……卑番夷震慑之下，仍感天朝仁慈宽大之恩。
>
> 译文：…to the end that, while the foreign barbarians are made to tremble with terror, they may also be rendered grateful by the favor of the celestial empire shown in its benevolence, kindness and great indulgence.（CR. III:340）

该文中，《丛报》不仅将卢坤发布通告的英译本再次展示出来，还针对其中的内容多加批驳。裨治文首先对通告中对律劳卑的称呼表示不满："夷目（A barbarian eye）、英国鬼（an English devil），这就是巡勇在报告中所使用的恭顺的言辞。"继而指出，"中国官员断定律劳卑是秘密潜入广州，是行商和同时所策划的，真是荒谬之极"（CR. III:325）。对卢坤 2 号公文中关于夷人只在有商业买卖时才可申请来省的说法，裨治文指出："过去多年以来，欧洲船只来省，并不需要预先获得允许；监督们之来省，正如每年许多游客的来省，是极其方便的。然而现在这样做，却被指控为极大的犯法。"他认为 6 号布告中卢坤的"仰体皇上圣意""考虑到该国王向来尚属恭顺，权赐宽容""夷人痛苦，于心不忍"等措辞表明了卢坤的"一切措施所表明的那种软弱和解倾向"。律劳卑乘船来华殃及一些无辜的中国行商和通事，被政府按汉奸逮捕，他认为"这种指控是毫无根据的"，"这就给我们清楚地说明，天朝所流行的正义与公理到底是怎么一回事了"（CR. III:235）。该文不仅批驳了卢坤的通告，还将此事件中卢坤奏报北京道光皇帝的奏折和皇帝的覆以的朱批上谕一一翻译刊载，包括 9 月 15 日的奏折和 10 月初皇帝的上谕、10 月 19 日的上谕、律劳卑离粤、巡洋舰退出虎门的奏折及皇帝批复奏报的上谕。裨治文认为上述文件中，有许多歪曲、虚构、隐蔽之处（CR. III:240）。

《丛报》对事件中的文书、通告、奏折和上谕等政治文本的基本内容均采用客观直译的方式传递本来的信息，关注的是清政府对此事件的态度和动向。《丛报》的翻译实录虽看似客观，但事实上遮蔽了事件的本来面目。律劳卑来华前，英国政府曾指示他要尽一切努力，去遵守中国的各项规章。1834 年 1 月英国外交大臣巴麦斯顿（Henry Palmerston）给律劳卑的训令称："非经严密考虑，不得径依枢密院命令设置法庭；除有特殊情况，英国兵船不得越入虎门炮台。"（转引自郑永福，1986:39）《丛报》未将这些背景交代清楚，且通过直译的方式将公告中诸如"化外愚蠢，初入中华（stupid and unpolished，having come from without the bounds of civilizations）""英吉利国人桀骜性成，心怀叵测（The English barbarians are of a violent and overbearing disposition and they cherish plans great and deep）""贪得无厌（insatiably avaricious）""愈形傲睨（proud and overbearing）""认错乞恩（confess fault and besought favor）"等负面评价的词汇据实译出，在文中反复出现，这些内容在以西方人为主体的《丛报》读者中产生的影响是不难想象的。

（2）"夷目"的英译

《丛报》对事件中政治文本的翻译发表评论以阐明立场，在对公告中一些关键称呼的英译中也体现出对彼时中西方关系的认知，藉此为西方读者建构出清政府对外关系的基础，甚至在一定程度上加快了中英冲突的升级，其中尤以对"夷目"一词的翻译为主。

在此事件中，中方发布的所有公告中但凡提到"夷目"二字，裨治文一律将其英译为"barbarian eye"，意即"野蛮人的眼睛"。

原文：该**夷目**律劳卑有无官职，无从查其底里。

译文：Whether the said **barbarian eye** has or has not official rank, there are no means of thoroughly ascertaining.（CR.III:327）

原文：臣以该**夷目**律劳卑屡次执拗，诚属顽梗，第念该国王向来尚属恭顺……

译文：The said **barbarian eye**, lord Napier, has repeatedly been preserve and stubborn and indeed extremely obstinate, but having considered the said nation's king has heretofore been always reverently submissive…（CR.III:328）

原文：而该**夷目**于商人传谕，若惘闻知，该商等将批语抄给，亦置之而不阅。

译文：But the said **barbarian eye**, when the merchants enjoined orders on him, remained as if he heard not; and when the said merchants copied out the words of my official reply, and gave the reply to him, he laid it down, and would not peruse it.（CR. III:334）

原文：且该国商梢数千人，俱以**夷目**不遵法度为非，无一附和，更未变玉石不分。

译文：Also thesaid nation's merchant and seamen, several thousand in number, all　considered the said **barbarian eye**'s disobedience of the laws and statutes to be wrong, and there was not a single person who joined in harmony with him.（CR. III:343）

从律劳卑来华直到他病逝于澳门的文章中，"夷目"一词多次出现，均被逐字直译为贬损的"barbarian eye"。其他类似称呼，如"夷商""夷人"等也均翻译为类似的"barbarian merchants"和"barbarians"。"barbarian"一词源自古希腊对外族人的称呼，其词根"barbar"意为"异邦人"，是希腊人用以贬指国土范围外的"粗鲁野蛮的外族人"，可见这种翻译带有明显的丑化的成分。

事实上，官方来往文书中使用"夷目"是清朝的一种惯例，体现了传统的华夷观念。古代中国由于封闭的地理环境及几千年文明发展的优势产生了一种以自我为中心的优越感，认为华夏文明高于一切外族蛮夷的文明。西方各国被视为蛮夷、未开化之地。这种观念自先秦时期开始一直持续到清末，中国人的世界观可以说依然停留在传统的天下观层次，即中国是居于四海之内的中央帝国，是抚御周边蛮夷小国的核心。中国视周边国家为"藩属国"，他们景仰着、依靠着中国，为中国创造了"天下"的称号，华夏中原无论在地理上还是在文化上都有一种优越感。《丛报》就曾多处称呼中国为"天朝（celestial empire）"。英国商人唐宁（C.Toogood Downing）就曾指出，"在整个天朝中，外国人均被视为蛮夷（barbarian）；中国人从不尊重世界其他地区的人，并且是以轻慢的态度对待那些拥有进步文明的国家"（转引自张志惠，2005:69），将他们视为"化外蛮夷之邦"。

"夷目"的称呼蕴含着中国人长期以来的华夷观念、天朝观，"夷"字常用来泛指西方人或与其相关的事物，如红毛夷、夷船、夷情等，体现了清末中国人对待西方人的轻慢态度，但其实这种用法也是一种长期的惯例，很多时候也不一定含有特别的憎恶或贬损。马礼逊就在其 1815 年编纂的《华英字典》（*The Dictionary of the Chinese Language*）中用词义较为中性的"foreign"来理解"夷"的含义，其原义为"异质的""外来的"，用以泛指外国人，含义和"远人"（"A distant man; one from remote parts"）相似。自18 世纪以降，英国东印度公司雇佣的所有翻译官都在"夷"字的翻译上与马礼逊做法一致，这一译法淡化了背后的鄙夷色彩，体现了一种文化的包容性。

裨治文将"夷目"翻译为"barbarian eye"，凸显出排他性，其用意仍是在强调其中的矮化和丑化的分量，揭示出西方人眼中的清政府自命不凡的天下观，以及以自我为中心、傲视他国文明的心态。19 世纪前期的大清帝国已是风雨飘摇，内忧外患，国运日渐衰弱，大清官员仍视外族为"夷目"，这对裨治文等来说无疑是一种令人难以忍受的侮辱。译者在此将一个本不十分明显的意象赋予了特殊含义，反复多次出现，以产生强烈的效果，甚至显得有些触目惊心。这样敏感的词汇客观上也侮辱了律劳卑，他因此大骂两广总督卢坤为"不知天高地厚的畜生"，并发誓要对其侮辱英国皇室的行为进行报复（CR.III:223）。可见，"夷目"的翻译达到了制造敌意的效果，从而影响了中西互动的关系。甚至可以说，整个事件是现代外交史上的一场代价高昂的文字案。历史学家郭斌佳（P.C. Kuo，1935:26）就曾指出，这次从语词到外交礼仪的政治再到后来酿成的严重悲剧，都是英国方面造成的："9月7日，当双方开始进入敌对状态的时候，整个事态就从对原则的政治演变成一场战争了。战争的罪魁祸首是英国的驻华商务总监。"而且，律劳卑的死亡也成为后来英国议会主战派的有力口实。事实上，将"夷"和"barbarian"联系起来，意图制造一个"超级符号"，以国家尊严受到损害为借口，就是为进一步攫取在华利益、发动军事行动提供理由。

福柯在《词与物》（*The Order of Things*，1966）中认为："文明和人们留给我们的作为他们的思想的纪念品的，与其是说他们的文本，不如说是他们的词汇……只要单单对一个民族的词汇在不同时代的不同状况作比较，就能形成一种观念……由此，就有可能在语言的基础上撰写一部自由和奴役的历史，甚或一部关于舆论、偏见、迷信和各种信念的历史。"从早期的"foreigner"到其后的"barbarian"，表征了西方对中国世界观念的认知变化，不同时期词汇的翻译蕴含着译者个人的政治思想意识。"夷"和"barbarian"的对应关系彰显出一种排他性的文明秩序意识，渗透着意识形态的编码，代表东西方观念的冲突，也使得被指称的一方被打上了屈辱的烙印。晚清帝国的这种西方观是西方世界所无法容忍的，是彼时作为强者的西方需要压制的。

裨治文从传统中国的天朝观出发阐释"夷目"的含义，选取带有轻蔑、侮辱内涵的"barbarian eye"，意在通过操控翻译的选词突出中国对西方的认知方式，强调让西方人认识中国的世界秩序观，以此激起西方世界的愤怒，达到影响当时中西关系的走向的目的。这种意图在其后《丛报》的文章中更为突出。他在1834年12月刊的《在华英国当局》一文中，不仅回顾、评论了整个事件，还深入分析了中英未来关系发展，探求中英关系危机的解决方案。他认为，天朝将所有外国人都视为蛮夷（barbarian），中英间根本不存在平等交往的可能，闭关锁国的体制也不会得到根本性的变革。

中国作为专制体制的国家，皇帝和政府任意妄为，即使遵从法律，也难以摆脱迫害。就如何破解中英之间的危机，裨治文在文章后所附《致英女王请愿书》（The Petition of British Subjects at Canton to the King's Most Excellent Majesty in Council）中给出了解决的方案（CR.III:357）。

　　1834 年 12 月，在华的 60 多名英国官员和商人起草了请愿书，递交给英国枢密院。《丛报》全文刊发了这份文件。其内容主要关乎中英未来关系的建议，主张对华实施强硬政策，呼吁放弃"沉默政策"，运用军事力量展现大英国的力量。"如果我们要和中国签订条约，那必须是在刺刀尖下进行，按照我们的命令写下，并在大炮的瞄准之下，才发生效力"。因此，在华西方人普遍认为应采取强有力的、决定性的办法对待高傲的中国政府。裨治文也在按语中强调要采取强硬的措施，这样会通过自由贸易的形式促进互惠互利，从而改变中国异教徒知识贫乏、道德堕落的状况（CR.III:354-358）。需要指出的是，这份请愿书中提出的许多要求，后来也出现在《南京条约》《天津条约》中。

　　为进一步阐明《丛报》的对华立场，裨治文又在该期《丛报》上就对华政策专门刊载了四篇文章，以讨论如何同中国进行交往。它们的基本观点都认为律劳卑事件中天朝政府傲慢排外，将外商自由贸易的要求视为对其尊严的挑衅，是事件的主要起因，此类敌意还会导致类似事件重演。因此，应放弃对华温和政策，反对宽容、安抚的体制，不能容忍将英国人视为"夷人"。文章认为这是中国人没有认识到大不列颠的力量，没有见到可怕武力的结果（CR. III:395-400）。

　　1835 年《丛报》第三卷第九期，裨治文发表一篇题为《与中国谈判》（Negotiation with China）的文章中，专门探讨中西关系，进一步指出"夷"字背后中国的态度。他认为，中国的皇帝自认为是天之代理人，其权力辐射四海，所有人和事无一例外，外国人被认为是臣属于中国的。他尤其强调，中国官方政府长期使用的字眼，如"夷人""外夷"都具有轻视、卑劣、诽谤性的含义，不应该被使用（CR. III:419）。针对中国政府的态度，他再次鼓吹武力威胁论并认为，不能忽视中国侮辱英国国旗、使得英国流血的事实，强调绝对有必要采取强硬的措施扫除现有的障碍，为所遭遇到的敌意申诉，为将来寻求保障的时刻已然来临。由此，他提出，律劳卑事件后，英国政府的主要目的就是要为过去遭受到的伤害索偿。英国政府就应该联合其他西方国家一同采取明智的行动，迅速建立自由、有尊严且管理妥善的对华关系，这是整个西方世界的使命（CR. III:428）。

综上所述，《丛报》就律劳卑事件阐述的对华观点就是要对华进行武力震慑，打破封闭的外交体制，从而改变中西关系的格局。这些主张都是在1834 年律劳卑事件后逐渐浮现的。纵观整个事件，《丛报》对清政府通告的译介评论、对西方人关键称呼"夷目"的英译都受到译者意识形态的操控，以及东西方两大阵营在世界权力和民族生存竞争的历史环境的影响。他们通过时事翻译的评论批判晚清政府的傲慢、专制和愚昧，通过刻意选取矮化、丑化、侮辱西方人的称呼"barbarian eye"等达到制造敌意的效果，从而影响中西关系，其译介影响极为显著。历史学家狄力普·巴素（Dilip Basu）结论是，"barbarian eye"的修辞术是英国人为了发动战争找的一个堂而皇之的借口①。及至 1858 年，中英双方于第二次鸦片战争期间签订的《中英天津条约》（*Treaty of Tien-tsin between Britain and China*）所列五十六项条款中的第五十一项明文规定禁止再使用'夷'字指称英国人——"嗣后各式公文，无论京外，内叙大英国官民，自不得提书'夷'字"。以条约形式禁止言说的方式显示出西方人对此指称的重视程度，也体现出一种文化霸权背后的政治霸权，反映了两个帝国之间的生死斗争。

整个事件中翻译扮演了重要的角色，翻译的内容、如何翻译、译后评论等都受制于译语社会的价值体系和现实需求。译者都是通过翻译策略的运用和调整对事件中的关键词汇译介进行操控和阐释，参与并影响了事件的发展。一方面跨越语言之间的界限，另一方面掩饰其越界的痕迹，操控语词符号的意义，从而作为西方资本主义国家在华活动的先遣队发挥有效作用。《丛报》的传教士译者立场始终是以其西方国家的利益为出发点，他们希望实施新的对华策略，在舆论导向上主张以武力手段打开中国的门户，支持西方列强入侵中国，以最终达到其改变广大中国异教徒信仰的目的。律劳卑事件中的翻译不仅传播了其中的时事政治信息，成为此后英国对华采取进一步强硬措施的政治依据，而且通过操控翻译选词，进一步深化矛盾，影响中西关系的走向，可以说为历史事件的最终发展营造了舆论，起到了幕后推手的作用。其后刊物的大致倾向也越来越支持英国的军事行动，

---

① 参见 *Chinese Xenology and Opium War*（Basu），转引自刘禾. 2014. 帝国的话语政治：从近代中西冲突看现代世界秩序的形成[M]. 北京：三联书店：9.

对中国的态度逐渐显现出支持惩罚中国的立场。

二、《南京条约》翻译中的选词操控

《丛报》是第一次鸦片战争全过程的忠实记录者，刊载了不少与时事政治走向密切相关的官文：关系清廷决策的重要奏折，包括对传教政策和环境传播有利的奏折，如《钦差大臣两广总督耆英为弛禁天主教折》《徐文定公辩学章疏》等；与鸦片贸易相关的奏折，如《许球请求弛禁鸦片》等。另一类较重要的官文是中国与西方列强签订的一系列不平等条约，深刻影响了此后中西关系的走向。这些基于各个条约制度而形成的中西关系是依靠战争和武力建立起来的，是中西双方政治和经济方面关系的延伸。如《南京条约》《虎门条约》等都是影响中国近代史、给中国人民带来深重灾难的条约，是中国近代史上屈辱的一页，其重要性不言而喻。《丛报》主要译者裨治文、马儒翰、郭实腊等深度参与到这些条约的翻译或撰写中，如裨治文和卫三畏受聘于顾盛使团，负责《望厦条约》的翻译、起草文书；马儒翰是《南京条约》的首席翻译。作为19世纪中期中西交流的一份主导性传播媒介，《丛报》及时、完整地刊载了这些珍贵的原始资料。

1842年第一次鸦片战争中清政府战败，被迫与英国于南京（时称江宁）签订了中国近代史第一份不平等条约《南京条约》（也称《江宁条约》）。条约主要内容涉及中国须向英国开放五口通商，赔款英国2100万银元，割让香港岛等丧权辱国的条款。之后，1843年10月，在广东虎门签订《五口通商附粘善后条款》，又称《虎门条约》，进一步侵害了中国的主权。英方由此获得了关税自主权、对英人的司法审判权、片面最惠国待遇和英舰进泊通商口岸的权利。美国在得知《南京条约》签订的消息后，也派顾盛使团来华，要求中方给予美国与英国同等的通商条件。1844年7月，中美双方几经周折签订了《望厦条约》，美国获得了许多与英国同等的权利。《丛报》分别在第十三卷第八期、第十三卷第九期和第十四卷第十二期以中英对照的方式全文刊载了这些重要的历史条约。本研究将以《南京条约》的翻译为个案，探析其中翻译选词所承载的历史操控作用（见图5-2）。

《南京条约》和《虎门条约》的中英文版本主要由英方译者完成，整个条约的谈判起草中，马儒翰担任首席翻译，罗伯聃和郭实腊任副译官、助

理，助手中还包括李太郭和麦华陀。中方所做的，只是将条约抄缮呈览①。中英之间签订的条约是先以英文拟定，据此为蓝本，而后翻译为中文的，但中文版并非平行文本，与英文版存在一定差异。但如对条约任何部分的理解产生分歧，一律以英文版本为准，这一原则早在条约签订两年半前就被写进《拟定中国订立的条约草案》（*Draft of Proposed Treaty with China*）中②。两份条约中英文版本的不同所引发的冲突逐渐引起关注。

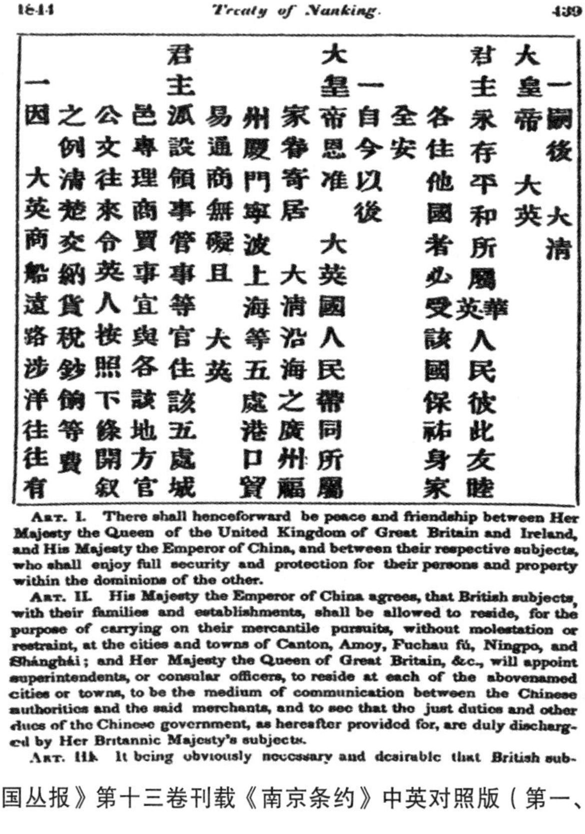
1844 Treaty of Nanking. 439

一嗣後大清
大皇帝大英
君主永存平和所屬華英人民彼此友睦
各住他國者必受該國保祐身家
全安
一自今以後
大皇帝恩准大英國人民帶同所屬
家眷寄居大清沿海之廣州福
州廈門寧波上海等五處港口貿
易通商無礙且大英
君主派設領事管事等官住該五處城
邑專理商賈事宜與各該地方官
公文往來令英人按照下條開敘
之例清楚交納貨稅鈔餉等費
一因大英商船遠路涉洋往往有

ART. I. There shall henceforward be peace and friendship between Her Majesty the Queen of the United Kingdom of Great Britain and Ireland, and His Majesty the Emperor of China, and between their respective subjects, who shall enjoy full security and protection for their persons and property within the dominions of the other.

ART. II. His Majesty the Emperor of China agrees, that British subjects, with their families and establishments, shall be allowed to reside, for the purpose of carrying on their mercantile pursuits, without molestation or restraint, at the cities and towns of Canton, Amoy, Fuchau fú, Ningpo, and Shánghái; and Her Majesty the Queen of Great Britain, &c., will appoint superintendents, or consular officers, to reside at each of the abovenamed cities or towns, to be the medium of communication between the Chinese authorities and the said merchants, and to see that the just duties and other dues of the Chinese government, as hereafter provided for, are duly discharged by Her Britannic Majesty's subjects.

ART. III. It being obviously necessary and desirable that British sub-

图 5-2 《中国丛报》第十三卷刊载《南京条约》中英对照版（第一、二条条款）

麦都思于 1843 年以汉字“老麦”为笔名完成了《虎门条约》的回译版，以八个版面的篇幅发表在《丛报》第十三卷第三期。此前，这份回译版条

① 参见中国历史第一档案馆. 1987. 钦差大臣耆英奏报和约已定钦用关防并将和约抄缮呈览折 附件：和约十三条[M]// 鸦片战争档案史料（六）. 上海：上海人民出版社：160-162.

② 参见王宏志. 2012. 第一次鸦片战争中的译者（下篇）：英方的译者[M]// 翻译史研究. 2012. 上海：复旦大学出版社：56-57.

约已先后在多个媒体刊载①，但无论是受众面还是影响力都不及《丛报》。译文前，他致信《丛报》编辑称："我将这份条约的译文附上寄予您这份珍贵的期刊，条约中文版从一中国官员处获得⋯⋯此译文同官方之前发布的英文版相比更加完整，许多细节也存在差异⋯⋯希望这版译文的发布能够为已有的纷争提供些许回应。"（CR.XIII:143）比较而言，《南京条约》的回译版问世稍晚，1845 年 1 月发表在《丛报》第十四期第一卷，译者仍为麦都思。译文之前的信中，他称，"之前《虎门条约》的翻译已引起一些关注，我希望借贵刊发布《南京条约》的翻译版，此译文同之前官方发布的英译本略有区别⋯⋯但它比后来的《虎门条约》更加有利于英方的利益⋯⋯。"（CR.XIV:26）将两份条约的中英官方版同回译版做对照比较可知，两份回译版字数均超过官方英文版，且回译版基本实现麦都思所言："基本与条约中文版一致。"（CR.XIII:143）

《南京条约》和《虎门条约》的中英文版本，以及草案和正式的文书均出自英方之手，中国方面清政府官员耆英等未派遣任何中国通事参与而依赖英方译员，放弃了主动权，只凭借由英方提供的中文版同外方交涉。具体操作中由英方主译马儒翰首先提出条约的草案本，罗伯聃和郭实腊担任口译，负责向中方解释条约内容，以便中方提出建议，待双方达成一致后再由马儒翰负责中英两个版本的最终定稿、核对等工作。作为译者的马儒翰的作用主要表现在中英两个版本的契合程度上。

上述条约是缔结双方不平等权利和地位的象征，具有强烈、明显的政治意图，蕴含着深刻的权利不对称关系。身为英方利益的代言人，马儒翰一直深受英国官方的器重，多次深度参与到英方鸦片战争的决策中。在民族生长环境及国家意识影响下，译者的条约翻译不是中立的。因此，为了让中方顺利接受条约，马儒翰通过多种翻译策略操控中译文，迎合接受方主流意识。此类翻译工作出发点是为本国政府政治目的服务，同时作为传教士的马儒翰等希冀通过坚船利炮打开中国大门，为传教事业奠定现实的基础。本部分将《南京条约》中英文原版及对应英文回译版对照考察，可清晰展现译者在政治经济利益等影响下对译文的操纵。具体而言，翻译操控主要体现在以下三个方面。

---

① 《新加坡自由报》于 1844 年 5 月全文刊载《虎门条约》回译本，随后美国《商人杂志与商业评论》和《澳大利亚日报》（*The Australian Daily Journal*）也先后全文刊载回译本。转引自屈文生. 2013. 早期中英条约的翻译问题[J]. 历史研究，（06）：88.

（1）归化表达以淡化屈辱

《南京条约》的内容严重侵害了中国国家主权,大量的赔款、割让领土、开放口岸等举措便利西方列强对中国进行进一步的经济掠夺,是一个丧权辱国的条约。考察条约翻译文本,应了解译者增译了什么、减译了什么、怎样选词和如何搭配等,因为译者的每个选择背后都折射着社会政治环境（Alvarez & M. Carmen Africa,1996:5）。由于中方官员无人通晓英语,且谈判过程中,中方代表须多次将结果上报道光皇帝,因而他们对条约中文版极为重视,不敢含糊。条约文本曾多次被朗诵以便双方复议。据史料记载:"用中文写出的我方要求,又重新被朗诵一遍。"①作为译者的马儒翰早年在华生活,在父亲马礼逊的教育和影响下精通汉语,洞察中国的人情世故。马儒翰深知条约中文版措辞表达对清政府的重要性,对中文版极为慎重。因而,中文版中不少地方存在有意归化的趋势,以迎合中方重视对外国家形象、视皇帝为绝对权力象征的主流意识,从而达到淡化条约带给中国的屈辱、最终顺利缔结的目的。

原文：Art II：His Majesty the Emperor of China <u>agrees</u>, that British sub-
　　　jects, with their families and establishment, …
译文：自今以后，大皇帝<u>恩准</u>大英国人民带同所属家眷寄居……
回译文：From henceforth the favor of the great emperor <u>permits</u> the people
　　　and inhabitants of England to bring with them their families…

上例出自《南京条约》第二款。原文中的"agree"一词意为"赞同、同意",施动与受动双方地位平等,但中文版将语义归化处理,增译为"恩准",意为"降恩准予",体现了道光皇帝至高无上的地位和权威,而回译文则采用不带感情色彩的动词"permit"表示"允许"之意,充分说明马儒翰等是有意采用归化的译法以增强中方代表的认同感。

原文：Art IX: The Emperor of China <u>agrees to publish and promulgate,</u>
　　　<u>under His Imperial Sign Manual and Seal,</u> a full and entire amnesty
　　　and act of indemnity to all subjects of China, on account of their

---

① 参见中国史学会主编.1954. 中国近代史资料丛刊：鸦片战争[M]. 上海:神州国光社：513.

having entered the service of, Her Britannic Majesty, or of Her Majesty's officers; and His Imperial Majesty further engages to <u>release all Chinese subjects</u> who may be at this moment in confinement for similar reasons.

译文：凡系中国人，前在英人所据之邑居住者，或与英人有来往者，或有跟随及俟候英国官人者，均由皇帝<u>俯降御旨</u>，<u>誊录天下</u>，<u>恩准全然免罪</u>；且凡系中国人，为英国事被拿监禁受难者，亦<u>加恩释放</u>。

回译文：Whatsoever Chinese subjects may have formerly dwelt in the cities kept possession of by the English, or may have been in communication with British subjects, or in their service…they are, by <u>an especial decree sent down from the great emperor</u>, which <u>has been copied and circulated through the empire</u>, <u>graciously forgiven</u> their offenses; also whatsoever Chinese may have been apprehended and confined on account of mixing themselves up with the affairs of the English they are <u>to be graciously liberated.</u>

本例出自《南京条约》第九款。原文中的"agree"译为"恩准"，"publish and promulgate"译为"俯降御旨"，"under His Imperial Sign Manual and Seal"译为"誊录天下"，这些表达既符合中文地道的用法和主流话语，又贴切地增译出中国文化对当朝皇帝的尊重和敬畏之情，将道光皇帝置于至高无上的地位，充分显示出中方"尊贵"的地位。虽为不平等条约，但措辞极力保全了中方的尊严。此外，将"release"一词增译为"加恩释放"亦出于同样的目的和心态。回译文中的对应译文如"an especial decree sent down from the great emperor""to be graciously liberated"等表达均为中文版的直译，未做任何取舍改动。

原文：Art xi:…merchants and others not holding official situation, and therefore not included in the above, on both sides, to use the term "<u>representation</u>" in all papers addressed to or intended for the notice of the respective governments.

译文：……若两国商贾上达官宪，不在议内，仍用<u>禀明</u>字样为着。

回译文：Should the merchants of either nation address the officers, they do not come under the same category, but make use of the form of <u>petition.</u>

条约第十一款英文版的"representation"指较为正式的陈述，但汉译文归化表达为"禀明"，意在抬高中国官员和政府的地位，符合中国封建社会以官为本、以官为贵的文化习俗，更易于中方接受。这点在马儒翰写给巴麦尊的说明中也可看出①。他对"禀明"的诠释如下：

所有三品以下的官员（其中最高等级相当于法国的地区长官），他们对省级以上高级官员讲话或写信时，要用"禀"字，而上级官员发给他们的文件叫作"谕"。马礼逊博士的《华英字典》里的解释，可以对这些字做一补充。

"Pin（禀）"通常是下级交给上级的有关事情的明确报告。"禀"意味着以口头或书面的形式，向上级提出某种请求，抑或提供信息。可以由普通人向政府官员提出，也可以由下级官员向高出自己好几级的长官提出……反过来，指令叫作"谕"，用于政府中的上级官员向下级或普通百姓传达的命令。

外国人经常使用这些词来与这里的政府进行通信往来，1834年两广总督就是要求律劳卑以"禀"的方式与之往来②。

因此，这里译为"禀明"仍表明出一种对官场等级制度的认可和尊重，回译本中按汉语原意直译为"petition"，亦表达出"向上级请示、请奏"之意。

---

① 英国外务大臣巴麦尊指示律劳卑后第二任对华商务总监义律（Charles Elliot），对清政府官员所用语言文字须最大限度维护大英帝国的尊严和名誉。但1836年义律采用中国官方"禀"的通行体例上书两广总督，为此受到巴麦尊的责问，后者认为使用"petition（禀）"是不可取的。义律辩解认为，以他本人官级这一做法是得体的，这个字的偏旁（"示"代表警告、命令或出示），在这里表示的是恭敬提供信息之意。所谓不敬的含义是英文"petition（请求）"造成的，而不是汉字"禀"本身的问题，为支持自己的观点，他将马儒翰的说明附在给巴麦尊的信中（刘禾，2014:74）。

② 参见《义律致巴麦尊的信》（1837年1月12日）。载《英国议会档案》（*British Parliamentary Papers: Correspondence Orders in Council, and Reports Relative to the Opium War in China*，1840）。关于义律通信的中文版本，见佐佐木正哉. 1967. 鸦片战争前中英交涉文书[M]. 东京：严南堂书店：87.

（2）改译词义以维护尊严

原文：Art III: … His Majesty the Emperor of China <u>cedes</u> to Her Majesty
　　　the Queen of Great Britain, etc., the Island of Hongkong, to be pos-
　　　sessed <u>in perpetuity</u> by Her Britannic Majesty, her heirs and succes-
　　　sors, and to be governed by such laws and regulations…

译文：……今大皇帝准将香港一岛<u>给予</u>大英国君主暨嗣后世袭主位者
　　　<u>常远</u>据守主掌，任便立法治理。

回译文：…the great emperor has <u>graciously bestowed</u> the island of Hongkong
　　　on the sovereign of the English nation and her descendants, <u>in
　　　perpetual</u> sovereignty to rule and regulate <u>at will</u>.

　　条约第三款原文"cede"一词本意为"割让"，是清政府迫于压力放弃
对香港岛的管辖主权，由此造成中国领土主权的不完整，对战败方清政府
而言割让领土是奇耻大辱，中文版中不少关乎清朝政府颜面的表述，尽管
与英文版不大对等，但却很有可能是双方代表迫于各方面的压力、有意为
之的结果。曾参与《南京条约》谈判的清朝官方代表、两江总督伊里布的
部下张喜在其所著《抚夷日记》（1957/2008）中也曾提及条约中"另换"了
某些有损清政府颜面的字眼，以达到"更改"中文版的目的。因此，考虑
到中方的颜面，译者将其改译为"给予"，意在掩盖割地的耻辱现实，拔高
皇帝的地位，将事实美化为高高在上的清帝的一种恩赐，维护中方的尊严。
原文"in perpetuity"意为"永恒、永远"，中译文则选择语义较弱的表达"常
远"，以此缓和语义，淡化割据香港岛的影响，为清政府保留了颜面。回译
版译法仍较为直接，用"graciously bestow"表"恩赐"，按条约字面含义翻
译"in perpetual…at will"，显示英方对长期拥有香港岛主权的绝对权威。

原文：Art VIII: The Emperor of China agrees to release, <u>unconditionally</u>,
　　　all subjects of Her Britannic Majesty (whether natives of Europe or
　　　India), who may be in confinement at this moment in any part of the
　　　Chinese empire.

译文：凡系大英国人，无论本国、<u>属国</u>军民等，今在中国所管辖各地
　　　方被禁者，大清皇帝准<u>即</u>释放。

回译文：Whatsoever British subjects, whether belonging to England or its colonies, are now in confinement within the dominions of China, the great emperor allows that they be <u>immediately</u> liberated.

条约第八款英文版中要求清政府要"无条件地"释放在押英国人，为此使用"unconditionally"，但中文版考虑语气较强会令清政府感到有失颜面，因此改译为语气缓和的"即"；回译版则仍按汉语原文直译。事实上，据史料载，清政府代表的确关心关乎颜面的字眼表达。《抚夷日记》载："条约商定过程中，就英方拟定的条款，耆将军曰：'战费''赎城'等字具属不雅，须另换字样。"（张喜，1957:389）此处的中文版显然比英文版更符合大清皇帝的身份。

（3）模糊达意以保全颜面

原文：Art VII: It is agreed, that the total amount of twenty-one millions of dollars, described in the three preceding Articles, shall be paid as follows: Six millions <u>immediately</u>. Six millions in 1843; that is, three millions <u>on or before the 30th of month of June</u>, and three millions <u>on or before the 31st of December</u>. Four millions in 1844; that is, two millions and half <u>on or before the 30th of June</u>, and two millions <u>on or before the 31st of December</u>. Four millions in 1845; that is, two millions on or before the 30th of June and two millions <u>on or before the 31st of December.</u>

And it is <u>further stipulated,</u> that interest, at the rate of 5 percent. Per annum, shall be paid by the government of China on any portion of the above sums that are not punctually discharged at the periods fixed.

译文：以上三条酌定银数共二千一百万银元应如何分期交清开列于左：<u>此时交银六百万银元</u>；癸卯年六月间交银三百万银元，十二月间交银三百万银元，共银六百万银元；甲辰年<u>六月间交银二百五十万银元</u>，<u>十二月间</u>交银二百五十万银元，共银五百万银元；<u>乙巳年六月间交银二百万银元</u>，<u>十二月间</u>交银二百万银元，共银四百万银元；自壬寅年起至乙巳年止，四年共交银二千一百万银元。倘有按期未能交足之数，则<u>酌定</u>每年每百元加息五银元。

回译文：Art 7. The above specified sums amount to 21,000,000 of dollars: of which six millions shall be paid <u>immediately</u>; in the 6th month of the <u>Kweimau year (1843)</u> three millions, and in the 12th month of the same year, three more shall be paid, making six month for that year; in the <u>Kiashin year (1844)</u> in the 6th month two millions and a half, and in the 12th month two and a half more, making five millions for that year; in the year <u>Yihsz (1845)</u> in the 6th month two millions and in the 12th month two millions more, making four millions for that year. Thus from the year 1842 to the year 1845 inclusive the sum of 21 millions will have been paid. If however the money should not be paid upon the dates specified, then <u>it is agreed</u>, that five percent annually shall be paid for interest.

条约第七款规定，签订之时应立即缴纳赔偿，英文为"immediately"表"立即、马上"之意；而中文则模糊语义，表达为"此时"，语气显得缓和、婉转，一定程度上弱化了源语的命令口吻。同样，表达时间概念的几处英文均为"on or before the 31st of December""on or before the 30th of June"等类似表述，在英文契约类文本中常用，以此避免可能产生的歧义，约束条约双方或乙方履行义务的时限，具有一定的权威性和强制性。译文没有直译为"十二月三十一日或以前"等，而模糊为"十二月间"，语气更为舒缓，减轻了对中方的压力；英文的"stipulated"意为"规定，要求"，而中译文则用"酌定"，表示斟酌情况后而定，保全了清政府的颜面，更易于中方接受。"老麦"的回译本则仍以中文版为准依次直译为"immediately""in the 6th month"和"agreed"。

此外，《南京条约》中文版在一些细节的处理上也十分注重译文的可接受度，采用了不少中式的地道表达，相应的回译文则呈现典型异化趋势，如表5-4所示。

表5-4　《南京条约》部分词汇翻译对照表

原文	译文	回译文
1843	癸卯年	Kweimau year (1843)
1844	甲辰年	Kiashin year (1844)
1845	乙巳年	the year Yihsz (1845)
Dollar	洋银	dollar
The month of March，1839	道光十九年二月间	the 19th year of Taukwang (1839), and the 2d month
consul	领事官	consul
the 1st day of August 1841	道光二十一年六月十五日	The 15th day of the 6th moon of the 21st year of Taukwang (August 1st, 1841)
as follows	于左	省译，以分号关联句子

如何控制条约中文版中的文字措辞，这绝不是条约谈判中无关痛痒的小事。马儒翰借助其熟稔的中文功底和对中国文化的深入了解，将英语的年份按照中文农历的干支纪年法表达，将日期翻译为中国当时惯用的帝王纪年法。以这些趋向归化的翻译策略生产译本，符合汉语表达的习惯，其目的就是给译文带来一种语言上的亲近感，达到易于接受的效果，而相对应的回译文则亦步亦趋地按中文译出，意在达到麦都思所言"与当局发布的节译本不同①"的效果，较为忠实地传递中译本的含义，实现"老麦"完整译出条约的意图。

勒菲弗尔认为，翻译是对原文的一种操纵，通过操纵使其以特定的范式发挥作用。赫曼斯也曾经断言：所有的翻译都是出于某一目的而对原文一定程度的操纵（Shuttleworth&Cowie，2004:101）。其中，意识形态是决定翻译意向的基本因素之一，它决定了译者要采用的翻译策略，也提出了解决原文的"话语习惯"（即为原文读者所熟悉的物体、概念、习俗）和原作所用语言等相关问题的途径（Lefevere，2004:41）。这里，勒菲弗尔所强调的意识形态就是译者的意识形态，而译者的意识形态往往受到下达翻译任务的机构或赞助人的影响（Lefevere，2004:41）。

作为西方在华利益的代言人，马儒翰的翻译受到其母国欲实现攫取在

---

① 根据王宏志（2015:39）对《南京条约》研究可知，麦都思译本出版时间在8月，他对此前1844年8月出版的《丛报》发布《南京条约》正式官方中英文版本并不知情，他的中译文是在上海一家书店购得的。1842年8月29日，条约签署当天璞鼎查向在华英人发出通告，称中英双方已缔结合约，结束战争，同时以200字非常简短的摘要概述条约主要内容，即麦都思提及的"当局"，这才是麦都思要回译全文的原因。

华政治经济利益目的的影响。在《南京条约》诸多条款翻译中，他的翻译策略灵活多样，但其归结点是以推动条约的缔结、早日实现西方列强在华利益为目的，也因此更多地采用译文读者熟悉、认可、易于接受的表达方式，可见其翻译就是与他所处西方社会的意识形态和个人意识形态密不可分的。

《南京条约》等一系列不平等条约的签订打开了中国的大门，实现了西方列强长达半个多世纪的梦想，令他们眼中原本傲慢、自负的满清政府低头，从而使基督教在华传播走向合理化，逐步颠覆与中华帝国的本来关系，初步实现通商自由化，在华西方人的兴奋是不难想象的。1843 年《丛报》第一期就刊发了裨治文的文章，他称："自今以后，中国，这个古老而长久孤悬于外的国家，将与世界上其他国家一样，成为大家庭中的一员……中国将很快重回和平，为了促进和平而签订的有利的条约，是当下这个时期最为可喜的现象。我们称赞宇宙中无上之神对人类的恩典，因此更加坚信旧的秩序在消亡之中，不久之后，国家之间将实现自由友好的往来。"（CR. XII:1-7）其欣喜之情跃然纸上。《南京条约》得以签订的背后有着复杂的社会军事等方面的原因，但马儒翰等人的翻译技巧和策略也起到了助推进程、促使谈判双方认可的作用。他们采取非常现实的姿态，充分利用中国政府"天朝大国"的心态，操控条约中的措辞表达，以尽快实现达成谈判、攫取实际利益的目的。作为传教士，他们本身也代表着其母国的利益，不仅马儒翰、裨治文、郭实腊、卫三畏等也因出色的双语能力深度参与到对华不平等条约的签订中，客观上成为西方帝国主义殖民扩张的工具。因此，在中西双方经济和政治等利益发生冲突时，他们站到了本国的立场上，运用其高超的翻译技巧操控原文内容，进行增译和改译，这些策略显示了在《丛报》译者操控下政治文本的翻译特征。

本章小结

文本分析是翻译研究的基础与主要脉络，本章概括总结《丛报》时事政治类文本的译介概貌，结合具体的文本实例，从译介目的、选材倾向、译介内容等方面进行深入的阐述，以此论证时事政治类文献译介中的特征和规律。

在西方列强急于打开中国大门的境况下，中国国内的时事政治信息对西方有着强烈的现实意义。在传教意愿的宏旨之下，出于获取政府动向和情报、了解政体文化、颠覆传统耶稣会传教士认知等目的,《丛报》译者关注并以摘译为主要策略译介《京报》内容;在政体文化译介中,通过专有名词的翻译展示清政府的政权架构和帝王文化,译介《圣谕广训》以阐释官方意识形态,并通过解释性副文本弥合其中的文化差异;译介官场民谚、制度以揭露清朝官场的腐败和黑暗,以评论性副文本塑造负面的政府形象;作为鸦片战争全过程的见证者和喉舌,《丛报》借助其舆论影响力译介、评析关乎中西关系走向的律劳卑事件,及时刊载中西条约以昭告天下,在意识形态操控下以翻译为基点和途径推动形势向利于西方人利益方向发展。可以说,此类译介工作最终还是服务于其本国利益的,希冀在现实中获取更多的传教事业支持,为最终传播福音打下基础。

第六章 《中国丛报》的语言民俗译介

自从 1830 年初踏上中国大地的那一刻起，裨治文就深信，若想在古老的中国大地传播福音就必须做好充足的准备，其中最为可靠的方法之一就是获取所在地的本土知识，涉及中国的人口、地理、历史、政府、博物等各类信息，还要熟悉中国的语言、社会各个阶层日常生活观念、民俗文化等贴近生活的实际知识，即注重亲身的见闻和考察，以及中国人的语言文化、风土习俗和传闻轶事等。正因为如此，刊物译介了相当数量的语言民俗类文本，以满足西方人对了解和掌握中国社会语言人文和民俗风情的需要。本章集中考察《丛报》译介的语言民俗类文本概貌，涉及汉语语言文化（39 篇）和民俗文化（65 篇）两类文本，共计 104 篇，从译介概况、译介动机、译介内容和特征等方面对两类译介文本做深入考察。

第一节 汉语语言文化译介评析

一、译介概况

（1）译介文献总览

根据卫三畏的《总索引》《〈中国丛报〉篇名目录及分类索引》和《〈中国丛报〉中文提要（一至七）》的内容提示，并结合《丛报》文本细读及已有研究，本书辑录《丛报》译介汉语语言文化文本如表 6-1 所示，是目前对《丛报》汉语语言文化译介篇目的首次辑录。

表 6-1 《中国丛报》译介汉语语言文化篇目一览表[①]

篇名	中译名	译者	时间	页码	卷/期
The Chinese Language	论中国的语言	裨治文	1834.5	1-14	3/1
The Chinese Written Language	论中国的书面语	马儒翰	1834.5	14-37	3/1

---

① 本章所列篇目多为介绍类文本，多系译者根据中文文献译写而成。

篇名	中译名	译者	时间	页码	卷/期
The Chinese Oral Language	论中国口语	马儒翰	1835.2	582-603	3/10
Alphabetic Language for the Chinese	汉语拼音化	戴耶尔	1835.8	167-176	4/4
Jargon Spoken at Canton	广州的洋泾浜	待考	1836.1	428-434	4/9
Orthography of Chinese Words	汉字注音法	马儒翰	1836.5	22-30	5/1
Mode of Teaching the Chinese Language	汉语教学法	待考	1836.6	61-65	5/2
Remarks on the Orthography of Chinese Words	汉字注音法评论	斯坦沃特	1836.6	65-70	5/2
Orthography of the Chinese Language	汉字注音法	沃尔夫	1837.3	481-484	5/11
Chinese Vocabulary	汉语词汇	卫三畏	1837.10	276-279	6/6
System of Orthography for the Chinese Language	汉字注音法	卫三畏	1838.2	479-485	6/10
Remarks on the Chinese Tones	汉语声调评论	李太郭	1838.4	579-582	6/12
Chinese Intonations Described	汉语音调	裨治文	1838.6	57-60	7/2
Study of the Chinese Language	汉语学习	马儒翰	1838.7	113-120	7/3
Study of the Chinese	汉语学习	特雷西	1838.8	204-205	7/4
New analysis of the Chinese Language	汉语新分析法	李太郭	1838.9	255-264	7/5
Chinese System of Writing	中国的文字体系	杜庞索	1838.11	337-352	7/7
System of Chinese Orthography	汉字注音体系	卫三畏	1839.1	490-497	7/9
Study of the Chinese Language	汉语学习	特雷西	1839.11	338-344	8/7
Remarks on the Grammatical Construction of the Chinese Language	汉语语法结构评论	戴耶尔	1839.11	347-358	8/7
Chinese Grammar	汉语语法	裨治文	1840.10	329-333	9/6
Notes on Chinese Grammar	汉语语法简述	裨治文	1840.11	518-530	9/7
Dissertation on the Chinese Language	汉语论文	马士曼	1840.12	587-616	9/8
Examination of Four Chinese Character	论汉字四字词之用法	鲍留云	1841.4	222-231	10/4
Wanton Use of Native Words	当地词汇的乱用	待考	1841.10	560-563	10/10
New System of Orthography	新汉字注音对照表	卫三畏	1842.1	28-44	11/1
Notices on Chinese Grammar	《中国语法》评介	裨治文	1842.6	317-321	11/6

篇名	中译名	译者	时间	页码	卷/期
New Works on the Chinese Language	学习中文的新工具	裨治文	1842.7	388	11/7
Callery's Systema Phoneticum	《中国文字的语音系统》评介	李太郭	1843.5	253～257	12/5
Chinese and English Dictionary	《英汉字典》评介	裨治文	1843.9	496～499	12/9
The Chinese Spoken Language	汉语口语	裨治文	1843.11	582～603	12/11
Easy Lessons in Chinese	《拾级大成》评介	裨治文	1845.7	339～346	14/7
Medhurst's Chinese Dialogues	《汉语口语和常用句型》评介	裨治文	1845.8	396	14/8
Chinese Proverbs	中国成语选译	马若瑟	1846.3	140～144	15/3
English and Chinese Vocabulary	《英华韵府历阶》评介	裨治文	1846.3	145～149	15/3
On the signification of the character jin: jin chi nan yen	论"仁"之真义：仁至难言	娄礼华	1846.7	329～341	15/7
Chinese Lexicography	中国词典学	裨治文	1848.9	433～459	17/9
List of Works upon China	汉语学习教材和工具书	卫三畏	1849.8	402～408	18/8
Illustrations of the word Fung	"风"字的解释	裨治文	1849.9	470～484	18/9

如表 6-1 显示可见，《丛报》译介了汉语语言文化文本的中英文对照篇目、译者、发表时间、起止页码和刊载卷期等主要信息。汉语语言文化类文本在《丛报》文章中占有相当的比重，共计 39 篇，33 篇分布在"语言"类一栏，6 篇评介类文章集中于"书评"一栏。主要译者除裨治文、卫三畏、马儒翰之外，娄礼华、马若瑟、鲍留云、马士曼（Joshua Marshman）、特雷西（Ira Tracy）、戴耶尔（Samuel Dyer）皆为英美来华传教士，斯坦沃特（J.C.Stewart）和沃尔夫为《丛报》通讯记者，因此，译者群仍为传教士群体。译介内容涉及汉语学习、汉字文化、汉语注音体系、汉语语法和语言学习工具书的评介等，译介过程中参考大量有关汉语语言研究的文献和作品，包括《尔雅》《说文解字》《四库全书总目》，以及"四书"的相关内容。

（2）译介动机：明确的汉语学习目的

自耶稣会传教士起来华西方人一直都十分重视汉语的学习，正如法国传教士费赖之（Louis Pfister，1995:21）所言："最要之条件，首重熟悉华语。"他们意识到在华传教首先须克服的障碍便是语言，掌握汉语是同中国人顺利交流的必要工具，是所有活动的前提。事实上，《丛报》的几位主要译者也都积极投身到汉语学习中。马礼逊是英译《三字经》的第一人，他来华之前就非常重视汉语的学习，在伦敦传教会的安排下师从容三德学习中文的写法和文字。而后，又孜孜不倦地利用中国典籍《大学》《论语》等掌握语言文学的相关知识，并历时 15 年编纂出版六卷本的《华英字典》，为中国文字文化得以进一步被欧洲人所识做出了重要贡献。卫三畏到广州后聘请中国老师，还在马礼逊，裨治文等的帮助下，借助《华英字典》学习汉语。来华第一年大部分时间也都花在汉语学习中，并帮助裨治文完成《广东方言中文文选》，编写出版广州话教材《拾级大成》（*Easy Lessons in Chinese*）（1842）、英汉词汇手册《英华韵府历阶》（*An English and Chinese Vocabulary*，1844）等书，打下了扎实的汉语基本功。

　　裨治文十分重视汉语学习，1829 年美部会给他的指示中，首要要求就是要"花几年时间专门学习汉语"，鼓励他"尽可能争取帮助"（Bridgman，1864:22）。来华后，他在马礼逊及其介绍的中文教师罗先生（Lo-seen-sang）和华人宣教士梁发的帮助下，开始积极学习汉语。整个 1830 年全年，他花费了大量的时间和精力学习语言，还学习了广州及周边地区的方言。1832年，在《丛报》"发刊词"中裨治文就大力提倡要重视汉语的学习，他说："了解并掌握汉语对在华西方人来讲十分必要。掌握汉语可使西方人具备影响中国人的能力，这对双方都是有益无害的。除非我们能够自由地同他们沟通——能够质疑他们或被他们质疑，聆听他们的争辩，捍卫他们高度的优越感，且使其能听到反面的言论，否则我们同中国人之间的交往会是毫无用处的。"（CR.II 4-5）

　　裨治文于 1834 年 5 月发表的《论中国的语言》（The Chinese Language）一文中重点讨论了汉语学习的重要性。他说："一个明显的事实就是汉语为大量的人所使用，占世界人口相当大的比例，这点就肯定成为吸引那些上进人士学习的动力。"（CR.III:3）他强调："迄今为止，外国人完全忽视了汉语的重要性，即使是那些有意谋取商业利益的人也不肯学习，他们普遍认为汉语很难掌握，或者认为没有必要在这方面进行思考和学习。"（CR.III:3）文章中，裨治文认为，"用汉语来表达中国人的思想，即使不够流畅、清楚、也会赢得他们耐心、专注的倾听"（CR.III:7），"不懂汉语就无法真正消除长期以来中国与地球其他国家隔绝的壁垒，掌握汉语是同中国人广泛交往的最佳工具"（CR.III:8）。因此，他的结论是，"目前有相当多的理由促使我们必须学习汉语，这一点不容忽视，有识之士应对此给予足够的重视"，"如果想同中国建立适当的商业和政治关系，很大程度上要借助汉语的学习，因此，我们必须有勇气学习汉语语言及中国的法律"（CR.III:12-13）。1835 年，史蒂芬在《福音在中国的传播》（Promulgation of the Gospel in China）一文也表达了类似的观点，他将语言障碍视为福音在华传播的四大主要障碍之一，且总结出汉语学习的两种极端观点：一种认为掌握汉语是近乎不可能的；另一种较为流行的观点认为汉语和拉丁语、希腊语一样易于掌握。史蒂芬对这两种观点都不认同，尽管他承认更倾向于第一种。他告诫传教士汉语确实不易掌握，但也不应因此而畏惧不前。唯有努力克服这些障碍，传教事业才能在中国真正展开（CR.III:428）。

此外，裨治文认为西方人只有借助汉语作为媒介才能有效地传播实用知识，并改变中国落后的面貌。在"发刊词"中他就曾指出："……中国作为一个古老的帝国，由于知识上的退步，正在以不小的幅度走向衰落……尽管有很多人在学习，但他们的知识却没有增长。"（CR.II:4）通过《丛报》传递中国知识是必要的，但更为重要的是在认识中国之后改造中国，向中国输入西方的知识。他认为："中国这个民族，正面临一场变革，尽管可能延迟，但是不可避免的……实用知识的传播可以有效地改善这个国家的道德水准和宗教信仰，可以达到净化权利、制止暴乱、防止滥用私行的目的，能够将这个帝国从破败中挽救出来，进而成为世界强国。这种知识的传播必须由国外机构实施，且付出极大的代价。如军事征服会使成千上万的人生命、财产遭到破坏；但信念的征服、知识的胜利、真理的成功带来的损失要小得多，能为这个民族带来光明和永久的和平……因此，要实现这一伟大的事业，学习汉语是第一步。掌握好它会使我们看清需要做什么、已经做到何种地步，以及我们能够获得的帮助。"（CR.III:9-10）可见，掌握汉语不仅是传教之需，更是改变中国计划的重要途径。

裨治文借《丛报》发出的呼吁阐明西方人只有掌握了汉语，才能有效地影响这个国家。传播教义的使命感激发了传教士们对汉语学习的热情。因此，马礼逊、裨治文等新教传教士都身体力行地推广汉语学习并依托明清之际相关研究成果和学术传统在《丛报》发表多篇汉语语言相关的文章，从不同角度探讨、研究汉语的方方面面，涉及文字、拼音、语法、教学等，俨然已成为这一时期西方人探讨汉语学习和研究的中心阵地，是 19 世纪前期西方关于中国语言文字的研究成果的重要部分（吴义雄，2008:5）。

二、汉字文化译介评析

对汉字的研究是《丛报》汉语研究的一大主题。刊物针对汉字特点研究归纳汉语语言特征、介绍汉字起源、构成方式和分类并开展汉字研究。在关于汉字文化文本中，《丛报》以翻译为途径研究中国汉字文化，将单一的语言学研究扩展至文化领域，其中以"风"和"仁"二字的研究最为详尽、具体。

1846 年《丛报》第十四卷第七期中，娄礼华的《"仁"字的含义：仁至难言》（*On the Signification of the Character jin: jin chi nan yen*）在长达 13 页的篇幅中，对作为儒家伦理核心思想术语的"仁"字的基本内涵进行了全面深入的考察与研究。随后，1849 年《丛报》第十八卷第九期刊载裨治文的《"风"字的解释》（*Illustrations of the Word Fung*）一文，对汉字"风"的不同用法和含义进行了细致的研究。此外，1841 年《丛报》第十卷第四期刊载鲍留云所译法国汉学家儒莲的拉丁文的文章——《汉字四字的用法》（*Examination of Four Chinese Character*）。对汉字中的"以""於""于""乎"四字用法进行了简要的研究。本小节以此三篇文章为个案，探析《丛报》对汉字文化文本的译介内容及特征。

（1）汉字释义方式

汉字属于汉藏语系，和属于印欧语系的西方语言在字形、字义等方面都存在较大的区别，因此《丛报》的研究文章对汉字的"音、形、义"的阐释也极为重视，利用形训释义、解释释义和声源释义等多种方式来阐释汉字的本质，有效地传递出汉字本身蕴含的文化内涵。

第一，形训释义。

作为表意形文字，汉字的字形结构可提供其语义认知功能，是寻求释义的重要凭据，利于学习者掌握语词的语义内涵。《丛报》对汉字研究注重字形形态的描述，提供相关的构字信息，"仁"字较为详细。娄礼华认为"仁"字最初和"人"的写法是一样的，且和大多数汉字相同，可用作动词或名词。汉语中常有同字重复出现的情况，通常第一个词是动词，第二个是名词，如长长、亲亲，意为"以本该对待上级和亲人的方式对待他们"，其他如老老、幼幼等皆属此类。这类短语很多，如"人人"用来指"以待人之道待人"，其含义包括人所有的权力和责任。再如，在"君子以人治人（The good man，by man governs men）"一句中的第一个"人"字相当于朱熹提出的"人之道（the principle of mankind）"，其意与"仁"字的"博爱（humanity）"之意完全吻合。因此，"人"还具有抽象意义"仁"。人们逐渐发现"人"的抽象含义很多，容易引起误解，因此，在原来的"人"之上添加两笔无任何意义的笔画，构成"仁"字。这样保持字音不变，但字形差别明显，不致再引起混淆（CR.XIV:341）。

关于"风"字的研究中，裨治文首先追溯"风"字的历史，指出"风"字属于汉字中最古老的词素。他根据许慎的《说文解字》指出"风"是由"凡（fan）"和"虫（chung）"二字构成，表示"所有的（all）"和"最小的动物、虫（insects，or the smallest of living creatures visible to them）"之意。他借助当时流行的《康熙字典》和《说文解字》展示出"风"字的变化进程，说明了"风"字在书写形式上经历的数次演变和提升，并以直观的形式清晰地展示出"风"字的字形变化过程（CR.XVIII:472），如图 6-1 所示。

图 6-1 汉字"风"的演变过程

第二，解释释义。

为汉字寻求英文对等词是《丛报》汉语语言研究文章的重要部分。由于中英两种文化间差异的存在，适度地解释性释义是有利于西方读者理解的方式。

娄礼华认为，汉语中的"仁"含义宽泛多样，难以对应单一的定义。早期的汉学家们，如罗马天主教的传教士认为其代表"博爱（caritas）"；马礼逊将其定义为"慈善、善行（benevolence），即对所有生物的爱与仁慈"；麦都思也认为"仁"代表"慈善、美德和爱（benevolence，virtue，affection）"。但娄礼华认为，这些都远远不能表达出"仁"字的内涵。他选择了"博爱、人性（humanity）"作为"仁"的核心意义，表示的是人的本性、情感，是人和动物根本性的区别所在。他根据"四书"中的儒家经典文献《论语》《孟子》中的"仁"的不同语境用法剖析其内涵，指出"仁"可衍生出多个含义："仁"可表现出"无私欲（utterly incompatible with selfishness）""关爱（love）""美德（virtue）""责任（duty）""仁政（a special virtue of ruler）"和"恻隐之心（a compassionate heart）"，可以说这种释义方式对儒家核心概念"仁"字的文化阐释是较为完整的。

裨治文对"风"字的释义也参考了许多中国古典文献，他从《庄子》《尔雅》《史记》《尚书》等书以及多首唐诗中精心挑选出多个含有"风"的句子，将"风"字的含义划分为五类：一是表示呼吸（breath）、灵（spirit）和激情（passion），二是表示社会风俗（manner）、举止（deportment）和礼仪（etiquette）；三是表示名声（fame）、榜样（example）和时尚（fashion）；四是表示教导（instruction）、法则（institutes）和影响（influence）；五是表示性情（disposition）、精神（spirit）等意。

第三，声源释义。

"风"字还使用了声训释义的方法。根据《说文解字》中的"风"的定义："风，八风也。"裨治文认为，"风"字的发声是最初人们用来模仿八面来风的声音，不断重复"fu…fu…fu…"之声而来，随着时间的推移慢慢又加上了"ng"，进而形成了"fung"的音节，通常读作上平声（CR.XVIII:471）。声源释义是从语词的声音方面推求词义的来源，以音同或音近的词为训，说明其命名之所以然的训诂方式，尽管有主观臆测的成分，但对于西方人读者了解"风"字的来源、理解字义有着一定积极的作用。

（2）汉字的例证

《丛报》不仅对汉字做出多种释义，还以举例的方式做动态的描写，通过例证及其翻译达到对汉字内涵的传递，呈现出两个方面的特点：

第一，多种例证方式的运用。

从选例来看，《丛报》以词组例证、整句例证和句群例证为主。词组例证多用于体现汉字的用法，如"取于残""保乎民""悦於亲"等。整句例证意在通过较为典型的句子及其翻译提供释义，如"风"字的例证就是从古籍中选出的 34 句完整的句子。鲍留云关于汉语四字的例证基本都来自《孟子》中的原句。

句群例证则是指将通过多个句意关联的完整句子作为例证，由此形成义群，以有代表性的、意义完整的语境凸显词汇、搭配的含义或用法。《丛报》的汉字译介文章存在大量句群例证，如解释"仁"字的核心含义"人性、博爱（humanity）"时，娄礼华使用多个意义相关的例句，在列出"仁，人心也；义，人路也"一例并翻译之后，他指出："仁人心"经常以朱熹的

"仁者，心之德爱之理"或者另一句含义更完整的"仁者，本心之全德"来释义；在解释"仁"的"无私欲"含义时，他列举朱熹的"仁则私欲尽去，而心德之全也"之后又指出孔子也曾言"仁者不忧"以表达同义。《汉字四字用法》一文中也使用"以母则不食""以妻则食之"两句出自《孟子》的相关句子解释"以"字的用法。

第二，提供进一步的解释、评论等补充信息。

对于汉字的例证，《丛报》提供了丰富的解释性信息和评论，内容大致有二：

一是说明原句出处，选译评论家观点来解释。如"风"字的译介研究中，所选例句"风动虫生"出自《尔雅》，"千载舞皇风"出自唐朝诗人贺知章的五言绝句，"以一国之事系一人之本谓之风""风化也"出自《诗经》，"洋洋乎固大国之风也"出自《史记》，"仰老庄之遗风"出自曹植的《七启》等。"仁"字的译介研究中以注释形式说明文章例证的释义多参考的是朱熹所著关于《四书》的重要注本——《四书离句集话》。在具体例证中，多处解释例句都出自《孟子》《论语》。如在释义"仁"的"美德"含义时，既引用孟子的"君子所以为君子，以其仁也"，也引用孔子的"成己仁也"。

二是添加译介者自己的解释和评论，对汉字的含义做更恰当的释义。如对"风以动万物也"的译文，裨治文解释道："该译文是对'风'下之定义，引自一部古代字典，万物（all things）是指世间所有存在之物，有生命的，无生命的，整个世界所创之物，如鸟、鱼、花、树等……产出者（the producer）是指产生所有事物的介质。"再如在"移风易俗天下皆宁"注释中，译者称："原文'风'和'俗'两个字尽管可互换，但是有区别的。'风'指的是行为，好的或者不好的；而'俗'偏指普遍的、粗俗的、低级的、具有破坏性的习俗，因此，'风''俗'二字在使用时应认真选择，它们也经常放在一起使用，此时无好坏之分。"（CR.XVIII:477）其他译句的注释内容也多是为译文词义、句意及文化内容做进一步解释。

这些解释和评论的信息可进一步丰富汉字的释义、完善释例，更加详细而全面地展示汉字的多层含义，使读者对中国汉字和文化有了初步的了解，体现出译者对中国传统文化的理解，一定程度上传递了文化信息。

（3）例证的翻译策略

在具体汉字做术语翻译时，《丛报》译者主要采用的是音译、格义和直译三种方法。

第一，音译。如将"风"字音译为"Fung"，将"仁"音译为"Jin"。

原文：阴阳怒而为风。

译文：The passion of Yin and Yang is Fung.

原文：大块噫气其名为风。

译文：When the Great Mass breathes forth its breath or spirit, it is called Fung.

作为一种以音代义的翻译方法，音译为具体事物名称的拼音，一方面可以保留汉语的原声发音，用于表达译入语中缺失的文化词和意象；另一方面可以把原语中的概念意义与文化语境完整传递到译入语，建构相应的概念，达到意义和文化的传达。上两句均是关于"风"的起源，是中国古人关于"风"的来源的解释，昭示出风源的理念，而后才逐渐生发出"风气""风俗"等意，因而音译可最大限度上保持源语的异质性。

原文：事天而能修身以候死仁之至也。

译文：To serve heaven and in waiting for death to regulate oneself is the very highest part of Jin.

原文：仁者人之所以为人。

译文：Jin is the principle by which man becomes a man i.e. by which he is distinguished from the lower orders of creation, becoming a man and not a beast.

这两句的"仁"字也都完全以音译的方式传递到译入语中。"仁"本身作为儒学的核心概念，用来指一种普遍、全面的道德体系，在不同的句子中，"仁"会对应不同的道德品质。上两句句中的"仁"含义广泛，难以用单一的一个词充分表达其真谛，因此，用音译保留原词概念反而能体现种种内涵，有利于保留其精神实质。有时，译者也会在音译后的注释中给出最切近的英语表达，如"inhumanity""virtue"。

第二，格义。格义作为一种类似解释的方式最初多用于佛经翻译，即用中国本土较为对应的概念或名词意义比附外来佛经的观念，通常发生在两种文化交融的过程中。从翻译学的角度来讲，格义作为一种翻译方法可通过概念的对等来解释异域语言和文化，从我者文化出发去匹配外来文化的内涵。广义而言，格义不仅仅可以"以中释西"，还可以"以西释中"（冯友兰，1989:152-156）。娄礼华、裨治文作为新教来华传教士，其基督教背景和知识结构决定他们对中国本土词汇、概念的理解和阐释会自觉不自觉地比附西方的宗教文化，将其视为一种参照物以分析陌生的概念。这体现在他们使用带有本土化色彩的词汇来翻译"仁"和"风"字。

原文：风以动万物也。
译文：The producer of all things isFung or spirit.
原文：风者，天地之使。
译文：The messenger of Heaven and Earth is Fung, or spirit.

上两例中的"风"字在音译为"Fung"后，又使用西方宗教范畴的"spirit"作为补充，将其作为"风"对应词之一，赋予这个字义"神灵"的含义。裨治文在文后添加的注释中详细解释了"spirit"在此的含义：主神、天、地的使者，代替他们实现意愿、赋予动物以生命、成为世间万物的来源等，是最高的存在（CR.XVIII:483）。"风"是万物产生之本，是天地的使者，观风可知天地的变化。这里，裨治文仍然沿用其在"译名之争（Term Question）①"中的观点，即将"风"视为《圣经》中的"spirit"的对等词，与之前马礼逊在《使徒行传》的早期译本中将"Holy Spirit"翻译为"圣风"②的译法如出一辙，用以表达"圣灵"或"神性"的含义。显然，他和众多美国传教士观点一致，将"风"视为中国人的众神之一，将其比附为基督教中类似的译名"spirit"，是将异域文化本土化的阐释方法。

原文：藐姑射之山有神人焉，不食五谷，吸风饮露。

---

① 这里需要指出的是，本例中裨治文将"风"翻译为"spirit"招致麦都思的质疑和不满。如"风者，天地之使"一句麦都思认为应翻译为"The windsare the messengers of heaven and earth"。这与当时二人都在华参与《圣经》修订工作并卷入译名之争有关。译名之争系英、美两派传教士就《圣经》中译修订工作中产生的争论，主要集中在"God""Theos"和"Spirit"等基督教核心词汇的译法。1845—1850年，以《丛报》为平台两派先后发表数十篇文章，在欧美本土也引起较大反响，但由于其所涉领域为宗教神学，与本书主旨关系不大，故未纳入研究范围。

② 参见马礼逊所译的《耶稣救世使徒行传真本》（1810年版）。转引自李新德.2015. 明清时期西方传教士中国儒道释典籍[M]. 北京：商务印书馆：135.

译文：On the hills of Miaukuyih there lives a divine person, who does not subsist upon grain, but who gulps the <u>air</u> and drinks the dew.

原文：以十有二<u>风</u>，察天地之和命，乖别之妖祥。

译文：By the twelve <u>airs</u> ascertain the harmony of heaven and earth, in order to determine whether the seasons will be felicitous or not.

上两例中的"风"字在译文中皆被处理为"air"。"吸风饮露"一句出自《庄子·逍遥游》，本意指道家仙人以风露为食，裨治文译后注中称："句中所提及的山的位置和其中的居住者，我们勿须得知。我将'风（Fung）'译为我们自己的词'air'，这个词比'wind'更为合适。"对"air"的含义，他进一步解释："遍及四处、有影响，但不可见的物质，受神灵所控，是神赖以生存之物。"（CR.XVIII:476）"以十有二风，察天地之和命，乖别之妖祥"一句出自《周礼·春官·保章氏》，其注曰："十有二辰皆有风吹其律，以知和不。"在周代，政府专门设有一个负责观察星象和气象的职务——占风官保章氏，其职责就是观察风向、风力，掌握风的动态和规律，推测命运吉凶，以达到趋利避害的目的。"占风术"，是中国传统术数之一。因此，该句中"风"是有一定神秘色彩的。裨治文在译后注称："一年中十二个月，各有一风神，受控于天地。"（CR.XVIII:476）因此，他将这里的"风"比附为同样具有神秘色彩的"air"，是对中国传统概念的一种转换方式，也是利于传播异质文化的迂回策略。

原文：为人君，止于<u>仁</u>。

译文：The ruler rests in <u>humanity</u>.

原文：成德，以<u>仁</u>为先。

译文：Perfectvirtue gives <u>humanity</u> the first place.

上两例的"仁"字都被译为"humanity"。娄礼华认为，"仁"最首要、最高境界的含义就是"humanity"。在中国人的品性中，"仁"居于首位，如孟子曾说："仁，人心也；义，人路也。"朱熹的"仁者心之德爱之理"也都表达出"仁"和"humanity"含义相近，强调人之爱心、善意（CR.XIV:333）。"为人君，止于仁"中的"仁"在娄礼华看来是指"统治者应尊重人之本性，宽厚待民，唯有如此才能治理好政府，而不致被推翻"；"成德，以仁为先"

中的"仁"强调的是"无私（removal of all selfishness）"，是人培养自身品德的途径（CR.XIV:336）。"humanity"从词源上讲，意为"慈爱（kindness）、为他人着想（consideration for others）"，更强调"人性（human nature）"和博爱的精神，是西方人道主义建立的基础，这些内涵都和"仁"具有相似之处。由于中西两种不同文化体系具有各自的独特性，对概念、译名的翻译要在译入语文化范畴内找到完全对等的文化译词有时几乎是不可能的，传教士译者秉承西方文化和宗教理念的先入之见，在中西两种不同文化和语言习惯间进行转换，势必会套用带有西方文化色彩的词汇，在译入语文化中寻找类似的词汇表达异质文化。这种翻译方法的运用会呈现文本的自然化（naturalization）现象，利于读者理解和接受（Delisle & Woodsworth，1995:203）。"格义"的方法是文化相遇过程中寻求理解的必要过程，是实现最终本土化的阶段，译者通过为中国文化字句匹配表面的对等词来解释源语语言和文化，适合西方读者的认知，具有一定的启示意义。

第三，直译。《丛报》的汉字研究中为每一个汉字释义的例证句子、释义句子都提供了相应的英译文，且一律采取的是客观的直译方法，这也是新教传教士惯用的策略。最大限度地再现原句句意，有时还会先进行罗马注音，而后列出译文。这种释例的方式更接近词典翻译的要求，即对例句的翻译着重于保证源语的例证功能，如语义、句法、语用和文化功能。因而，翻译时不随意更改源语句子功能和搭配，注重在实现源译文之间的语义对等基础上的形式对等（章宜华、雍和明，2007:308-311）。

原文：命太师陈诗，以观民<u>风</u>。

译文：The emperor commanded the minister of instruction to cause the Odes to be circulated, so that thereby the <u>disposition</u> of the people might be drawn forth to view.

原文：<u>仁</u>则私欲尽去，而心德之全也。

译文：<u>Perfect humanity</u> consists in the entire removal of selfishness and the filling up of the virtue of the heart.

此外，直译的方法不仅应用于整句翻译，在对汉字本身的翻译中也同样多用直译的方法。

原文：乘春气御祥<u>风</u>。

译文：Rode on the vernal air; borne by a gentle <u>gale</u>.

原文：灵<u>风</u>正满碧桃。

译文：The <u>winds</u>dispensing life were diffused over all the branches of the green peach trees.

也有将"风"在不同句中直译为"etiquette、disposition、fashion"等对应词的情况，可以说，裨治文的研究几乎涵盖了"风"字的所有含义。

直译释例的方式也用于通过汉字研究汉语语法的文章。鲍留云转译儒莲对汉字"以""于""於"和"乎"的研究中基本都是以直译翻译词语例证和句子例证。文章指出，在某些句式中，这四个字由于其承载的动宾语法功能而失去了原有的词汇意义，通过引用并翻译大量《孟子》中的例句说明这类现象。如在"徐子以告孟子""一介不以舆人""问於孟子""观於海者""取于残""不能解于此日之心""保乎民"等句中，此四字的作用相当于语法助词，其词汇意义可忽略。因此，以上各句相当于："徐子以此言告孟子（Seu tsze tole these words to Mencius）""一介不舆人（not to give a straw to a man）""问孟子（asked Mencius）""观海者（he who looks at the sea）""取残（I will seize the tyrant）""不能解此日之心（I cannot, to myself explain the mind of that day, or what emotions of mind I had that day）""保民（to protect the people）"（CR. X:222-231）。这里对词语和句子例证的翻译也都采取直译的方式。

从《丛报》对汉字的译介文章看，在汉字的释义上注重提供多种释义方式，从汉字的"音、形、义"三个方面予以解释，注重汉字本身的字形和语义的认知功能；从例证看，不仅提供词语例证、句子例证，对于儒家核心术语"仁"还提供充分的句群例证以保证文化信息和语境的完整性；从例证的翻译看，方法丰富而灵活，不局限于单一的方法。以音译凸显汉字文化内涵的异质性，以格义克服文化差异，以本土文化阐释异域文化，以直译保障语义和形式的对等，多种方法的应用为西方读者了解汉字文化提供了丰富的信息。

三、汉语学习、语法、语音文化译介评析

《丛报》对汉语语言文化的介绍不仅仅局限在具体的汉字研究中，作为

这一时期汉语研究的阵地，《丛报》对汉语语言进行了多侧面的研究。传教士作者或是积极倡导汉语学习，或是详细论述汉语语言文字特点，或是探讨汉语口语与方言的差异，抑或针对汉字注音方案开展多角度的讨论，提出争鸣，几乎涉及了汉语语言研究的方方面面。

（1）译介内容

《丛报》对汉语学习、书面语、口语、语法、注音和工具书等都有较为深入的研究和介绍，大致可归纳为以下四类：

第一，介绍汉语书面语和口语。

汉语书面语口语相关译介文章主要涉及马儒翰的《中国的书面语》（*The Chinese Written Language*）和《论中国的口语》（*The Chinese Oral Language*）、杜庞索（Du Ponceau）的《中国的书写体系》（*Chinese System of Writing*），以及马士曼的《汉语语言》（*Dissertation on the Chinese Language*）。

内容主要包括两方面：一是介绍汉字的起源、形成和分化，论述汉字作为表意文字的特性，涉及汉字"六书（six writings）"的介绍并列举大量文字实例给读者以直观的印象、汉字书写形式"六体（six styles of writing）"的介绍、现有汉字三种分类方法，涉及部首分类法、部首分类结合梵语表音分类法和部首笔画顺序排列法等。二是论述汉字书面语和口语差异，以及方言间的差异。内容涉及汉语方言（口语）多样性和书面语语言持久性的论断、汉语的"同音异义"现象、方言与官话（mandarin）间的差异和各地方言间的差异等。

第二，研究汉语语法。

《丛报》中汉语语法研究的方法延续马礼逊的在《通用汉言之法》（*A Grammar of the Chinese Language*，1811）中的"以英语语法框架建构汉语语法体系"的模式。主要观点集中在英国伦敦会传教士戴耶尔的《论汉语语言的语法结构》（*Remarks on the Grammatical Construction of the Chinese Language*）和裨治文的《汉语语法》（*Chinese Grammar*）、《汉语语法注释》（*Notes on Chinese Grammar*）三篇文章中。

内容涉及有二：一是反驳"汉语无语法"的观点，认为这一看法是由于西方人对汉语认识不够深刻所导致的，并指出汉语和其他任何语言一样，具备自身的普遍规律和构成规则，如汉字的词性可通过各种助词及句中的位置确定，且句子也有一定的语法结构。二是分析汉语构词的方法，重点分析了名词、动词的构词法，涉及名词词尾、性、数和格，并通过列举大量实例初步展开对以往语法研究中被忽视的汉语量词的研究。

第三，探讨汉字注音。

自耶稣会士起，利玛窦等就开始尝试对汉字的注音并逐步发展出用拉丁字母注音的方案。新教传教士虽未沿用这一方案，但对汉字注音也同样重视，其观点集中在马儒翰的《汉字注音法》（*Orthography of Chinese Words*）和《论汉语注音体系》（*System of Orthography for the Chinese Language*）、卫三畏的《汉字注音体系》（*System of Chinese Orthography*），以及一篇未署名文章《汉语拼音化》（*Alphabetic Language for the Chinese*）等文章中。

内容主要就是探讨汉字基本注音的原则。1835 年《丛报》就发表《论汉语拼音化》一文，开始探讨拼音化的影响、困难、起源，以及拼音化的重要性。随后，1834 年，马儒翰发展了其父马礼逊的注音方案，制定出一套依托欧洲语言学体系框架，采用罗马字母注音的新方案。此方案一经公布引来各方响应和评论，《丛报》记者沃尔夫于 1837 年就撰文提出四点反对意见，引起《丛报》的重视。而后，针对各方意见，马儒翰于 1838 年对方案又做了进一步修改使之更加完善。1839 年卫三畏在马儒翰第二份方案的基础上也撰文发布一份汉字注音，并比较了该方案和马礼逊的方案、裨治文广东话注音方案、麦都思福建话注音方案之间的区别。

第四，汉语学习方法和工具书评介。

汉语学习一直为来华传教士所重视，他们在自己学习和研究的同时借助《丛报》这一有影响力的平台交流汉语学习的方法、评介参考书籍，主要观点集中在马儒翰的《汉语学习》（*Study of Chinese Language*）、李太郭的《汉语新分析》（*New Analysis of the Chinese Language*）、特雷西的《关于汉语学习》（*Study of the Chinese Language*）等文章中。内容主要有三。一是介绍并推荐汉语学习的相关参考书籍，涉及语法类、翻译类、字典类等。二是介绍学习方法，如通过对"原词（primitive）"形态、用法等分析加深对字词意义的了解。三是描述汉语学习经验，尤其是口语学习的经验。

此外，《丛报》对语言工具书也极为关注，评介了美国人编印的第一本汉语教材——卫三畏的《拾级大成》（*Easy Lessons in Chinese*）、《英华韵府历阶》（*Englishand Chinese Vocabulary*）和麦都思的《英汉字典》（*Chinese and English Dictionary*）等来华传教士编著的汉语学习工具书。

（2）译介特征

第一，学术化的译介方式。

　　《丛报》对汉语语言文化文本的译介研究带有明显的学术化色彩。这主要体现在四个方面：一是注重对西方已有研究成果的梳理、注重中国本土著作和观点的归纳与总结。他们对中外相关作品都进行了研究和考察。如裨治文就在《论中国的语言》（*The Chinese Language*）一文中简要回顾欧洲各国汉语学习历史，列举并评介了主要研究成果，包括马礼逊的《华英字典》、马若瑟的《汉语札记》、雷慕莎的《汉文启蒙》等。他还介绍了《尔雅》《说文解字》《四库全书总目》等中国重要辞书中关于文字学的部分。马儒翰对汉字起源的介绍就采纳了中国传统的"仓颉造字说"，认为多数汉字是由图画记事（picture writing）发展而来，并引用中国学者的"书画同源论"阐释汉字的书写和绘画间的关系，在对"六书"的介绍中，采用许慎的名称，刘歆的次第。

　　二是注重系统性的归纳和总结。《丛报》对汉语学习重要性、汉语语言特征、书面语特征的归纳层层递进，涵盖广泛。例如，对汉语语言特征的总结，裨治文在追溯汉语历史演变特点的基础上，首先强调突出汉语"原生性（Originality）"的特点，继而总结方言形成的原因和它们之间的差异，并通过对文学作品的广泛阅读提炼汉语行文中的特征，即讲究对仗工整、辞藻修饰和使用大量的成语。可以说，裨治文对汉语特点的认识既准确又深刻，尤其作为一个西方人，其视角独特，体现了他对汉语语言的认识和深厚的汉语功底。

　　三是注重提供一定数量有代表性的实例。典型、形象的汉字实例是对抽象概念的有益补充，对缺乏文化背景知识的西方读者显得尤其重要。例如，马儒翰就通过大量汉字实例介绍汉字中的"六书"：象形字中的"日""山""月""马"等，指事字中的"旦""夕"等。在举例的同时还配有相应的图示和对应的英文单词，十分便于西方读者理解（CR. III:17-18），如图 6-2 所示。

图 6-2　马儒翰介绍的汉字"六书"中象形字示例

再如，裨治文在汉语语法研究中对汉语名词中的单字、三字和多字名词都列举多个实例，特别是他关注了以往被忽略的量词，认为掌握量词的最佳方式就是通过大量实例学习，不仅详细分析 17 个常用量词，还罗列出其他 68 个量词，例证数量充足，分析翔实，是对汉语语法研究的有益补充（CR. IX:518-530）。

四是注重在现有汉语研究基础上的创新和发展。这尤其明显地体现在注音方案的探讨中。《华英字典》出版后，马礼逊的注音方案被广泛采用，成为最具影响力的一种。之后，马儒翰发表《论汉字的注音法》（*Orthography of Chinese Words*）一文，在其父的方案基础上发展出一套新的注音方案，包括 5 个变音符号、13 个单元音、13 个双元音、18 个辅音和 8 个复合辅音。不但增加了新的注音，还修改了某些注音。他认为马礼逊的体系有相互矛盾之处，总体上呈现较大的不规则性，因此需要一套更好的注音方法以适应中国各地的方言（CR. V:22）。两年后，在接受各方观点和修改意见基础上，马儒翰又对方案做了修订，将元音按照长短分类，辅音增加到 19 个，合并辅音组合至 6 个，希望修订后的方案能成为注音的标准模式（CR. VI:479-486）。1842 年卫三畏在《丛报》发布了一份新的注音对照表，对马儒翰的新方案做了进一步修订，认为此方案有望实现对所有方言适用的目的（CR.XI:28-44）。

第二，异化为主的翻译策略。

在汉语研究类译介文章中涉及大量语言学术语和汉字的翻译，《丛报》的译者采取多种方式传递其中的文化信息。如马儒翰的《论中国的书面语》中对汉语术语的翻译就采用异化的策略，具体以直译+释义+音译的方法翻译。对"六书"名称的翻译如下。

　　象形：imitative symbols, figures bearing a resemblance to the forms of material objects, expressed by the word seang hing.
　　指事：indicative symbols, figures pointing out some property of relative circumstances expressed by the words che sze.（CR. III:16-18）

此外，译者马儒翰还添加一定数量的图示，生动呈现每一类汉字结构，以图文并茂的方式解释汉字的造字方式，既通俗易懂，又能有效保留汉字本来的风貌。裨治文在语法研究中涉及汉字部分也采用异化策略，以罗马注音音译+直译方法翻译，有时还提供多个对应直译的英译文便于加深理解，解释汉字名词如下。

单字：理　le, reason, reasonable, reasonably, to reason
　　　　明　ming, brightness, bright, brightly, to brighten
双字：圣人　shing jin, a sage, a man of wisdom
　　　　义士　e sze, a just man, a man of justice
三字：打铁匠　ta tee tseang, a blacksmith
四字：补烂鞋者　poo lan heae chay, a cobbler
多字：吹玻璃师傅　chuy po le sze foo, a glass-blower

对量词的研究，裨治文正是借助大量实例完成的。他对每个量词，先音译，然后解释其基本用法，最后给出实例及其直译英文。

对：Tay occupies the place of a dual; and is applied to those things which occur in pairs, as hands, feet, shoes, stockings, a pair of candles, bracelets
二对靴：two pairs of boots
幅：Fuh is defined to be a piece or roll of cloth and is joined to such words as picture, cloth, walls and so forth
四幅画：four pictures　（CR.IX:526-527）

此外，选自马若瑟《汉语语法研究》中的中国成语的翻译也采用异化的策略，以音译+中文书写+直译的方法翻译。

Shu tau hu sun san，树倒猢狲散，when the tree falls, the moneys flee.
Shun fung puh ki lang，顺风不起浪，a fair wind raised no storm.
Ho tsung kau chuh, ping tsung kau juh，祸从口出，病从口入，misfortunes proceed from the mouth, and by the mouth diseases enter.（CR.XV:141）

每一种翻译行为都有其期待实现的目的，并通过恰当的策略实现这一目的。异化是保存原文风貌、语言特征和基本信息最直接的翻译策略，易于保留原文文化意象和语言形式并在译文中再现异域色彩，这对 19 世纪对汉语文化了解极为有限的西方人而言，无疑是能够传达最全面的、最本真的概貌，从而对汉语积累起最基本的认知。此外，在汉字旁边紧跟着翻译体例是译者力求从编排方面为读者提供理解便利。在字对字直译术语后，译者往往会有详尽的注释以弥补文化信息，比如"象形"的含义、对量词"幅"的用法和搭配的解释。而且，用图画说明的方式直观、清楚，能够达到易解的目的。

《丛报》对汉语文化文本的翻译、介绍是从不同角度展开的对汉语的讨论和研究，是继耶稣会士后掀起的又一轮学习和研究的高潮。他们的研究为后世留下了丰硕的成果。尽管有些文章略显粗浅、缺乏系统性，但对 19 世纪西方世界建构汉语语言知识具有一定的意义。《丛报》所讨论的问题，是近代以来中国语言文字领域长期的关注所在，而它所取得的一些学术进展对后世的研究仍有启示意义（吴义雄，2008:143-144）。

第二节　民俗文化译介评析

早期来华新教传教士受禁教政策的影响，活动范围有限，大多集中在广州一带。初到中国，他们难以接触社会大众中的精英人士，和他们互动较为频繁的人多为雇工、仆佣、杂工等，最早的一批信徒也是从他们中产生的。这些出身于社会中低层的人士，普遍文化水平不高，文化修养有限，因此传教士能获取到的文献多数采自民间书籍、常用谚语、地方县志等素材。此外，他们在实地考察基础上对中国上海、广州等城市风土人情的描述、对中国人民俗风习的介绍都为西方读者展现了生活在古老的、封闭的东方大国人民的文化生活和精神特征，是对中国人现实生活真实的书写，也是西方建构中国民俗知识的重要组成部分。

民俗文化是一个国家或民族在长期社会生产生活中形成的风尚和习俗。作为一种集体性文化积淀和常见的文化现象，是民族文化精神的生动体现，富含丰富的历史积淀。它是千百年来民众所创造的知识和认识系统，也是人们在日常生活中靠口头和行为方式传承的一种文化模式（杜学德，2004:12）。"民俗"一词古已有之，《荀子·强国》中有"入境，观其民俗"，《管子·正世》中载有"古之欲正世调天下者，必先观国政，料事务，查民俗"。可以说，民俗是文明教化的标志，此类文本中含有大量独具民族特色的表征符号，是了解中国社会文化的最佳途径之一，也因其内容通俗浅近，成为传教士较为容易把握的一类文本，他们通过对民俗文化和社会风习的观察和译介阐明自己对彼时中国的看法。本节将集中探讨《丛报》民俗文化类文本译介选材及译介特征。

一、译介概况

（1）译介文献概览

目前学界与《丛报》民俗文化译介相关的辑录有两种。吴义雄（2013:406-407）对《丛报》译介中国艺术、工艺、科技的文章进行了统计，提供出篇名、译者、卷、期等主要信息，总计涉及文章 25 篇。顾钧（2009：83-88）统计卫三畏在《丛报》发表的汉学文章有 100 篇。本研究根据卫三畏的《总索引》《〈中国丛报〉篇名目录及分类索引》、《〈中国丛报〉中文提要（一至七）》的内容提示，并结合《丛报》文本和已有目录，剔除与前述研究重复统计篇目及地理类、博物学类等与本书主旨无关的文章，辑录《丛报》译介民俗文化文本 65 篇，内容更加全面、集中，译者范围也扩至 9 人，如表 6-2 所示。

表 6-2　《中国丛报》译介民俗文化篇目一览表

篇名	中译名	译者	栏目	时间	页码	卷/期
Chinese Printing	中国的印刷术	裨治文	文艺通告	1833.2	414–422	1/10
Description of the City of Canton（1）	广州城概述（1）	裨治文	广州	1833.8	145–159	2/4
Description of the City of Canton（2）	广州城概述（2）	裨治文	广州	1833.9	193–211	2/5
Description of the City of Canton（3）	广州城概述（3）	裨治文	广州	1833.10	241–264	2/6
Description of the City of Canton（4）	广州城概述（4）	裨治文	广州	1833.11	289–308	2/7
Description of the City of Peking（1）	北京城概述（1）	裨治文	北京	1834.2	433–443	2/10
Chinese Weights and Measures	中国的度量衡	卫三畏	杂记	1834.2	444–446	2/10
Description of the City of Peking（2）	北京介绍（2）	裨治文	北京	1834.3	481–499	2/11

篇名	中译名	译者	栏目	时间	页码	卷/期
Rice	稻谷	卫三畏	农业	1834.9	231-234	3/5
Description of the Bamboo and Palm	竹子和棕榈的比较	卫三畏	林业	1834.10	261-270	3/6
Diet of the Chinese	中国人的饮食	卫三畏	文化	1835.2	457-471	3/10
Chinese Metallic Types	中国金属活字	卫三畏	印刷	1835.3	528-533	3/11
Small Feet of the Chinese Females	中国妇女的小脚	裨治文	风俗	1835.4	537-542	3/12
The Tinker's Trade	中国的风箱	卫三畏	风俗	1835.5	37-39	4/1
Walks about Canton (1)	漫步广州（1）	裨治文	广州	1835.5	42-45	4/1
Walks about Canton (2)	漫步广州（2）	裨治文	广州	1835.6	101-102	4/2
Walks about Canton (3)	漫步广州（3）	裨治文	广州	1835.8	189-193	4/4
Walks about Canton (4)	漫步广州（4）	裨治文	广州	1835.9	244-245	4/5
Walks about Canton (5)	漫步广州（5）	裨治文	广州	1835.10	291-292	4/6
Walks about Canton (6)	漫步广州（6）	裨治文	广州	1835.11	341-342	4/7
Walks about Canton (7)	漫步广州（7）	裨治文	广州	1836.3	534-535	4/11
A Chinese Wedding	一场婚礼	待考	风俗	1836.4	568-571	4/12
Walks about Canton (8)	漫步广州（8）	裨治文	广州	1836.4	579-581	4/12
Notice of Shanghai	上海介绍	裨治文	上海	1836.9	466-472	15/9
Agricultural Implements	中国农具介绍	卫三畏	农业	1837.3	485-494	5/11
Female Constancy	三个贞妇的故事	裨治文	文化	1838.4	568-574	6/12
Musical Instruments of Chinese	中国乐器及和声系统	李太郭	艺术	1839.5	38-54	8/1
Description of Tea Plant	茶叶和茶叶种植	卫三畏	农业	1839.7	132-163	8/3
A Chinese Anatomical Plate	中国经络图说	雒魏林	医疗	1840.8	194-200	9/4
Festivals Given to Old Men	给老人的宴会	卫三畏	文化	1840.9	258-266	9/5

篇名	中译名	译者	栏目	时间	页码	卷/期
Illustrations of Men and Things in China（1）	中国风土人情录（1）	卫三畏	风俗	1840.10	366-368	9/6
Illustrations of Men and Things in China（2）	中国风土人情录（2）	卫三畏	风俗	1840.11	506-513	9/7
Likenesses of Chinese of Leang Shan	梁山好汉	关廷高	书评	1840.11	516-517	9/7
Illustrations of Men and Things in China（3）	中国风土人情录（3）	卫三畏	风俗	1840.12	635-639	9/8
Illustrations of Men and Things in China（4）	中国风土人情录（4）	卫三畏	风俗	1841.1	49-51	10/1
Illustrations of Men and Things in China（5）	中国风土人情录（5）	卫三畏	风俗	1841.2	104-107	10/2
Illustrations of Men and Things in China（6）	中国风土人情录（6）	卫三畏	风俗	1841.3	172-173	10/3
Illustrations of Men and Things in China（7）	中国风土人情录（7）	卫三畏	风俗	1841.8	472-474	10/8
Illustrations of Men and Things in China（8）	中国风土人情录（8）	卫三畏	风俗	1841.9	519-521	10/9
Illustrations of Men and Things in China（9）	中国风土人情录（9）	卫三畏	风俗	1841.11	613-617	10/11
The Chinese Long Measure	中国的长度测量	文惠廉	度量衡	1841.12	49-51	10/1
Illustrations of Men and Things in China（10）	中国风土人情录（10）	卫三畏	风俗	1841.12	613-617	10/12
Illustrations of Men and Things in China（11）	中国风土人情录（11）	卫三畏	风俗	1841.12	662-667	10/12
Notices of Infanticide in Fukien	福建溺婴纪实	雅裨理	杀婴	1843.10	540-548	12/10
Porcelain Tower at Nanking	南京琉璃宝塔图	裨治文	艺术	1844.5	261-265	13/5
Description of a Longevity Screen	一幅寿屏的介绍	卫三畏	艺术	1844.10	535-536	13/10
Notices of Miau Tsz	苗族简况	卫三畏	少数民族	1845.3	105-117	14/3
Chinese Grasscloth	中国夏布	裨治文	手工业	1847.5	209-223	16/5

篇名	中译名	译者	栏目	时间	页码	卷/期
The Manufacture of silk	丝绸的生产	托马斯	手工业	1847.5	223-246	16/5
Description of Shanghai	上海概览	裨治文	上海	1847.11	529-564	16/11
Walks about Shanghai	漫游上海	裨治文	上海	1848.9	468-476	17/9
Historical Sketch of Shanghai	上海历史概要	裨治文	历史	1849.1	18-22	18/1
Manufacture of Chinese Grasscloth	夏布的生产	卫三畏	手工业	1849.4	209-216	18/4
The Worship of Ancestors among the Chinese	中国人的祖先崇拜	卫三畏	文化	1849.7	364-382	18/7
What I have seen in Shanghai（1）	我所见到的上海（1）	裨治文	传教	1849.7	384-390	18/7
What I have seen in Shanghai（2）	我所见到的上海（2）	裨治文	传教	1849.10	515-518	18/10
Notices of Textile Plants	中国的麻	卫三畏	生物	1849.10	554-558	18/10
What I have seen in Shanghai（3）	我所见到的上海（3）	裨治文	传教	1849.11	574-587	18/11
Men and Things in Shanghai	上海风情录	裨治文	上海	1850.2	105-109	19/2
Movable Metallic Types in Chinese	中文活字印刷术	卫三畏	印刷	1850.5	247-253	19/5
What I have seen in Shanghai（4）	我所见到的上海（4）	裨治文	传教	1850.6	330-342	19/6
Pagodas in and near Canton	广州附近宝塔	卫三畏	建筑	1850.10	535-543	19/10
Paper Money among the Chinese	中国的纸币	卫三畏	经济	1851.6	289-295	20/6
Chinese Modes of Keeping time	中国人的计时方法	玛高温	计时	1851.7	426-432	20/7
Bibliographical Notices	商代中国花瓶	卫三畏	民俗	1851.7	489-490	20/7

　　如表 6-2 显示可见《丛报》译介民俗文化文本的中英文对照篇目、译者、发表时间、起止页码和刊载卷期等主要译介信息。民俗文化类文本在《丛报》文章中占有较大比重，主要分布在"广州""风俗""上海""农业""杂记""手工业"等 21 个栏目中，范围较广泛。译者除裨治文、卫三畏之

外，雅裨理、文惠廉、玛高温（Daniel Jerome Macgowan）、雒魏林（William Lockhart）均是英美来华传教士。选材内容丰富多样，既有城市风情的考察、民俗风习的记载，也不乏对民间日常生活方方面面的细致描绘。

（2）译介动机

《丛报》译介民俗文化的动机主要有二：一是体察中国的风土人情，二是揭示中国社会的问题。

第一，体察中国的风土人情。

不仅学习汉语是传教士推进在华传教事业的首要步骤，深入了解中国社会的文化和习俗亦同等重要，社会风俗习惯在很大程度上反映了中国人精神性格的特征。主编裨治文将其作为《丛报》的一个重要使命，在"发刊词"中强调要了解中国社会的文化习俗，此后也多次撰文重申这一目的。在《中国人的思维特征》（Intellectual Character of the Chinese）一文中，裨治文指出："迄今为止，我们未能同中国人成功往来的最主要的原因之一，就是没能了解他们的性格和习俗，因而无法交流，也不能对他们施加好的影响。"（CR. V:3）

尽管在西方人眼中的中国人和中国社会存在诸多缺陷，但作为传教士，他们内心深处有良知的一面，渴望走进中国民众的生活，进一步了解他们，并通过基督教的传播改变中国社会的现状，影响中国人的信仰和精神世界。裨治文认为，"对精神的影响力如同对物质的影响力一样，都是来源于知识的"（CR. V:7）。因此，能否全面了解中国完全取决于西方是否有意愿多了解中国的文化和社会，并从根本上改善及影响中国人的心灵，改善中国的对外关系和提升中国人的状况是息息相关的。这两方面的改进是加快、减缓，还是完全停滞，要看外国人采取什么样的行动。从这个角度来说，尤其重要的是，我们需要全面了解中国的情况，不仅仅要了解其语言和国土，还要了解它的人民大众（CR. V:8）。

裨治文在《丛报》创刊后的几年中一直致力于实现这一目标，并誓言将继续推进下去。他指出："《丛报》赞助者们的初衷是能够对中国的社会和文化有更深入的了解，并做出自己应有的贡献。在过去的六年中，他们一如既往地重视这一目标，深感肩上的重任丝毫没有减轻，相反，他们认为这个任务显得日趋重要了。"（CR. V:8）也正是出于这一目的，《丛报》尤其注重体察中国社会文化的方方面面，刊载了大量译介民俗风情类文章。裨治文曾在一篇文章中以略带诙谐讽刺的笔触表达出撰写此类文章的意

图："……对于那些从来未曾在天朝大国的街道上行走过的人来讲，中国人会对其悉数展示中国诸般礼仪风范，以此向远来的外邦蛮夷示以怀柔，为中国人所感化，所以我们在《丛报》上为他们留有一席之地"（CR. IV:42）。《丛报》尤其对发行地广州地区民俗风情的收集、描述和译介极为详细生动。对当地居民的生活习俗和日常消遣、广州大街小巷市井闲逛的所见所闻，都以流畅的笔调加以再现，将西方读者所知甚少的国度和文明展现为一幅多彩的画卷，为他们提供丰富新奇的城市风貌的介绍，满足和迎合了他们的好奇心。

第二，揭示中国社会的问题。

《丛报》问世前后，正是鸦片战争前中西关系发生剧变的前夜，也是 19 世纪初以来西方中国观发生"从对中国的仰慕到排斥"的转折之时。此时新教传教士来华时日尚浅，在华传教事业尚在艰难开拓时期。故而，从这个角度看，他们报道中国存在的问题越多，就越能显示出西方的优越性。可以说，中国落后、愚昧的社会现实是他们乐于见到的，其发展越是停滞，社会道德越是堕落，就越能说明传教的合理性和必要性。如裨治文在《上海漫步》（Walks about Shanghai）系列文章中就使用大量篇幅描述当地乞丐遍地、人民贫困、疾病、瘟疫等现象。在社会风习类文本译介中，也不乏关注社会贫困、谋杀等社会阴暗面的系列文章。西方人在对中国进行特殊观察之时，凭借的是他们自己社会的经验和价值尺度，这点尤其明显地体现在对中国妇女和儿童的关注之中。他们对中国妇女的主流观点是她们地位低贱，备受歧视，从多篇关于溺婴事件的译文中就可看出。裨治文曾说："对妇女的残害，是道德水平堕落的中国需要基督教拯救的最重要的原因。"（CR.II:538）

作为译者的传教士身上流淌着西方文化的血脉，他们肩负着将福音传遍中国的艰巨使命，同时也时时处处受制于国家意识形态、话语霸权与社会政治环境的规约，这使他们对自己的文明有着自豪感。因此，要使得中国人放弃自己的文化，心悦诚服地接受基督教，就必须证明无论在物质还是在精神上中国社会的发展程度都远远不如基督教世界的国家。在此情况下，传教士译者就必须花费大量精力和力气去了解、研究中国社会风习、制度乃至文化，展示其落后、不足的阴暗面。唯有如此，他们才有可能达到征服"异教徒"的目的。

（3）选材特征

《丛报》的民俗文化译介从选材来源看，呈现出以下三方面的特征，凸显其译介动机。

第一，现场性的中国知识。

《丛报》对中国社会风习的译介选材注重对中国本地的知识的调查，译者往往会深入当地，观察中国社会的方方面面，注重对本地知识的利用和收集。这一特点集中体现在对广州、上海城市的介绍和对地方溺杀女婴的报道中。

关于广州的民俗文化译介文章主要来自裨治文的撰写的两组系列文章《广州城概述》（Description of the City of Canton）和《漫步广州》（Walks about Canton, and Notice of the People and Things in It）。这些文章集中记录了他在广州地区的见闻和考察。主要译介内容包括三方面：一是广州城的历史和现状、政府的行政架构和官员权力关系、教育及科举制度等。二是概述广州的地理位置、贸易、商业、传教情况等。三是描述了下层民众的生活场景和社会风习，涉及中国人的特殊食物、服饰、丧礼婚礼习俗、宴会、绘画等生活的方方面面。

关于上海民俗文化的译介文章，译者均为裨治文，刊载于 1846 年至 1850 年的《丛报》，在此期间裨治文到上海参与修订中文版《圣经》，详细考察了上海的风土人情。除了根据《嘉庆上海县志》译介上海历史和掌故外，多数内容来源于他在上海的实地观察，大致包括三方面：一是上海城市的基本介绍，涉及地理位置、城市布局、城墙、住宅、人口和商业等；二是对上海街道、建筑和各式人等的译介；三是译介上海的民俗人情，涉及居民、新年、祭孔等本地民俗的概况。

这些译介报道时间跨度大，范围覆盖广，足迹遍布城市的大街小巷，忠实记录了译者的所见所闻，使得西方读者犹如身临其境，近距离感受到中国社会的城市面貌和民众生活，营造出源于历史的真实感。这种现场性的中国知识构成了《丛报》民俗文化文本译介的重要特征。

此外，《丛报》对中国民间溺杀女婴的事件也做了大篇幅的译介，较有代表性的是雅裨理发表的长达 20 余页，题为《福建溺婴纪实》（Notice of Infanticide in Fukien）的调查报告。这篇报道系根据他本人在泉州、漳州地区十二个县、四十多个村子的实地调研而来。不仅列举具体数据，还就此向数百名当地人征询，提供目击证人的证据以证实各地不同程度存在溺杀女婴的事件。这种带有纪实性面貌呈现的中国本地民俗通过译介者本人的现场调查、记述，提供具体数字和人物，让读者感知现场，显得详尽而真实，成为建构西方关于中国民俗知识的直接来源。

第二，凸显中国社会问题。

青睐于揭露中国社会问题是民俗文化类文本的特征之一，它们是解释中国社会理念层面的载体，意在彰显传播福音的必然性。在他们看来，中国越是愚昧、落后，就越是需要基督教的拯救，因此，在其译介文本中充斥相当数量对中国社会和中国人的负面描述。如裨治文广州系列文章中对中国腐朽科举体制的抨击，对中国军队士兵懒散状态的描述，对市井中被遗弃的婴儿、抽大烟的官员、污秽似乞丐的算命人等的体现都是清末城市群体的生存状态的衰败写照。他的上海系列文章则更加突出了社会的阴暗面，尤其是对麻木不仁的当地人、乞丐遍地的街区、偶像崇拜严重等现象的描写都不同程度地揭示出日趋衰落的中国城市的面貌。

卫三畏在《中国风土人情录》（Illustrations of Men and Things in China）系列文章中也十分关注中国社会的阴暗面。他结合在广州、澳门等地区的经历，以纪实的风格描述了中国社会的人和事，涉及老年乞丐的悲惨身世、中国鸦片吸食者的凄惨经历、抛铜钱赌博的方法、傲慢中国人的形象等，这些对中国人素描式的叙述和随笔都在尽力展现中国底层民众的贫穷和苦难，以及中国社会的黑暗现实。中国妇女地位低下也是《丛报》关注的重点之一。除去对溺杀女婴事件的报道外，《丛报》还译介了受中国社会广泛肯定的女子守贞和缠足，意在批评"这根本就是一种人类愚昧心灵的体现"（CR.III:536），以此表达出传教士对中国文明程度的批判，对中国社会秉承的道德风习的否定。

第三，丰富的民俗文化常识。

民俗文化类文本中包含大量中国特有的文化信息和符号，它形成于民众在长期的社会生产和生活中创造、使用并传承的风尚和习俗，表现了中国人社会生活的诸多行为方式。因此，走近一个国家的民俗文化无疑是了解这个国家和民族的最佳途径。《丛报》译介了大量的此类文本，范围广泛，旨在使西方读者能较为全面地了解中国的民俗风情和文化。

按主要内容大致可分为三类：一是礼仪生活类，较详细地译介了中国人的婚嫁习俗，包括指腹为婚、早婚、媒妁、聘礼等环节，以及葬礼习俗、正月十五"走三桥"、中国新年、三月初三祭孔的习俗等。二是中国民间工艺和作品，如璇玑图（Seuen-ke Too）、反映英国人进攻广州的民间作品《大败鬼子图》（Ta Pei Kwei Tsze Too or Sketch of the Rout of the Devils）和《汽船炮舰图》（Picture of the Steamers and the Ships of the War）、中国的经络图说、中国的麻和丝绸等。三是社会生活类，如中国人的饮食、中国的度量衡、中国的金属活字、使用的农具、风箱、茶叶和种植、钓鱼的方法、时令谚语、敬惜字纸传统、通信方法、烧石灰法、切割玻璃法、灯笼和画具生产方法等。

二、译介特征

（1）灵活的文化负载词英译方法

《丛报》的民俗文化类译介文本从不同角度展示了中国人的民俗风情，涉及大量独具地方风情的文化负载词。这些承载文化内涵的词汇是人们对自然、社会生活及精神世界认知过程中形成的关于事物特有的词组、专有名词、文化表达等，折射出一个民族在其漫长发展历程中的文化现象和活动方式，是文化传统内核的外在表现。《丛报》文本涉及的主要包括人名、地名、机构名、官衔名和地方特有民俗事物名称等，译者采用归化异化并用的翻译策略，以三种翻译方法为主。

第一，罗马注音音译+中文书写+意译。

中国语言在各地发生的地方性变化非常多。对西方人来说，中国语言用字简短，音调微妙，地方性发音多不同。发音如此不同，一个音和另一个音却同样正确，很不容易判定是方言、土语，还是讹误（卫三畏，2005:423）。因此，《丛报》译者多以罗马注音的方式为一些专有名字注音，并给出中文书写和英文意译以进行充分的解释。

Shanghai Hien　上海县　the district of Shang-hai（CR. XV:466）

Sungkiang　松江府　the department of Sungkiang（CR. XV:466）

Kinsing Mun　金星门 the Golden-star harbor（CR. XVI:399）

Kih shui mun　急水门 the Swift-water gate（CR. XVI:399）

T'ien shin　天神　The Shin of Heaven（CR. XIX:591）

Shin Fun　神佛　The God Budha（CR. XIX:595）

Fuh mo ta ti　伏魔大帝　Prostrating the devil great Ruler（CR. XVI:553）

Shwui shin　水神　The God of Water（CR. XVI:554）

第二，中文书写+罗马注音音译。

《丛报》对广州城市的风貌译介中，对广州府及其 15 个辖区，以及广东省其他地区如肇庆府及 13 个辖区、廉州府及 3 个辖区、琼州府及 13 个辖区、嘉应府及 4 个辖区等多地地名均采用中文书写和罗马注音的方式译介（CR. XII:87-89）。

新宁 Sinning   龙门 Lungmun   清远   Tsingyuen   茂名 Mauming
石城 Shiching   新会 Sinhwui   英德   Yingte   龙川 Lungchuen

除去地名之外，在一些中国民俗文化词和地方官衔名称的译介中也同样用中文书写加音译的方式以凸显文化异质性，如在《茶叶和种植》（*Description of the Tea Plant*）一文中对茶叶名称的翻译（CR. XVIII:14），以及《上海概览》（*Description of Shanghai*）中对地方官员职位和人名的翻译（CR. XVI:544）。

茗芽 ming ya   阳坡 yang po   春池 ch'un ch'i   云居 yun ku
上海县知县 Shang hai hien chi hien   典史 Tiensz   县丞 Hien ching
刘名义 Liu Ming I   袁文治 Yuen Wan chi
陈中 Chin Chung   赵邦彦 Chau Pang yen

第三，罗马注音音译+副文本。

由于许多文化内涵丰富的信息无法使用简洁的词汇表达，插入解释性副文本就成为传教士译介文化专有名词的必要手段，可以更深层次地阐释其文化内涵。如在译介广州寺庙时采用的就是音译加副文本的方式，以"光孝寺"的翻译为例，先以罗马注音音译为"Kwang-heaou sze"，再在副文本中先解释"光孝"二字的含义为"代表光荣和孝道责任（glory and filial duty）"，又解释"寺"是"中国用来供奉佛陀处所的通称（the most common terms used to designate the temples of Buddha）"，最后对寺庙的位置、建成年代、历史做简要介绍，以此丰富和参与专有名词翻译中文化内涵的生成（CR. II:254）。

对广州十六城门的译介也遵循同样的方式，均是先给出罗马注音的音译，而后附加简短的信息说明位置或特征，补充出关联的背景信息。

> 太平门　Ta-ping mun—this is the only entrance into the new city on the west; it is similar to the other western gate, but not so large.（CR. II:157）
>
> 小南门　Seaou-nan mun—this "small southern gate" is the sixth and the last on the south of the city.（CR. II:157）

除去地名外，裨治文对广州城政府官员名称的译介也是同样方式，对总督、将军、布政使等 12 名官员的译介都是通过副文本进行的详细介绍。此外，副文本中也不乏以图像副文本的形式做出的支撑信息。如卫三畏译介的几幅较有特色的璇玑图，展示出传统中国民谣和文字组成的人物、图案。其中就有《戒牛图牧童歌》的译介，原作品将文字环绕为牧童和牛的形状，构成一幅栩栩如生的图画（见图 6-3），译者将全部文字在文下直译为英文。对苏蕙的《璇玑图》，不仅以直译的方式刊载其文字内容并配有图案，且在前面的长按语中根据中国古典文献《情史》《古事深原》中的内容介绍了苏蕙织锦思夫的故事和作品相关情况（CR.IX:508-510）。这些图文并茂的副文本都是文化信息的必要补充。一些关于民俗生活类的译介文章中也多采用图文并茂的副文本强化和补充正文。例如，在对中国人使用的农具耙子、锄头、犁等的译介中，副文本信息也十分丰富。在介绍锄头时，先用罗马注音译为"cha"，再给出英文释义"hoe"，同时译者在后文对其材质、主要用途、使用者等进行更为详尽的补充，还附有插图对农具的外形、构造、部件等一一展示（见图 6-4），使得未曾接触过此类事物的西方读者能够全面了解中国民俗生活文化。

图 6-3　卫三畏译介的《戒牛图牧童歌》

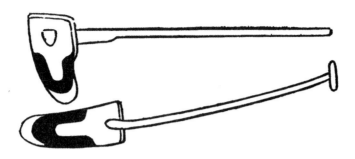

图 6-4　卫三畏译介的中国人农具锄头插图

　　爱德华·萨丕尔（2011:200）曾言："语言是社会现实的向导……人类生活在语言的恩威之下，语言成为人类表达社会的中介。"作为文化的镜子，语言表达文化、体现文化和代表文化，因此对文化负载词的翻译不能无视其中的文化。它作为折射民族文化状况的集中体现，隐含着有关风俗习惯、思维和表达方式的特色，其译介既需要尊重文化词本身的来历，又要考虑西方读者的阅读和理解的便利。《丛报》的译者在翻译中充分考虑到了词语的历史渊源和文化内涵，在顺应文化融合的趋势下，借助副文本，采用插图、罗马注音和中文书写等多样化的翻译方法，最大限度地传递出源语的文化意义，减少了文化折扣。

　　（2）特色鲜明的副文本评论

　　内容丰富的副文本不仅有解释说明的作用，还呈现出三个方面的特征。

　　第一，中西比较视野中的评论。

　　《丛报》在译介中国风土人情的过程中时常融入中西比较视野中的感想、评论等以帮助西方读者阅读和理解，这尤其体现在对城市风情的译介中。如在介绍上海城市历史时，会以基督纪元和孔夫子的生活年代做比附（centuries before the Christian era, when Kongfuzi lived and wrote……）；在描述地理位置时指出其位于中国中部平原的东南端，又以西方读者熟知的经纬度加以解释（The city is in latitude 31° 24' 29" N, longitude 121° 32' 02" W……）（CR.XVI:529）。在译介广东省所辖 37 个主要城镇位置时，引用法国传教士杜赫德（JeanBaptiste du Halde，1674—1743）的《中国帝国全志》英文版本中关于中国地理位置的记载，列出这些地区精确的经纬度和距离北京的经度的位置，以地理坐标系统和北京作为参照物来说明各个地区的地理位置，使得西方读者更易于理解和接受（CR. XII:90-93）。

在译介广州街头建筑结构特色时，引用《圣经考》（Biblical Archaeology）、《摩西十戒》（the law of Moses）和《现代门柱圣卷》（the modern Mezuzaw）中的内容。在描述房屋后半部为妇女居所时，引用阿拉伯文化中的后宫（the harem）和希伯来文化中的宫殿（the palace）等知识，还引用《伊利亚特》（Illiad）和《奥德赛》（Odyssey）中关于荷马的内容，即用西方人熟知的文化典故来说明妇女居住房屋的某些特征（CR. II:199-200）。这些比较都贴近西方人文化背景，有助于读者厘清中国民俗文化中的细节，从而满足他们了解中国的好奇心。

第二，学术化的评论。

《丛报》一贯以来的学术性色彩也体现在相当篇幅的副文本评论中。首先，注重历史考察。如在《上海概览》中，裨治文利用各类资料来源梳理了"上海"名称的来历，以更好地理解其目前的重要性。他追溯了上海自三国时期经秦汉宋等朝至今的名称变化，并提供了一份详细、有趣的关于整个城市布局和风貌的介绍（CR. XVI:529-536）。在《广州城概述》中也是根据中文文献概述了广州城的历史，叙述了从上古传说时期经商周唐等朝直到 17 世纪清朝初期城市名称的演变经过，为读者还原了广州的发展轨迹，便于建立起对城市的初步印象。在后文论及广州商业时，裨治文追溯了广州与南洋，以及与葡萄牙、西班牙、荷兰、英国等主要西方国家的贸易往来史（CR. II:290-300）。文中的资料涉及年代、船只往来和交易等各种数据和具体事件回顾，裨治文对这些资料进行详细整理，显示出较高的学术水平。

其次，注重提供具体详细的调查数据。为西方提供商业信息是《丛报》"发刊词"中就阐明的目的之一。广州城作为 1757 年后清政府唯一保留的从事对外贸易的口岸城市，其在商业贸易中具有独特的重要地位。《丛报》在《广州城概述》系列文章中将广州描述为"对内和对外从事贸易往来的兴盛之地……中国与西方各国所有贸易往来都汇聚在此"（CR. II:297）。在 19 世纪 30 年代，对西方人而言最迫切的愿望就是开放广州之外中国其他口岸以实现贸易的自由，这不仅符合西方商人的利益，对中国的消费者也是有利的。为此，裨治文收集了当时国内各个省份在广州交易份额、《大清会典》第一卷所载各省人口数量，在此基础上详细开列出各省主要进口商品明细；对外贸易方面也列出当时广州与美国、英国、法国等主要西方国家往来船只量和进出口额的具体数据。同时，还关注广州从事各种行业的人群，对织布工人、技工、船民等不同领域从业人员的数量进行统计。这些数据为西方读者展示了广州商贸实景，显示出未来在华贸易市场的潜力（CR. II:293-297）。在《上海概览》系列文章中也提供了必要的商业资讯，包括近期手工业数量分布和发展态势、棉花的生产和种植情况、茶叶和丝绸需求的种类、羊毛制品增长趋势、制造业、零售业、商务会馆分布情形等地区商务信息都是对西方商人十分重要的情报（CR. XVI:559-564）。

第三，负面为主的评价。

19世纪西方对中国的评价中，生发出一种咄咄逼人、居高临下的优越感，对中国各个方面的态度通常是傲慢甚至轻视的。这一姿态也体现在他们对中国城市风情文化译介的副文本评论中。如对政府的评价中，在介绍广州12位官员职能、权力范围后，裨治文指出："中国政府是专制的，所有的权力都属于那个占据龙椅、代表天意的人……尽管构成中国政府的各级省政府享有一定的自主权，但官员体系之间存在互相制约、权力界限模糊的情形，容易滋生贪污腐败的恶行。"（CR.II:209-210）

对宗教方面的否定也极为明显，没有任何好评："广州的宗教机构显示出一幅黑暗的、抑郁的图景。"（CR. II:454）随后，裨治文介绍了120多个寺庙等宗教机构，描述了众多祭坛、祭品、街道住家和商业机构度过宗教节日时攀比、奢靡的情形。为此，他言辞激烈地发出诘问道："这些阵势、这些人有什么意义？有什么目的？能给百姓带来财富吗？能拯救饥饿吗？能够教育无知的人吗？能够拯救罪恶？能够治愈疾病吗？"（CR. II:262）这一系列的发问显露出裨治文站在新教传教士的立场对中国宗教机构作用的不满。

在对中国人的描述也充满了负面的话语，译者刻画了市井中中国人的懒惰、愚昧和懦弱。如上海街头乞丐遍地，"他们或是不给钱不肯停止敲竹棒的健壮乞丐，或是伪装成出家人、靠算命骗人赚钱的衣衫污秽的和尚，是一个极为卑劣化的群体"（CR.XVII:469-470）；广州城中的中国人，"看起来十分忙碌，但其实大多数都是闲人而已，他们注视着在外走动的番鬼"（CR.IV:43）。这些描写都构建出道德低劣、愚昧迷信的中国人形象。这些负面评价不仅是从传教士立场出发的评判，而且也是特定时代背景中西方人在群体意识下对中国城市社区的评价。

《丛报》对中国民俗文化的译介折射了新教传教士群体眼中的中国社

会民俗特征，反映了他们对中国社会风习的深入考察，是他们在探寻中华民族性格这一重要使命中对中国民俗文化所阐发的具体详细的观察和见解。这些论述，以翻译为媒介，既向西方读者展示了丰富多样的中国民俗知识、城市风貌、社会习俗，又从西方基督教立场做出评判，是特定意识形态下对中国知识和文化的输出，为译入语文化带来新的元素并建构起异质文化的特色。

本章小结

语言民俗类文本是思想和文化的载体，折射出一个民族的历史和现实，是深入了解中国人语言表达、生活方式、风俗习惯、文化传播模式的重要途径。本章着重针对《丛报》语言民俗类文本做译介评析，从汉语语言文化和民俗文化两类文本入手。在明确的汉语学习动机驱使下，《丛报》从汉字、语言学、注音等方面对汉语语言文化做较为全面的译介和研究，呈现出学术化的评论方式和以异化为主的翻译策略等特征。尽管《丛报》并非汉语研究的专门期刊，但是它所探讨的问题是近代以来汉语研究领域长期关注之所在。该刊对于中西语言相异之处的探讨、对中文语法的研究，以及对汉字字义、构成规律等的阐发均可视为传教士专门著述的补充，不仅延续、发展了前人工作的基础，也为后世的相关研究提供了启示和借鉴。

出于体察民俗风情和揭露中国社会问题的动机，《丛报》译介的民俗文化带有现场性的特点，富含丰富的文化信息，并一定程度上凸显中国社会问题。在具体的阐述中，运用灵活的文化负载词翻译策略以传播中国民俗文化，并以特色鲜明、学术化的副文本评论阐述对中国民俗文化的理解，同时也夹杂着他们充满负面话语的评价。可以说，语言民俗的译介评析清晰地表达出《丛报》译者们对中国文明程度的判断，并尽力向西方读者传递有关中国社会文化的多方面信息，具有独特的价值，是构建中国知识体系过程中的不可或缺的部分。

第七章　传播与构建：《中国丛报》译介的影响

《丛报》内容丰富，涉及面广，是 19 世纪中期西方人了解、观察中国最权威、内容最详细的外文报刊，是西方人认识中国、了解中国的最重要的桥梁和窗口。其发行期适逢中西关系不断紧张、第一次鸦片战争、中外多个不平等条约签订等敏感的历史转折时期。尽管它并非当时中西交流的唯一媒体，但却可以称为主导型的传播媒介，对西方读者而言，它是第一份以西方读者为主要受众，以报道中国、研究中国为对象的汉学刊物。卫三畏在停刊词中充分肯定了《丛报》的价值，指出："《丛报》刊载富有价值的译文，保存历史史实，刊物仍将起着永久保存关于中国和概述中国的记载作用。"可以说，在 19 世纪中叶西方对中国认知程度有限的情况下，《丛报》塑造了西方读者所认知的中国实体。本章聚焦《丛报》的发行概况、译介文本构建的中国形象和对美国早期汉学发展的影响，审视这份期刊在中西文化交流过程中的传播效应。

第一节　《中国丛报》的传播和影响

一、发行及影响

同大部分 19 世纪早期期刊类似，《丛报》关于其流通数量的公布也相对滞后。创刊后第四年，在 1836 年 5 月的一篇探讨东南亚地区西文期刊的文章中，《丛报》才发布较为详细的销售数据。事实上，在二十年的发行周期内，也仅仅就这一次，但仍可从这些少量的数据分析出《丛报》的影响力。

从表 7-1 的统计数字可见，虽然《丛报》发行总量不多，但销售的流传面很广，这一特点极为鲜明。海外读者遍布世界各个大洲，从销售地区看，主要集中于两大区域：一是亚洲，二是美国和欧洲。

表 7-1　《中国丛报》1836 年的销售量和流通地区

地区	销量
中国	200 份
美国	154 份
英国	40 份
巴达维亚	21 份
新加坡	18 份
马尼拉	15 份
三明治群岛（今夏威夷）	13 份
孟买	11 份
孟加拉、尼泊尔和阿萨姆	7 份
马六甲	6 份
槟榔屿	6 份
悉尼	6 份
汉堡	5 份
开普敦	4 份
泰国	4 份
缅甸	3 份
锡兰	2 份
合计	515 份

　　《丛报》读者群的身份大致集中在传教士、商人、学者，以及热衷和关心宗教发展的人士。就数量而言，以中国境内的 200 名读者为最多，其次为美国的 154 名。200 名中国境内读者绝大部分为在华外国商人，因 1836年在华传教士只有 7 名（Elizabeth Malcolm，1973:165）。考虑到《丛报》1837 年 1 月刊曾披露其时在华西方人为 307 人，由此可知 1836 年到 1837年至少 2/3 在华商人为《丛报》订购者。这些人同时也是传教士争取支持的主要对象。在清朝严格禁教政策下，在华商人希望实现自由通商，而传教士则希望能深入内地自由传教，他们对实现中国门户开放、中外自由互动有着共同的诉求。诚如戈公振（2011:53）所言："外报之目的，为传教与通商而宣传，其为一己之便利，夫待可言。当时教士与吏，深入内地，调查风土人情，刺探机密，以供其国人之参考。故彼等之言，足以左右外人舆论，与其政府之外交政策，而彼等直接间接与报纸均有关系。"因此，《丛报》刊载的各类中国政治、文化、经济及有关中外关系的报道很大程度上

也是为了迎合在华商人的实际需要，以此争取在华西方人对传教事业的支持。东南亚地区订阅者中大多为传教士，1841 年之前，从中国地区的 58 名传教士中派出 47 名赴东南亚地区工作，他们也是《丛报》较为固定的订购者（CR.XX:514-517）。无疑，他们也将《丛报》内容传递到印度、泰国、印度尼西亚等国家。需要指出的是，1836 年《丛报》发行的 515 份中有至少 1/5 是免费赠与欧洲、美国和印度等地的公共机构、报刊与个人的（CR.IV:584）。从 1816 年到 1851 年，整个英国有关中国的书籍仅 36 本，1801 年到 1852 年英文书目所列有关中国的书籍合计为 42 本（转引自宋莉华，2010:106）。《丛报》成为英美两国关于中国最有价值、最可靠的信息来源，向两国出版社和教育机构都提供了大量的赠刊。正如伊丽莎白•马尔科姆（Elizabeth Malcolm，1973:168）所言："当时，富有影响力的西方期刊《爱丁堡季刊》（*The Edinburgh Quarterly*）、《布莱克伍德杂志》（*Blackwood's Magazine*）、《北美评论》（*North American*）、《威斯敏斯特评论》（*Westminster Reviews*）关于中国的文章少之又少，它们转载或发表的有关中国的文章都曾引用《丛报》或声明收到过《丛报》的赠刊。"这无疑凸显了《丛报》在向西方世界传递中国信息的重要性。

在考察《丛报》刊行数量时，也必须注意到《丛报》同大多数 19 世纪早期期刊发行情况类似，即实际读者数量远远超过订阅数①。除拥有每月固定订阅者外，《丛报》同样也采取每年按卷出售的方式发行，1836 年第五卷的数据披露了第一到五卷的销售情况，如表 7-2 所示。

表 7-2　《中国丛报》前五卷发行数据

卷/期	印刷数量	余数	售价
卷一（12 期）	400 册	剩余 0 册	$6
卷二（12 期）	400 册	剩余 13 册	$6
卷三（12 期）	800 册	剩余 219 册	$3
卷四（12 期）	1000 册	剩余 500 册	$3
卷五（12 期）	1000 册	——	$3

---

① 期刊阅读数一般为流通量的四到五倍，因此《丛报》刊期的最高读者数量大约为四到五千人。这一事实也可以在 1834 年卫三畏写给父亲的信中得到佐证："《丛报》是最艰苦的工作，但是否最有益于传教的工作还有待观察。如果它能让基督教世界了解到传教的重要性，那么我们的工作就没有白费。教导那些赞助这项伟大工作的人们，应该不是一个不切实际的目标，因此请传阅送往伊萨卡的《中国丛报》，让你手上的 3 份起到 30 份的作用。"这点也说明传教士在通过一些私人的渠道扩大《丛报》的影响。参见卫斐列. 2008. 卫三畏生平及书信——一位美国来华传教士的心路历程[M]. 顾钧，江莉，译. 桂林：广西师范大学出版社：25.

从上表可见，《丛报》第一卷至第五卷的发行量呈现快速增长的趋势，一定程度上也证实了刊物的影响力，这或许是价格能够减半的重要原因①。事实也的确如此，《丛报》由于其各个专栏兼具实用性和一定的趣味性，得到越来越多的读者喜爱。1834 年 1 月，裨治文就曾向美部会汇报，鉴于《丛报》的订阅读者逐步增多，他们决定将价格减半，并将发行量从 400 份增加到 1000 份。最初的一到三卷，后来又再次出版，事实上总销售量也超过了 1000 册。当时一些著名的刊物，如《北美评论》《威斯敏斯特评论》的发行量也不足 3000 册。可以说，《丛报》的发行量不小。20 年间《丛报》出版总数为 21000 卷，平均每年约合合订本 1000 卷，每期平均发行 800 多册。

《丛报》的发行量在 19 世纪的近代中国乃至世界报刊的发行纪录中都堪称不错的业绩。在中国近代报刊中，中文报刊面对人口众多的中文读者，大多数中文报刊发行量只有几百本，英文报刊的读者就更少了。与《丛报》几乎同时期发行的《东西洋考每月统记传》（*Eastern Western Monthly Magazine*），创刊号印刷了 600 本，但由于在广州的外国人请求在中国人中发行，又加印 300 本。据《丛报》载，该刊很少有本地订户（CR. II:186）。同为英文期刊的《广州纪事报》，根据 1836 年的统计，每期印刷 280 份，除去在广州和澳门的读者外，还运往英国的马六甲海峡殖民地，以及南洋、印度和英美一些主要商业城市（CR.V:158-159）。其发行总量和分布地区与《丛报》相比也要逊色不少。即使到了发行后期处于亏损状态，《丛报》仍自筹印刷经营，这种非营利性的经营特质，凸显了《丛报》主要的考量不在于获取商业利益，而是关心是否能借助刊物的传播力量影响读者，从而达到争取更多人支持在华传教事业的目的。

借助其广泛的发行量，编译者在宗教界、世俗界拥有广泛的人脉和较高的声誉，《丛报》在西方世界中传播之广、影响之大，已经得到学界的公认，被认为是西方人发表关于中国的严谨学术著作的主要渠道。而且，作为美国最早的汉学刊物，它不仅仅是 19 世纪西方汉学家的基本参考文献。

---

① 价格减半也有其他因素的影响。《丛报》第二卷文艺通告中称，刊物正考虑减少一半的定价以达到加倍发行量的目的。同时也指出，这样做也是受到来自在华实用知识传播协会发布的一份材料的影响，敦促刊物降低出售价格（CR.II:329）。此外，售价 3 美元是当时美国期刊的标准订购价格，这也是编者决定降价的部分原因。参见 Frank L. Mott. 1957. A History of American Magazines, 1741-1850[M]. Cambridge, Massachusetts, Harvard University Press: 513.转引自 Malcolm, Elizabeth L. 1973. The Chinese Repository and Western Literature on China 1800 to 1850[J]. *Modern Asian Studies*, (7): 2.

时至今日，它的多篇文章、观点和史实仍然被许多来自中西交流史、宗教学、历史学、海外汉学等相关研究领域的论著所参引，其史料价值可见一斑。已有学者统计，《丛报》被世界各地期刊征引、转载过的文章达到了 80 多种（转引自尹文涓，2003:45），如裨治文的系列文章《广州漫步》（Walks about Canton）就曾经转载在美部会的杂志《传教先驱》（*Missionary Herald*）上①。此外，《丛报》刊载的内容也被同期出版的中国其他外文报刊广泛引用，如《广州纪录报》就曾多次引用或转载《丛报》内容，并评价《丛报》为"一份更为优秀的出版物（a honorable publication）"，刊物有关中国的报道特点鲜明，"独立、可靠、权威（independent and well-informed and author-itative）"。美国圣公会教育传教士、中国和远东史学家宓亨利 1912 年来华后曾在上海圣约翰大学任历史系教授，其间所编著的《中国近代史选读》（*Modern Chinese History Selected Readings*，1923）的第一章至第六章共选史料 139 篇，其中有 23 篇都出自《中国丛报》，足见《丛报》刊载中国史之价值。截止到目前，根据世界上最大的文献信息服务机构线上联机图书馆中心（Online Computer Library Center，简称 OCLC）的统计，世界上收藏《丛报》的图书馆达到 3000 多家，几乎可以涵盖世界上所有主要图书馆，其传播和刊行具有世界意义。

二、对后期汉学期刊《中国评论》的影响

费正清（John King Fairbank）在论及早期新教传教士外文期刊的影响时曾言："麦都思、郭实腊和裨治文等传教先驱在知识方面对西方的影响要比在宗教方面对中国的影响更大……。早期的中国问题刊物《中国丛报》在世界上实际产生的影响与《圣经》有代表性的译本的影响同样久远。它们在文化交汇中起了关键作用。"（引自陶文钊，1992:253）可见，其影响足以使我们对《丛报》这一类西方人经营的媒体在近代早期中西文化交流进程中的作用和意义做进一步的审视。可以说，《丛报》译介和刊载的信息起到了"开文学之路，除两地之坑堑"的作用。它所选译的典籍、文章等对后期汉学期刊亦产生较大的影响，《中国评论》（*The China Review*）便是其中之一。卫三畏曾言，《中国丛报》20 年期间按月出版，记录了这段时期

---

① 参见 Michael C Lazich, E C Bridgman. 1801-1861. America's First Missionary to China: 129-130. 转引自顾钧. 2009. 卫三畏与美国早期汉学[M]. 北京：外语教学与研究出版社：78.

内对外交往和教会的历史。这之后,《教务杂志》(*The Chinese Recorder*)记载教会事务,《中国评论》承担文学方面内容(卫三畏,2005:816)。

　　无论是在维多利亚时代的英国汉学史上,还是在晚清中英文学与文化史上,《中国评论》(1872—1901)都占据着相当重要的地位。19世纪中后期,特别是后25年正值英美两国汉学迅速崛起的里程碑时期,产生了一批具有世界影响力的以汉学研究为主的学术期刊,《中国评论》便是其中之一(见图7-1)。其发行期适逢19世纪70年代,这一时期正是英国汉学兴起的重要时期。作者群是左右西方汉学研究的主导力量。他们投稿量之大、内容之丰富,显示出《中国评论》对晚清时期英国汉学乃至整个欧洲汉学的重要贡献。它也被视为19世纪末远东地区汉学的代表性刊物,开创了西方汉学研究的新传统(王国强,2010:5)。

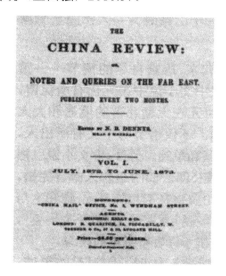

图7-1　1872年在香港创刊的《中国评论》封面

　　《中国评论》又称《远东释疑报》(*Notes and Queries on the Far East*)创刊于1872年7月,1901年6月停刊,共计出版25卷150期。首任主编是英国人丹尼斯(N.B.Dennys),1876年起艾德(E.J.Eitel)担任第二任主编,最后一任主编是波乃耶(James Dyer Ball)。该刊被认为是西方世界早期的汉学期刊,是一本专注于中国研究,旁及日本和其他一些属于东方的国家和地区人文社科、民间文学、历史地理、风俗习惯等内容的刊物。其编辑以《中国丛报》的继承者自居,自称"《中国评论》是《中国丛报》这份曾经享有盛誉、而今仍广泛受到赞誉的刊物的合格继承者①"，并在其首卷的"发刊词（introduction）"中宣称："在版面允许的情况下，我们将重新刊印发表在《中国丛报》上的优秀文章。"②这种表达更多的是在表明一种承继前辈的姿态，检阅 25 卷《中国评论》可以看出，刊物关注中国人的社会生活和形象的描绘，因此介绍、翻译和评论中国文学作品是其主要栏目之一。其译介的作品虽然比《中国丛报》占据了更多的篇幅，不过它选择篇目的标准是以《丛报》为依据的。为数不少作品已经在《丛报》中被译介过，但在《中国评论》中仍然得到了相当程度的重视。只是与早期《丛报》的内容粗略的译述与评论相比，40 年后的《中国评论》开始了更为具体的篇目的详译，使得西方读者有机会阅读到相对完整、内容更为充实的中国作品。

《中国评论》译介的中文作品涉及中国文学、宗教、历史和法律等多领域，其中尤以古典小说为重，无论题材或类型都与《丛报》密切相关，是《丛报》译介文学作品的延伸和拓展。据统计，《中国评论》选译或节译的中国古典小说和诗歌的文章共计 76 篇，其中既包括历史演义小说《三国演义》《水浒传》《荡寇志》，亦包含神怪小说《西游记》《聊斋志异》等。表7-3 是《中国评论》同《丛报》译介相同主题作品一览表。

表 7-3   《中国评论》刊载与《中国丛报》译介相关作品一览表

序号	中文名	英译名	译者	《中国评论》卷/期	对应《丛报》卷/期
1	苏东坡	Su Tong-po	包腊（Bowra, E.C.）	Vol.1-1	Vol.11-3
2	千字文	A Thousand Character Essay	翟理斯（Giles, H.A.）	Vol. 2-3	Vol.4-5
3	聊斋志异	Tales from the Liao Chai Chih Yi	阿连壁（Allen C.F.R）	Vol.2-6; Vol.3-; Vol.3-2 Vol.3-3;Vol.3-; Vol.3-5;Vol.4-1	Vol.11-4; Vol.18-8

---

① 参见 Editorial Announcement (*The China Review*).

② 参见 Introduction (*The China Review*).

序号	中文名	英译名	译者	《中国评论》卷/期	对应《丛报》卷/期
4	诗经	The Ballads of the Shi-king	X.Y.Z.	Vol.7-1	Vol. 16-9
			V.W.X	Vol.7-2;Vol.7-3; Vol.7-4; Vol.7-6; Vol.8-1; Vol .8-3	
		Metrical Translation from the Shi King. The'Man Wong'Decade of the Shi King	W. Jennings	Vol.7-3;Vol.7-; Vol.7-5;	
5	三国演义	San Kuo Chih	X.Z	Vol.3-4	Vol.7-5; Vol.10-2
		Brief Sketches from the Life of K'UNG-MING	司登得（Stent, G.C.）	Vol.5-5;Vol.5-; Vol.6-2; Vol.6-3; Vol.6-4;Vol.6-; Vol.7-1;　Vol.7-2; Vol.7-4; Vol.7-; Vol.8-1; Vol.8-2	
		The Death of Sun Tse	待考	Vol.18-3	
		The San-Kuo	邓罗（Brewitt-Tayler, C.H.）	Vol.19-3	
		A Deep-Laid Plot and a Love Scene-From the San Kuo		Vol.20-1	
		On Chinese Apologues	待考	Vol .12-5	
6	三国志	TheHistory of the Wu-wan or Wu-hwan Tunguses of the First	庄延龄（Parker, E.H.）	Vol .20-2	Vol.12-3
7	红楼梦	Hung-Lou-Meng; Or the Dream of the Red Chamber. A Chinese Novel Book I	乔利（H.Bencraft Joly）	Vol.20-1;	Vol.11-10;

序号	中文名	英译名	译者	《中国评论》卷/期	对应《丛报》卷/期
8	大清律例	Translations from the Lu-Li, or General codeofLaws	哲美森（Jamieson, G）	Vol.8-1;Vol.8-;Vol.8-5;Vol.8-;Vol.9-;Vol.9-;Vol.10-2	Vol.2-1;Vol.2-2;Vol.2-3
		Chinese Law-Extracts from the Ta-ching Lu Li	杰弥逊（Jamieson, J.W.）	Vol.18-2	
9	智囊朴	Budgets of Historical Tales	胡力嫱（Hurst, R.W.）	Vol.17-3; Vol.17-4	Vol.10-10
10	灌园叟晚逢仙女	The Flower Faires: A Chinese Fairy Tale	待考	Vol.18-5	Vol.20-5

从上表 7-3 可见，《中国评论》译介了不少和《丛报》文章主题相同的作品，除《大清律例》《苏东坡》和《千字文》外，皆属于小说、诗歌的范畴，占总数一半以上。同《丛报》的译介相比，《中国评论》的译介篇幅更长，内容更加丰富。

以《中国评论》译介的《三国演义》为例，《丛报》对孔明的译介较为完整，几乎涵盖了其生平的所有主要事迹。《中国评论》延续了《丛报》这一特点，总计选译了 12 篇与诸葛孔明相关的文章。《丛报》的译介较为粗略，并未详细按章节或单元分述，《中国评论》则为每篇译文冠以标题，并按照情节划分出故事单元，如 "Liu-Pai's three visits to K'ung-Ming to Enter His Services（刘备三顾茅庐请孔明出仕）" 对应的是原书 "第三十七回——司马徽再荐名士 刘玄德三顾茅庐"；"K'ung-Ming Borrowing the Arrow（孔明借箭）" 对应原书 "第四十六回——用奇谋孔明借箭 献密计黄盖受刑"；"Ts'ao Ts'ao's Flight（曹操逃命）" 对应原书 "第五十回——诸葛亮智算华容 关云长义释曹操" 等。

从译介的先后顺序看构成一个整体，基本勾勒出诸葛孔明的一生主要经历，包括三顾茅庐、挥泪斩马谡、刘备托孤、赤壁之战、七擒孟获等在《丛报》译介过的情节在《中国评论》中给予更加细致和充实的介绍。整体而言，译介情节呼应标题，并关注主要人物结局，如对原书第八回 "王司

徒巧使连环计 董太师大闹凤仪亭”部分的简译，着重翻译了吕布和貂蝉私会的情节，以此回部分内容为主题 “A Deep-laid plot and a love scene—from the san kuo（深沉的策划与爱情的一幕——译自三国）”，且简译文突出重点情节，人物描绘生动、环环相扣，凸显中国古代计谋，构成吸引西方人的典型情节，有助于西方世界了解中国人和中国思想。可以说，无论是选材、译介方式和内容，《中国评论》都深受《丛报》的影响。

第二节　译介副文本：构建 19 世纪的中国形象

《丛报》是 19 世纪代表性的在华外刊，是近代西方人译介中国、认识中国的载体。《丛报》在海外汉学研究和中西文化交流史上的重要地位已成为共识。郝平、张西平（2009:4）认为[①]：“《中国丛报》塑造了 19 世纪西方人的中国观，它为 19 世纪的西方汉学家提供了基本的文献。”作为传播媒体，它具有传播即时灵活、主题发布明确、发行稳定持续、流通迅速等显著特征，在构建中国形象方面有着无可比拟的优势。

佩雷菲特（Alain Peyrefitte，1996:17）曾指出：“任何一种文化都是三棱镜，当我们观察自己和他人时，不可能避开这个三棱镜。”《丛报》的译者们用异域人的眼光打量着中国国土和生活其中的芸芸众生，他们译介的大量关于中国和中国人的著述，留下了对中国社会生活、经济文化、政治法律等方方面面的观感、体会和研究。他们的译本折射出西方观察者的描写，体现出西方人的审视和反思，具有特殊的价值，形塑了 19 世纪西方人认知的中国形象，展示中西文化碰撞中多样复杂的面貌。

一、西方中国形象的演变历程

中国与西方在相距遥远的各自空间中孕育出迥然不同的文明体系，经由历史的契机开始互相认识、构想与交流的过程。西方人在其自身文化语境中对中国的体认是一种具有集体性质的、对异域形象的构筑，中国的形象更多的是一种“想象的异邦”。正如周宁（2006:4）所说，中国形象是超文本的，是由不同类型的文本构成的结构复杂的“集体想象织品”，其中有

---

① 参见郝平、张西平为《国际汉学研究丛书》所作的总序《树立文化自觉，推进国际汉学研究》，载顾钧. 2009. 卫三畏与美国早期汉学[M]. 北京：外语教学与研究出版社：4.

严肃的历史地理著作，也有民间传说、半真半假的游记与异想天开的小说。

西方对中国形象的接受和了解最早可追溯到 13 世纪。《马可·波罗游记》《鲁布鲁克东行纪》等游记的问世和出版将一个遥远繁荣、象征着财富与富庶的中国引入西方人的文化视野中，构成西方中国形象的起点，凸显出物质文化层面的意义。那一时期的中国是物质丰富、制度优越、社会秩序公正井然的大帝国，在西方人的集体想象中代表着先进、财富和王权。及至地理大发现时代的到来，中西之间的交往逐渐密切起来，商人和传教士们的记述中在延续过往财富和君主王权神话的同时，开始延伸至更为广阔的精神文化领域，代表性评论如葡萄牙人盖略特·伯莱拉（Gakeite Pereira）的《中国报道》和西班牙传教士门多萨（Juan Gonsales de Mendoza）的《大中华帝国史》（*Historia Gran Relno de la China*，1585）。他们对中国文化的感悟、对中国宗教的描述为其后两个世纪的"中国热"提供了直接的文本和解读中国的媒介。

到了 17、18 世纪之交，大量入华的明清来华耶稣会士开始从宗教、历史、语言等各个层面对中国进行更深入的研究。中国的哲学思想、政治制度被传递到欧洲，圣人孔夫子的中国形象也于 1687 年通过柏应理在巴黎出版的《中国哲学家孔子》（*Confucius Sinarum Philosophus*）一书首次为西方世界所了解。西方社会文化中盛行一种中国崇拜，从器物、制度到思想观念。作为西方文化的"他者"镜像，中国形象中寄托了欧洲人理想化的追求，具有典型乌托邦特征，可以说达到了其演变过程中的顶峰。然而，到了 18 世纪中后期，中国形象出现了明显的逆转，开始从讴歌和赞美走向贬低和否定。这一时期罗马教廷解散了耶稣会，中国礼仪在欧洲失去了强有力的支持者。此外，中国和西方在军事、经济等方面的实力对比悬殊。西方国家在历经启蒙运动、国内工业革命之后，已初步建立资本主义经济。他们急于加快海外的殖民扩张，希冀以强大的军事经济力量改变旧有的世界格局。马嘎尔尼使团来华期间的见闻颠覆了欧洲对中国原有的印象[①]，中国不再是那个利玛窦们歌颂的伟大的国家，而是一个衰落中的东方帝国。它发展停滞，是一个充斥着专制的政治制度、堕落愚昧的人民的异教徒国

---

① 马戛尔尼来华，指的是 1793 年清乾隆年间，英国政府想通过与清王朝最高当局谈判，在开拓中国市场的同时搜集情报，于是派马戛尔尼等人访问中国的事件。其间，西方人对中国的态度和影响做出重大修正。中国军事力量的落后、官僚制度的腐朽、清政府办事的浮夸和不务实颠覆了原先的神圣形象，代之以一个落后、名不副实的国家。

家，根本无法同具有民主政治制度和自由思想的西方世界相提并论。西方现代精神确立了，不再需要自我否定、自我超越的乌托邦，而是需要自我肯定、自我巩固的意识形态性"他者"（周宁，2006:7）。此时的中国形象已然成为映衬西方先进文明需要的对照物。

　　进入19世纪，西方国家经济实力和对外殖民发展迈入巅峰时期，英美国家兴起大规模的海外传教活动，在华寻求利益的诉求不断加强。携带着国家意识形态色彩的来华传教士成了此时中国形象的主要塑造者。通过与中国社会更为密切的接触，将想象中的中国形象在现实的描绘中加以延伸。他们带有强烈的基督宗教中心思想，在对待与自身差别较大的异质文化时，他们延续了此前欧洲国家的负面中国形象的话语，试图以西方文明价值观作为标准，从多方面改造中国社会，推进基督教在华传播。随着这一时期关于中国著述的增多，中国形象不仅仅体现在旅行家游记、西方人书信和与中国主题相关的文学作品中，以《丛报》为代表的外文期刊亦成为海外中国形象的重要参考媒介。

二、《中国丛报》构建的中国形象

　　翻译是西方人认知、诠释和构建中国形象的一种方式。西方人通过翻译中国作品来观察和体认中国风俗世态与中国人真实生活的一面，经过仔细地推敲、取舍后，生成和构筑起西方人眼中的中国形象。在这个过程中，翻译起到了折射或投影的作用。一方面，将中国社会的本来面目真实地呈现出来；另一方面，受其基督教视角、西方文化优越感等诸多因素的影响，对中国的反映有其真实的一面，也有变形、扭曲的一面。既有夸大反映的部分，也有视而不见，充耳不闻的盲区。韦努蒂（2004:101）曾指出，翻译总是民族中心主义的，尽管翻译看上去具有异域的表象，但它摆脱不了深植于目的语中文化价值的制约。西方人建构起的中国形象，始终以基督教道德理想为标准，他们用翻译材料塑造出负面形象，根本的用意在于阐述基督教救赎中国的必要性。《丛报》所构建中国形象正是通过翻译的副文本塑造而成。无论是透过《丛报》直接传播的效力，抑或西方传播媒体的转载，皆因此传播至西方社会，从而塑造西方人对中国的想象。

　　副文本概念的提出来源于法国文论家杰拉德·热奈特（Gerard Ge-nette），在其1997年问世的《副文本：阐释的门槛》（*Paratexts:Thresholds of Interpretation*）一书中做了较为系统的论述。他（1997:1）认为，副文本指的是调和文本与读者之间关系，用于展示文本的材料，包括前言、后记、标题、献词、注释、作者访谈、通信、品论、评论等所有围绕在作品周围用以强化正文本、有助于正文本呈现的各种语言或非语言的伴随形式。

近年来，翻译研究中的副文本逐渐成为学界关注的热点，为译学研究提供了新的视角。副文本作为译本的延伸，参与丰富和阐释了正文本的意义，协调文本和语境的关系，对文本最终生成和确立起着重要的作用，是翻译研究不可或缺的一部分。副文本特点鲜明，种类多样，无所不包，在热奈特看来，副文本囊括任何围绕文本的语境，是一个富有弹性的空间，没有清晰而稳定的边界。所有隶属于文学作品文本中、对呈现文本起确保作用的伴随形式均可视为副文本（Genette，1988:63；Genette，1991:266）。这一宽泛的界定提升了副文本作为研究对象的范畴，作为重写形式的译本评论、编辑、对译者批判性的表述或评价等均可视为热奈特定义的副文本中的"外文本"形式。

《丛报》的译介中所涉副文本除介绍译本来源、交代翻译目的的导言、对译本内容补充阐释的注释和插图等之外，译文中夹杂的大量评论也是副文本表达译者观点、参与和构建中国形象的重要途径，是集中体现译者操控力和主体性之处，能够折射出文本所处语境中复杂的意识形态。作为辅助手段，《丛报》翻译副文本构建的中国形象延续此前的西方话语体系，体现一种负面轻蔑多过正面肯定的整体图景。作为译者的西方传教士和外交官在 19 世纪构成了打量者的主体，他们看待中国多多少少都带有猎奇、轻蔑、怜悯的心态，甚至还有"非我族类"的敌意。他们集体塑造的作为他者的近代中国的形象可谓根深蒂固，延续影响了其后很长时期西方人对于中国的印象（李秀清，2015:127）。

关于《丛报》译介文本构建的中国形象，在本研究选取的三类文本中，时事政治类文本所占比例最大，译介动机多与获取政府动向、颠覆政府形象相关；且作为来华传教士创办的期刊，《丛报》对中国人的宗教特点也极为关注，"发刊词"中就明确提出："我们对中国人的宗教特点也既有兴趣，将对此给予非常强烈的关注。"（CR.I:4）《总索引》也因此开辟"异教信仰""传教"为主题的栏目。同时，《丛报》也关注中国妇女问题，认为："一个民族的文明程度可以从妇女在该社会所处的地位来判断。"（CR.II:313）因此，论述妇女问题以衡量和评估中国的文明程度。可以说，在西方人眼中政府、宗教、女性的形象是三类较有典型意义的中国形象，下文将从这三个角度分述译介文本构建的中国形象。

（1）中国的政治形象：绝对君权的专制制度

17 至 18 世纪以来欧洲兴起的启蒙运动是西方历史上的一次重要思想解放运动，强调"理性崇拜"，反对封建专制主义，追求政治和宗教的自由，从而构建了以自由与进步为核心的西方文化价值观。在这一话语叙事中，中国政府和皇帝的专制、独裁成为其批判的负面形象，这集中体现在《丛报》对政治类文本译介的评论中。

《中国政府及其性质》一文在译介了中国政体官阶制度、皇权本质、社会分层和特权阶级后认为，近距离考察中国政治制度，其主要原则是将权力凌驾于人民之上，表现在政治体系内有严格的监督和普遍存在的责任。制度的施行依赖于细致的层级划分和互相之间从属关系的制约。同世界上其他文明政府相比，当时中国体现出更多的军事专制的特征。译者马儒翰还认为，中国政府行政权和司法权皆控制在皇帝一人之手，因此在司法体系存在政治上一致性和独立性的矛盾。他将中国比作一个庞大的军队，上下所有机构都听命于皇帝——这个唯一的指挥。关于绝对君权，文章认为，中国政治体制拥护绝对君权，视皇帝为最高权威者。皇帝是政府体系内独一无二的首领，是由上天遴选出统辖各族的，地位至高无上，持有最高级别的立法权力和行政权力，不受任何形式的限制和操控。他是所有权力和荣耀的源泉，而这正是清朝拒绝与外邦谈判的原因。皇权与父权相联系，帝王在国家的权威如同父亲在家族的权力，人民必须无条件地服从。在这种政治制度下，"自由"这个字眼从未存在过，甚至迁徙的自由都不完整。想要移居他国更是被明令禁止的，即使是在帝国内部不同区域间的迁徙也多有限制（CR. IV:11-16）。

《当代中国介绍》一文也认为，毫无疑问，中国的政治体制是家长式的，皇帝扮演整个帝国的父亲的角色。这种政治制度是受孔子影响而系统化的。相比任何国家的制度，它的影响更持久也更具一贯性。裨治文在《普世和平》（Universal Peace）一文中谈到："中国政府关于圣权的设想是阻碍实现世界和平的最大屏障，这一思想将皇帝视为最高等级的统治者，完全统治帝国的领土，且天下所有人都要向他臣服。基于此原则，中国政府可以剥夺人民的个人自由，并强迫人民不得超越帝国的边界，根本不敢同外国人密切接触。"（CR.III:516-528）

同时，由于中国的司法和行政权力都集中于皇帝一人，法律制度的专制也十分明显。《丛报》在刊载斯当东翻译的《大清律例》后，裨治文首先对其价值表示肯定，认为该书是"了解中国人行为方式、生活习惯、风俗习性的最佳读物；无论是它涉及的内容，抑或是其在法律领域的权威性，该书在目前所见中未有出其右者"，随后又言辞犀利地指出："尽管许多法律条款历史渊源悠久，但却并不成熟。未能认识到最高权威的存在，也并非根植于长久的力量之上，而仅仅体现了个人的意志。天下所有人都要因之而臣服于帝王。皇帝至高无上，因而不容许有任何国际法的存在……皇帝也根据自己的喜好对法律废止或更新。"（CR.II:110）

由此观之，《丛报》译者藉由政治类译介副文本对中国政治制度和君权的评论构建起一个专制、排外的中国政治形象，与西方倡导了自由民主的理念截然相反，成为与其对立的反面。在他们的话语中，专制代表着一种集权的统治形式，是建立在以儒家孝道文化为中心的伦理制度之上的体制，这一制度利于保障皇权绝对权力的实施，使得统治者对民众的奴役、控制和监督容易实现。可以说，传教士译者的基督教立场对其翻译过程中的理解、阐释和评论的视角都产生重要的影响，其笔下政治形象的构建完全体现了他们作为翻译主体对译介内容的选择和操控，而操控的结果决定了异质文化以何种形象在目的语中的建构，通过他们的主观阐释与欧美国家进步民主的政治形象形成对比，进而证实唯有基督教才能改造中国，形塑传教的必要性，达到服务译介目的的作用。

（2）中国的宗教形象：偶像崇拜，迷信的异教民族

中国民众的精神信仰也是《丛报》译者关注的重要形象特征。在传教士译者看来，民间多样的信仰是他们传播福音的一大阻碍，佛教信仰在中国无处不在，中国人对神、鬼、仙等的恐惧是使得他们成为"可悲的迷信者"的根源。这一精神形象的构建主要体现在《丛报》对宗教内容文本、志怪小说和一些民俗类文本的译介评论中。

《中国的宗教》（*The State Religion of China*）一文中，马礼逊在译介中国的宗教时认为它并未包含"教"的概念。"教"本义指的是"教导、教诲"，但中国的宗教更多强调的是"礼节和仪式"。在他看来，中国人的祭祀等活动，不过是对自然神的崇拜，其对象是整个物质世界、天地神灵、阴间鬼魂等，并且现实的功利目的居多。在对祭祀活动的对象和祭祀者详细译介后，他将此作为偶像崇拜的反面教材，并告诫西方的自然神论者、罗马的天主教徒和英国国教徒、基督教徒，这种信仰需要些直接或间接的启示，

将他们引向正途,以此强调广泛传播福音的必要(CR.III:51-53)。

此外,一些古典中文小说的译介评论中也多有对中国民众迷信的批判。《聊斋志异》的译文前,郭实腊用了较长的篇幅阐述中国民众信仰的道教和佛教不过是一种迷信,他认为:"哲学家崇尚的自然的进程及其规律根本无法解释世界的本源所在。大部分中国人都承认灵魂、幽灵等的存在……他们不了解宇宙的本质,因而想象中的恶魔和幽灵充斥了全世界……佛教徒们传播的大量传说不过是吹嘘神仙们的法力,歌颂和赞美道士们的神奇故事,讲述其功绩……虽如此,此类传奇作品蒙蔽了中国人的心智,为他们提供了丰富的精神滋养。"(CR.XI:202)在译者看来,中国人信仰道教佛教是出于偶像崇拜,偶像其实只是魂灵和鬼怪等。《聊斋志异》只是一本关于道家学说的传奇,包含大量的鬼神、精灵、仙女,从中可见中国人迷信思想浓厚,"无法将他们从梦魇中解脱出来,唯有基督教才能解除人的束缚,从而创造一种健康的心境,并使我们能够在上帝和羔羊前获得永远的福佑;在其光芒下,结识无数的圣徒和天使;和这些圣物熟悉后,我们便会极其鄙视那些迷信的传说"(CR.XI:203-204)。

在译者眼中,中国人异教特征明显,崇尚多神信仰的偶像崇拜。郭实腊的沿海游记中就指出中国人明显特征就是偶像崇拜。沿海每年固定时段要举行祭奠海神妈祖的活动,出海前要在寺庙举行必要的仪式,用贡品取悦海神以保航行平安,归航后更要向神灵表达感激之情(CR.I:60)。马礼逊也通过求雨、悼亡祈祷文的翻译介绍中国人的祖先崇拜等宗教活动。他指出:"祈祷的仪式在基督文化中用以传达崇敬、忏悔、祈求或感恩之情……这种神圣活动的影响可启示和净化人的心灵;然而,中国人的祈祷,不论其形式为书面、口头还是默诵,都极少表达对罪恶的忏悔和对神灵的庇佑,寺庙中为佛祖的诵读或对亡灵的祭礼都不过是偶像崇拜的一种形式。"(CR.I:201)传教士晏玛太(Mathew T.Yates)在《中国宗教》(*The Religion of the Chinese*)一文中总结中国宗教信仰特征是"不同于其他古老的民族,是最为简单、精致的异教信仰","没有祭坛、寺庙、除了每年代表整个帝国做祭祀的皇帝外没有任何祭司"(CR.XVI:204)。可以说,这基本代表了大多数传教士对中国人精神特征的印象。

熊月之(1995:58)指出,文化传播内容是由传播体和受传对象(或受众)共同决定的。当传播主体采取适应受众需要的方针时,传播内容便主要是由受传对象决定的。由此可见,为了证明中国需要基督教的救赎以争取更多的传教支持，《丛报》的译者从发掘中国人偶像崇拜的案例出发，向西方读者建构中国人迷信的精神特征和异教徒信仰的偏差，藉此以否定的方式，将中国与基督教国家对比，肯定基督教救赎之必要性，形塑基督教的优越性，以投合译入语读者的审美趣味和知识需求。这种异质形象的构建正是经由翻译在译语文化语境下的重构过程，通过翻译副文本中评论、解读的方式，以译语文化诉求对其进行调整，从而塑造偶像崇拜、迷信的特征。这一过程彰显了翻译主体在形象传播中的主观操控力，以翻译为载体的宗教形象在译者的阐释下逐渐形成。

（3）中国的女性形象：被桎梏和被压迫的女性

《丛报》译介副文本构建的形象中，中国女性形象是一个重要的存在。事实上，19 世纪来华西方人围绕中国妇女的讨论逐渐增多，且议题广泛。不少写实著述、游记、信札等都关注了封建社会的妇女形象，展现出相似的特征。《丛报》译者笔下的中国女性是苦难的化身，她们自出生伊始便面临身体和精神上的双重桎梏,是一个社会地位低下的备受压迫的弱势群体。法国传教士古伯察（Evariste Régis Huc）在其《中华帝国——鞑靼、西藏游记续编》（*The Chinese Empire:Forming a Sequel to the Work Entitled "Recollections of a Journey Through Tartary and Tibet*，1855）一书中曾对 19 世纪的中国女性境况加以描述，他指出："中国妇女的状况是最惨的，受苦、受难、受歧视，各种苦难和贬抑无情地伴随她从摇篮一直走向坟墓。她一降生就被公认为是家庭的耻辱……如果她没有立即被溺死……就被当作一个卑贱的动物，几乎不被看作人……这种对妇女公开及隐蔽的奴役——烙上观念、立法及行为规范三种印记的奴役——从某种程度上来说已成为中国社会的基础。"（转引自罗伯茨，2006:104）这一论述不仅代表了当时西方人对中国妇女的主流观点，也和《丛报》译介所构建的女性形象高度一致，这主要体现在与溺婴、缠足、妇女贞洁等主题相关文章的译介中。

1829 年《丛报》第三卷刊载的《中国女性的小脚》（Small Feet of the Chinese Females）一文对当时女性缠足进行了简要的译介，这一习俗在西方人眼中是中国女性苦难的符号，承受着来自身体和心灵的双重压迫。在摘引英国医生库伯（Bransby Blake Cooper）关于缠足的专题文章前后，裨治文发表了评论。他说："大量证据可证明在中国人民族和家庭风习中可见其道德体系存在缺陷。不仅是他们的精神，身体也被不自然的做法扭曲和变形，……在许多大的城镇中，七八成的妇女都是小脚，而缠足从年幼时就已经开始，整个过程十分痛苦，不仅仅危害了健康，而且终其一生都将处于残废状态，但人们却以金莲称呼之。"（CR.III:537-538）

不仅仅是缠足的陋习，溺婴也是中国人重男轻女、妇女地位低下的又一体现，《丛报》有多篇译介文章对此展开评论。《论中国妇女地位》（*Remarks Concerning the Conditions of Females*）中，传教士特雷西认为："一个民族的文明可以从其女性的社会地位来判断。如果以此为标准评判中国的文明，她自然是与其强烈称道的第一的地位相去甚远……在传统中国儒家的理念中，女性婚配须服从父母之命，婚后需以夫为纲……休妻不需要任何理由，因为聘金习俗使女性沦为奴隶的状态。"（CR.II:313-315）他认为中国妇女地位低贱明显特征就是重男轻女的观念，引用《书经》里生子是弄璋、生女是弄瓦的说法，让读者了解在中国生女儿是令人失望的，这也使得溺杀女婴成为一种普遍的现象。在这方面，雅裨理的《福建溺婴纪实》通过列举具体例证，详细记录了所到之处的溺婴现象。据他记载，有的地方对女婴溺杀比例高达 39%。尽管数字并不一定真实，但在塑造悲惨的中国女性形象方面的确产生了强烈的效果。

此外，裨治文译介了清代知名学者蓝鼎元的《鹿州集》（*Works of Luhchow*）中三个烈女的故事。她们都是古代中国女性贤良淑德的代表，都有在婚前遭遇未婚夫早逝的经历，但三人都没有改嫁，甘心为夫婿守贞。一人侍候公婆父母，后患病拒绝治疗去世，另两人均在未婚夫去世后自杀殉节。裨治文认为，作者选取的几则故事意在显示封建教化规范在妇女身上的作用，使得她们更忠贞、更合乎道德。但他就此评论道："这些故事完全体现了人类心灵愚昧无知，女性在迷信般的崇拜和自以为傲的谦卑双重作用下变得荒谬，在此心态的引导和悲惨的寡妇生活的摧残下自杀身亡，这应被视为一种警示，而非榜样。这些故事也可以了解到中国人的家庭生活并窥见一位贞洁、忠实配偶的守节观念。"（CR. VI:574）

可见，以上的译介文本塑造了中国女性愚昧、低下、卑微的负面社会形象，显示她们备受桎梏和压迫的地位，确立了一种需要"被拯救"的前提。在《丛报》传教士译者看来，唯有基督教才能将中国女性解救出来。"愿主的怜悯能快速地将充满荣耀的福音送到中国，以便将女性从现在被贬低的环境中提升出来。只有基督教才能给妇女正确的位置，保证女性弱势性别不受来自男性强势性别的欺侮。"（CR. II:316）"造成溺婴这类野蛮习俗的原因是中国人对真神的无知……他们无知的心灵缺乏天性，只是为了谋求世俗的利益，以至于难以抵御溺杀婴儿带来的诱惑……只有神圣的上帝才能将这些不幸的妇女解救出来。"（CR.XII:548）这些评论性副文本中的话语突出了基督教的作用，表明他们以此确立在中国传教的正当性。

　　西方人眼中的"中国形象"作为一种对异域的想象，是在中西交流的过程中，跟随着中西文化自身发展的步伐，在特定的历史时期和文化语境下由不同类型的文本构筑而成的具有历史延续性和社会集体性的话语谱系（宋丽娟，2017:636）。《丛报》对当时中国文化和社会生活的译介，与早期耶稣会笔下灿烂文明的古国之间形成了巨大的落差。他们笔下的中国是通过欧洲人的视角与经历形成的对于东方中国形象的重构与表达，把注意力集中在中国政府专制、中国宗教迷信、中国妇女地位低下等方面。这些关于中国的西方传教士话语，不应该只看成一种歪曲的表达，而应理解为发生过的历史事件，因为它曾经真实地塑造了中西间的现代历史和关系。这些负面形象的形成有着多方面复杂的原因，其中带有明显的偏见和敌意，但也不乏理性的分析和讨论。

　　萨义德（2007:35）认为，每种文化的发展与维持都需要另外一种不同的具有竞争性的文化。西方一旦将东方作为一种知识而加以客体化，就可以对它想象、论说、表述与构造。由此可见，中国形象被当作西方视域中的他者，是西方按照自身需要而进行复制、排列与组合的产物。《丛报》经由译介文本展示出中国人和中国社会的负面，塑造中国"异教大邦"的形象，这种形象作为一种彰显西方文化优越感的参照物，凸显出急需基督教拯救异教徒们脱离苦难的必要性，以利于他们实践在华传教的使命。它既是传教士从"欧洲中心论"角度审视封建时代闭关锁国的中国产生的蔑视和评价，也是他们从固有观念和偏见出发得出的片面结论，但他们对清朝政府虚弱、腐败的报道和对其闭关排外心态的论述却也是符合历史史实的分析。因此，今天我们回望一个多世纪前《丛报》构建的中国形象，理应看到它多方面的特征。

　　译文本构建的中国形象正是翻译对异质形象构建的过程，中西两种文化通过翻译实现调和、融合就是翻译对异域文化形象重新规划和建构的过程。西方传教士译者根据自身需要，选取了为己所用的内容，其构建的形象明显受控于译者的意识形态，他们在翻译选择和形象建构方面具有主动性和操控力，体现了翻译本身就是在传播和建构文化形象。译者在此过程中也并非单纯地从源语向译入语进行单边的文化价值转换，而是转变并操控这种文化价值，以译入语社会文化语境的需求对其进行选择、阐释和重构（Delisle & Woodsworth，1995:191）。因此，借助翻译副文本，《丛报》构建了 19 世纪西方人眼中的中国形象，而这种形象又构成了今日西方人心目中中国形象的历史底版。

郝平、张西平（2009:3）[①]曾指出，到目前为止学者们还没有搞清中文文献在西方的流传史，这直接影响对西方汉学史的研究。不同翻译文本在过去若干个世纪影响了中国在西方的文化形象与国际定位。由此可以看出，翻译文本在中国历史形象研究中的作用和影响。《丛报》通过译介副文本添加的译者自己对中国形象的感知和观察使得西方人由此了解和认知中国，从多个角度、多个侧面展现中国，体现了真实性、新闻性和现实性，是西方中国形象的重要文本依据，是对中国想象的文本凭借，构成了具有一定象征性并被集体认同的中国形象，成为西方整体中国形象不可分割的一部分，深刻影响了 19 世纪后期乃至 20 世纪前期西方对中国的认识。

第三节　《中国丛报》的译介与美国早期汉学的发轫

如果从耶稣会入华、罗明坚和利玛窦开始向西方介绍中国算起，西方汉学距今已经有四百多年的历史。汉学作为学术研究和一种文化形态，最初诞生在法国。1814 年 12 月 11 日，雷慕莎（Jean Pierre Abel Rémusat）在法兰西学院首开"汉语和鞑靼语—满语语言与文学讲座"，成为新设立的汉语讲座的第一受聘者，从此诞生汉学这一学科，开启了西方真正的汉学时代。

"汉学"这一名称中的"汉"，是中国在历史上一直沿用的称呼。传统汉语中的"汉学"是指与汉民族相关的考据之学，不同于注重义理的宋明理学，是更多地注重经史、名物、训诂和考据之学。而此处我们所指的西方"汉学"不同于传统的汉学。它在英文中表达为"Sinology"，作为专指研究中国的词汇，按德国汉学家傅海波（Herbert Franke）观点出现于 1832 年[②]；据尹文涓考证，该词直到 1878 年才正式进入法语词典（尹文涓，2003:99）。汉学一般指外国人关于中国的研究，涉及中国历史、语言、哲

---

① 参见郝平、张西平为《国际汉学研究丛书》所作的总序《树立文化自觉，推进国际汉学研究》，载顾钧. 2009. 卫三畏与美国早期汉学[M]. 北京：外语教学与研究出版社：3.

② 参见傅海波、胡志宏所著《欧洲汉学简史》，载张西平. 2006. 欧美汉学的历史与现状[M]. 郑州：大象出版社：107.

学、文学、艺术、宗教、经济、法律等人文社科领域，可以宽泛地说，其
范畴囊括一切关于中国的研究。19 世纪上半期正是美国汉学的发轫时期，
作为此间一份重要而全面介绍中国的刊物，《丛报》通过翻译、介绍中国为
汉学的发展提供了基础性的文献，是汉学发展过程中第一份重要期刊，它
所体现出对中国相对客观而全面的报道使西方对中国的认识在马可·波罗、
利玛窦的基础上大大提高了一步，是 19 世纪英美汉学的主要学术权威刊
物。本小节分别从《丛报》与美国早期汉学家群体、与美国汉学代表作《中
国总论》的关系，以及与美国早期汉学构建三个方面，论述《丛报》译介
传播对汉学发展的影响。

一、美国早期汉学家成长的平台

诚如陈义海（2007:118）所言，来华传教士有着多重的身份：他们首先
是宗教传播者，是上帝的使者。其次，他们又是西方殖民者的先遣队，在
武力扩张或殖民侵略之前做文化上的征服。最后，他们还是东西方两大文
明之间的摆渡者。他们向世界言说着、翻译着、介绍着中国，是几个世纪
以来西方之中国形象的最重要塑造者，是中国文化西传的最初和最主要的
译者。在传教布道的同时，他们既了解了中国，也把中国介绍给了西方。
尽管他们最初的翻译动因是为了传教，但是在客观上他们的翻译行动促进
了中国文化西传和西方汉学的进一步发展。历史已经证明，美国早期来华
传教士对中国的研究是美国中国学的源头，他们在对中国研究过程中形成
的中国观对后来美国中国观的发育、成长和壮大有着深远的影响（马少甫，
2007:1）。可以说，美国汉学是新教传教士筚路蓝缕的结晶。

《丛报》的撰稿人暨译者群可以说是英、美两国第一批汉学家。许多英
国早期汉学家都曾为《丛报》撰稿，如马礼逊、威妥玛、斯当东、德庇时、
米怜和伦敦大学第一位中文教授塞缪尔·基德（Samuel Kidd）等。《丛报》
与美国汉学的关系则更为密切，根据费正清《美国与中国》（*The United
States and China*，1979）一文所载，1830 年以前，在美出版与东亚相关书
籍仅有 2 本（转引自尹文涓，2003:32），美国人没有出版任何与中国相关
的书籍。正是《丛报》拉开了美国汉学研究的序幕，为他们成长为汉学家
提供了重要的发展平台。它的两任主编及多位撰稿人都是美国早期汉学史
上的见证人、开拓者和早期的奠基人。

《丛报》首任主编裨治文被视为美国第一位汉学家，在撰写、翻译大量

中国文章基础上，结合入华 10 年来汉学学习的经历，于 1841 年在广州编纂出版了第一部旨在帮助西方人学习粤语的汉语教材——《广东方言中文文选》（简称《文选》），是一本关于中国文化较为系统的书籍，具有重要的意义。该书采用中英文相互注解的方式，简明易懂，其对字词的解释不同于已有的工具书，采用了大量译自汉语原文的例句作为范例和解释，包括《佩文韵府》《尔雅注疏》《四库全书总目提要》等著作和工具书都是编纂过程中的重要参考，这些书都曾经在《丛报》中给予介绍或翻译。《文选》一书不仅在参考文献上与《丛报》多有重合之处，选材方式也与《丛报》相似，主要内容共计 17 篇，涉及中国社会的方方面面，贸易、农业、地理、生物、医学等，体现出传递文化的强大功能。此外，裨治文还结合广州市商业现状撰写了《广州市及其行业介绍》（*Description of the City of Canton and Notice of the Trade at It*，1834）。可见，他的汉学著作仍然延续了《丛报》对中国文化与当代社会现状的关注和研究，显示出于与欧洲汉学注重纯学术研究迥然不同的研究路径。

《丛报》另一位主要主编卫三畏是美国汉学史里程碑式的人物，被费正清称为"天才的业余历史学家"，是早期美国汉学之父。他因传教印刷之需来到中国，在《丛报》刊行的 20 年间不仅为《丛报》撰稿、印刷，还出版多部汉学著作。在协助裨治文出版《文选》后，他编纂了更为简单实用的汉语学习工具书——《拾级大全》（*Essay Lessons in Chinese*，1842）。该书更简单实用，也更侧重学习汉语的读和译。书中很多阅读和翻译实例选材均出自《丛报》中曾经译介过的文本，包括《三国演义》《鹿州女学》《东园杂记》《聊斋志异》《子不语》《圣谕广训》《劝世良言》等多部典籍。1844年，卫三畏出版了《中国地志》（*A Chinese Topography*）。该书是将最初刊登在《中国丛报》第十三卷上与中国各省区地志相关内容汇编而成的单行本。此外，卫三畏还编著过多部汉学书籍，如《英华分韵撮要》（*The Syllabic Dictionary of the Chinese Language*，1871/1874）、《中国商务指南》（*A Chinese Commercial Guide*）、《华番通志》（*Treaties between China and the Great Britain, the United States and France*，1842）等，但最终奠定他美国汉学第一人学术地位的代表作是两卷本的《中国总论》（1848/1883）。《中国总论》力图从整体上把握中国文明，是关于中国的百科全书，是美国最早的系统性汉学研究著作，其影响巨大而深远，成为美国人眼中看待中国的首部著作，对于近代西方人了解中国起到了至关重要的作用。在长达一个多世纪的时间里该书都是许多美国大学中国史的必读之作，为卫三畏赢得了学术声誉。他也因出色的汉学研究于 1878 年受聘为耶鲁大学汉学讲座首任教授，成为美国第一位职业汉学家。

二、对《中国总论》的影响

《中国总论》是第一部由美国人自己编纂的以中国社会文化为内容的书籍，开启了美国认识中国的新纪元，影响了此后数代汉学家。法国学者考狄（Henri Cordier）在四卷本的《西方人论中国书目》（*Bibliotheca Sinica*，1872）将《中国总论》置于第一部分《中国总说》的第一类"综合著作"之中，是这一类别中第一部美国著作。从这个意义上讲，《中国总论》可被视为美国汉学兴起的标志。该书脱胎于卫三畏 1845 年至 1846 年在美国各地发表的 100 余场演讲稿的内容，首版发行于 1848 年，1883 年再版时又补充了大约 1/3 的内容（见图 7-2）。一经问世便引起较大轰动，曾多次再版印刷，还被翻译成德语、西班牙语等多国文字行销海外，足见《中国总论》在国内外的影响力，堪称美国早期中华文化研究的一部力作，是 19 世纪西方学者撰写的研究中国的优秀著作之一，改变了美国长期以来依赖欧洲了解中国的局面。

《中国总论》分为上下两卷，1848 年版 23 章，1883 年版 26 章。两版主要资料来源是《中国丛报》、卫三畏个人的观察报告和对中国典籍、文献的研究。初版序中，卫三畏直接阐明《中国总论》和《丛报》间的承袭关系，"这一著作中，几乎每一部分的资料来源，都是亲自观察和对当地权威性典籍的研究，还来自裨治文博士编辑、在广州连续出版的《中国丛报》各卷"。修订版序言也再次重申资料来源于亲身观察和权威性的典籍。美国汉学家马森（Mary Gertrude Mason，1999:38-39）在《西方的中华帝国观》一书中对《中国总论》的评价，同样证实了《丛报》对《总论》的影响："也许有关中国问题最重要的一部作品是卫三畏的《中国总论》，它在西方广为传阅并受到好评。它的资料来源于个人的观察报告、对当地权威著作的研究和《中国丛报》。"《丛报》刊发的与中国文化相关的译介作品、游记、典籍的英译、时事新闻的译介都是《中国总论》资料来源，可以说，《中国总论》就是一部微缩版的《丛报》，从选材、内容、中国形象等诸多方面都与《丛报》有着高度的关联。

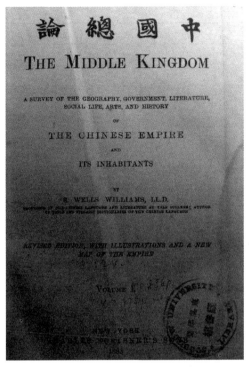

图7-2 1883年版《中国总论》封面

（1）选材的相关性

《中国总论》的全称是《中国总论：中华帝国的地理、政府、教育、社会生活、艺术、宗教及其居民概览》（*The Middle Kingdom: A Survey of the Geography, Government, Education, Social Life, Arts, Religion of the Chinese Empire and Its Inhabitants*），从名称可知其内容覆盖面广，涉及中国社会的方方面面，全方位介绍中国的相关知识。1883年版还在前四章增加了许多新编译的材料，重新编写了第六章，整体篇幅比1848年版增加不少。表7-4系1883年版《中国总论》各章节标题，可清晰、系统地展示该书所涉中国研究的领域。

表7-4 《中国总论》两卷本目录

章	第一卷	章	第二卷
一	全国区划与特征	十五	中国工艺
二	东部各省地理	十六	中国科学
三	西部各省地理	十七	中国的历史与纪年
四	满洲、蒙古、伊犁、西藏地理	十八	中国宗教

章	第一卷	章	第二卷
五	人口与统计	十九	基督教教会在中国人之中
六	中国博物志	二十	中国商业
七	中国法律与政府概略	二十一	中国的对外交往
八	法律的执行	二十二	第一次对英战争的起因
九	教育与科举制度	二十三	第一次英中战争的进程与结果
十	中国语言文字的结构	二十四	太平军叛乱
十一	中国经典文献	二十五	第二次英中战争
十二	中国的雅文学	二十六	中国近事
十三	中国人的建筑、服饰与饮食		索引
十四	中国人的社会生活		

　　卫三畏能够在短短两年内完成一部汉学巨著得益于他长期生活在中国并担任《丛报》主编的经历。从各个章节内容看，前四章均与中国地理分布相关，其中相当部分来自《丛报》中地理类的数十篇译介文章，这些被收录进《中国总论》；卫三畏在《丛报》发表的与汉学相关文章的目录显示，文章主题多集中于地理、自然、社会生活、风俗习惯、语言文学、工艺技术、中美关系等，总计达100余篇。这些也都被大量移植进《中国总论》第十三到第十五章，第二十二、第二十三章关于第一次鸦片战争起因、战争进程和结果等内容基本完全来自《丛报》。据笔者粗略统计，《中国总论》资料来源中涉及的文献多选自《丛报》译介的典籍、文章，包括地理类的《大清一统志》、法律政治类的《大清律例》和《大清会典》，以及历史文化类的《三字经》《千字文》《百家姓》《纲鉴易知录》《四库全书总目提要》《三国演义》《聊斋志异》《孝经》《春园采茶词》《补缸记》《织锦回文诗》和"四书五经"等，此外还刊载了《南京条约》等中外不平等条约的主要内容。

　　同时，《丛报》对《中国总论》的影响亦可以从《中国总论》每一章的引自《丛报》的注释数量窥见。表7-5统计了1883年版《中国总论》二十六章与《丛报》内容相关的注释。

表 7-5　《中国总论》引文注释来源统计

章	出自《丛报》内容	比例	章	出自《丛报》内容	比例
一	3 处	14.3%	十四	5 处	25%
二	12 处	25%	十五	4 处	26.7%
三	6 处	26.1%	十六	6 处	27.3%
四	2 处	3.7%	十七	3 处	11.1%
五	3 处	17.6%	十八	11 处	24.4%
六	5 处	10%	十九	8 处	20.5%
七	8 处	34.8%	二十	3 处	33.3%
八	11 处	37.9%	二十一	7 处	17.9%
九	10 处	47.7%	二十二	11 处	91.7%
十	2 处	16.7%	二十三	6 处	54.5%
十一	2 处	7.4%	二十四	6 处	54.5%
十二	4 处	22.2%	二十五	0	0
十三	5 处	21.7%	二十六	0	0

从上表可知，除去第二十五、第二十六两章以外①，其余 24 章均有选自《丛报》的内容，最多的第二十二章占比高达 91.7%，几乎全部内容都与《丛报》相关，还有很多未标明注释的内容也来自《丛报》。此外，本表统计的是 1883 年版的《中国总论》，事实上，1848 年版的《中国总论》引自《丛报》的注释数量更多。以前后两版第十四章为例，1848 年版比例为 54%，到了 1883 年版降为 25%，主要是由于卫三畏的学术成果的积累及其材料来源的更新，使他对新版进行了大幅的修订，加入了很多新的内容。据此可以推断，1848 年版直接或间接来自《丛报》的内容肯定要大大多于 1883 年版。

（2）《中国丛报》构建中国形象的延续

《中国总论》不仅在参考资料、入选文章的题材、范围等方面大量借鉴或移植《丛报》中的文章，中国形象的观点也和《丛报》如出一辙。虽然在初版序中卫三畏就提及"要为中国人民及其文明洗刷掉如此经常地加予他们的那些奇特的、几乎无可名状的可笑印象；似乎他们是欧洲人的模范者，而他们的社会状况、艺术和政府不过是基督教世界同一事物的滑稽表演"。但事实上，作为西方文明浸润下成长起来的传教士，他对真实中国的

---

① 这两章系 1883 年版新增章节，涉及内容皆是《中国丛报》停刊之后的，故未有任何引注。

叙述是有限的，他的很多观点仍然无法摆脱其文化背景、身份和价值观的束缚。《中国总论》对中国形象的描述仍然延续了《丛报》的负面描述特征，体现在专制的政治体制制度、偶像崇拜的宗教迷信和女性低下的社会地位等方面，这些评论集中在对中国政治法律、宗教信仰和社会民俗的介绍中。在西方自由民主理念影响下，卫三畏（2005:278）看待中国的政治制度和《丛报》如出一辙："一种专制、集权的政治制度下君主拥有无限的权力。皇帝的权力至高无上，在整个辖境之内，皇帝是一切权力、显贵、荣誉和特权的源泉……他是法律的源泉……任何权力都不能违背他的愿望，任何要求都不能忤逆他的意志，任何特权都不能在他愤怒之下得到保护。帝国的所有武力和税收全是他的……简而言之，整个帝国就是他的资产，对他的专制能起抑制作用的唯有公共舆论……。"卫三畏（2005:270-271）还指出，这种专制制度下保障了统治阶级的权力，使得政府具有一种军事的性质，"整个制度是现存的最纯粹的专制制度之一，这种制度有其缺陷……是建立在错误原则的基础之上……不会使妇女有应得的地位，人民对政府和官员充满了极大的畏惧，对他们敬而远之，这种恐惧感的存在导致中国人活力的消逝，他们屈从于可能落在个人身上的一些不公平和损害"。卫三畏（2005:271-272）认为，这种政府与民众之间关系的疏远、对立形成了彼此之间的互相不信任，也因此不可能联合起来维护秩序。

关于中国的宗教，在传教士卫三畏看来，没有真正意义上如西方国家的宗教，基本上全是偶像崇拜，是迷信的、有罪的礼仪。可以说，对祖先的崇拜才是中国人真正意义上的宗教，且早在道教或佛教进入中国很久以前就相当盛行，是得以永久性地维持中国专制制度的根本原因。"子女崇拜已过世的双亲如神明，这是真实的也是悲哀的。无可怀疑，中国人对祖先的崇拜是偶像崇拜，它是人类所树立的偶像崇拜中最微妙的形态——以善为伪装的本质上的恶。"（卫三畏，2005:749）"在中国这片异教的自私土壤上，各个阶级对偶像崇拜和迷信都给予经常的普遍的赞助，千千万万的人以此为主，精明地利用国人的畏惧心理。"（卫三畏 2005:766）此外，卫三畏（2005:767）还批判中国的道教和佛教，认为佛教和道教的标准书籍大部分充满着无用的话语，所给予人们的只是迷信的恐惧。他对迷信活动深恶痛绝，认为中国人的宗教体系中没有教导人们赎罪的体系，总是和儒教密切联系在一起，旨在教导人们对国家或家庭的首领应尽到什么样的义务而已。他（2005:767）由此总结道："中国人中间，宗教的一般情况已老化；

皇帝崇拜的庄严仪式、孔子的教义、佛教的礼拜、道教的巫术已经不能起抚慰和引导的作用。但是，畏惧邪恶魂灵和崇拜祖先，这两个信念已然强烈，足以吸引所有阶层，束缚他们的能力……两者各尽其最大的可能给他们的信徒以现实的幸福和未来的欢乐。儒家教义冷淡无味，不能满足充满深情和极度痛苦的人，也不能探究内心世界；道家的先验论和佛家的奇想则更不如。一切阶级都成为虚幻的恐惧和迷信的俘获物，躲进无知与谬误的迷雾之中，唯有真正宗教与知识之光才能将其驱散。"

对于妇女的社会地位，卫三畏（2005:547-548）认为，西方妇女地位的提高归因于基督教，在中国这样一个没有福音影响的地方，妇女的权利受到漠视，中国妇女地位低下。"在社会上没有适当的地位，只不过因为她从来没有受到有关义务和权利的教育"，而且中国的女性没有受教育的机会，"中国姑娘只能聚集在自己亲戚和紧邻的女伴的圈子中活动……没有能力和机会与同龄女友通信联系，缠脚的恶习……她们即使是婚后也并不一定幸福，丈夫对妻子和家庭的权力往往像暴君一般……她的婆婆还常常是她最大的痛苦根源，要求她有着孩子般的顺从和奴隶般的劳动，不服从和怨恨是常有的事"。他列举两则在广州发生的由于丈夫残暴而导致妻子自杀的事件，以此证明女子的困难处境。

《中国总论》作为一部由美国传教士撰写的著作，其基本的观点就是基督教文明高于一切，中国文明是异教徒的，是根本无法同基督教文明相比肩的，这种评价和《丛报》是完全一致的。因而，在对中国文化和文明进行评判后，作者总是会将其与西方文化相比较，并希望通过基督教义达到改造中国文化的目的，卫三畏（2005:583）希望要"增加基督徒对于中国人民的关注，并且展示他们是多么值得用基督教的教义去教化，施行这样的教化可以使他们的政府免于混乱，使人民免于鸦片造成的堕落和对灵魂的永久伤害"，"要等到福音来帮助统治者和被统治者提高全民族的道德观念"。显然，《中国总论》认为，要解决中国社会的问题，最根本的出路就是要传播基督教福音。

由是观之，《中国总论》无论从选材、内容与《中国丛报》密切相关，其中所表现出的中国观、塑造的中国形象和对中西文明的基本评判也显示出与《丛报》的承继姿态，构成了关于中国知识的系统体系，在帮助西方了解正确的中国知识方面起到了相当积极的作用。

三、汉学研究特征

明清之际来华耶稣会士有关中国的报道和对中国文化经典的翻译研究在欧洲掀起的中国热，成为欧洲启蒙运动思想家的重要思想来源。19世纪以降，新教传教士来华开始了他们对中国文化在西方的翻译与诠释，成为西方人认知中国文化的直接知识来源，展现出不同以往的汉学研究路径和特征，《丛报》可以说是其中较有代表性的期刊，被视为当时唯一的汉学杂志（谭维理，1961:246-247）。

（1）学术化、体系化的呈现方式

大量事实已经证明，18、19世纪之交，欧洲的中国热开始退潮，西方对中国的认识自19世纪初发生了明显的历史嬗变。西方改变了关于中国的观念，中国不再充满神秘、诱人的光彩，而成为讽刺、鄙夷的对象。以新教传教士为主体的《丛报》撰稿人来华之初就怀着此种成见，他们反馈给西方的信息和评论又进一步为这种观念的变迁提供了材料和动力。

《丛报》的译介为以上的西方中国观提供了支撑，刊物按照新的路径重新认识的中国，事实上都是以西方基督教国家的近现代文明为参照尺度的，译者依据这一标准展开的早期美国汉学体系的构建展现了学术研究的特质和优势，也带有明显的宗教因素。和同一时期的英文报刊《广州周报》《广州纪事报》等相比，以《丛报》的学术色彩最为浓厚。前后发行20年，它对于中国历史文化、中国时事政治和中国民俗的译介与评论文章在研究深度和广度方面明显超过同时期的报刊。它所传播的中国方方面面的知识，符合西方专业、学术的特质，尤其是他们对中国观察起到了关键作用，采用一种多元和相对客观的态度，并努力纠正简单的、浅尝辄止的观察。该刊不同于传统通俗易懂的写作风格，注重引用大量事实和数据，对过往文献进行研究和整理，注重所在国资料的运用。每每刊载长篇译介文章，会就特定的主题进行较为深入的研究。尽管此类汉学文章研究深度难以同欧洲汉学家的成果相比肩，但在19世纪初西方中国观发生转折时，将新的观念体现到对中国社会、历史、文化等方面的叙述中成为一种认知中国的新模式，《丛报》在此起到了相当重要的作用。

在《中国丛报》中，他们译介的历史文化典籍注重透过现象的分析和归纳；他们译介的汉语语言文化注重研究历史的追溯，注重提供形象的实例，并在讨论中对中国注音方法有所创新和发展；他们译介的民俗文化注重提供翔实具体的数据、译介的城市风情，注重提供背景来源。《丛报》"发刊词"中裨治文曾表示，对于当时的来华传教士而言，将中国视为知识对象仍需要太多确认和验证的过程，以此点明了《丛报》倡导的实证精神，保证刊物将以客观、公正的立场介绍中国。这种以西方学术的面貌展现中国的策略，不仅展示《丛报》力图以客观、中立的角度介绍中国，增加公信力，同时也为刊物内容塑造了权威感。15 年后，这种视角原封不动地出现在《中国总论》的序言中："这一著作中，几乎每一部分的资料来源，都是亲自观察和对当地权威典籍的研究。"这足以说明这批来华的新教传教士非常重视对中国相关知识和事实的验证。早期耶稣会士追求的考据实证的科学理性精神，在《丛报》得到进一步的弘扬，也因此在不少专题文章的译介中展现出客观评述的姿态，并努力地向学术的标准靠拢。

《丛报》通过大量中文文献的译介阐述关于中国的文化观念，在尽力构建一个关于中国知识的体系，由此形成了关于中国政治、社会和文化的观念，后来也融入了西方的学术思想，影响着西方人的中国观。刊物在中西文化接触间传播基督教的西方价值观，是在积累中国知识并将其体系化的过程中应运而生的。《丛报》对中国知识的翻译、生动的叙事和报道与其说是西方人发现和介绍中国的过程记录，不如说是经过持续的文化接触和交流的过程以学术化的方式构建出的一个总体中国知识体系。这一过程为美国早期汉学的形成提供了立体的研究视角，同时也扩大了从西方文明的角度观望中国社会文化的领域。

可以说，《丛报》发行的 20 年也正是美国汉学的萌芽和胚胎时期，承担起专职研究队伍的主力就是以新教传教士为主的《丛报》译者群。他们由于长期在华生活，具备了独特的现场感受和丰富的信息，试图通过新的路径展现中国的社会历史文化，构成了当时中国人文、历史、社会等知识的系统化网络，是转变中的西方汉学研究的重要环节，具有不可轻视的学术价值。其后的《中国总论》继承了《丛报》的优势，对中国社会做全方位的叙述，编纂完成了第一本美国汉学专著。《丛报》和《中国总论》对中国社会全方面、体系化的叙述成为美国早期汉学的重要特征。

（2）实用性、现场性的中国知识

从"发刊词"可知，《丛报》的撰稿人认为，西方过往的汉学研究存在不少错漏之处，可信度不够，知识来源的现场性不足，应该更多地依赖中国当地的资料和信息进行修缮和补正。在汉学构成的具体对象和研究态度上，他们与作为前辈的老传教士采取了不同的路径，从一开始他们"并没有强烈地期待能够在此能遇到可与西方国家在艺术、科学和各种典章制度方面相媲美的事物，也不期待在天朝众多的书籍当中找到能对贤者们修改《圣经》的编年，或者提高其道德水准这一工作既富有价值又具备权威性的资料"（CR. I:3）。这种姿态与17、18世纪大部分耶稣会传教士的"适应"立场或"索隐"策略，以及以耶稣会文献为基础而发展起来的欧洲大陆启蒙主义时代的汉学对中国思想、文化所拥有的理想化模式并不相同。《丛报》刊登的关于当时中国社会、政治、民俗、文化的评介展现了美国汉学研究注重现实问题的发展路径。撰稿人采用的从内部接触中国知识的方式，以此审视中国本地资料所蕴含的巨大价值。他们重视的是由当地经验构建起来的、带有实用性的中国知识，认为自己是中国知识最有效的构造者和传递者，并通过对中国的各类典籍与文本的翻译、介绍和适度加工，网罗生产关于中国知识的材料，经由分类、筛选重新建构一个合乎西方人认知模式理解的中国。

《丛报》的刊行者站在来华传教的最前方，倡导实用性、现场性的中国知识，他们译介的文献多从实用角度出发，所关注的研究对象多与现实相关联，展现的内容涉及中国社会、文化、历史、地理、经济等各个方面，具有强烈的现实性。他们译介儒学典籍以了解中国的思想文化基础，评判中国古代基础教育体制；译介历史文化典籍以知悉历史知识，找寻中国排外的原因，体察中国的文化；译介时事政治文本以洞悉政府动向，了解政体文化和官方意识形态，制造舆论场域以推动中西关系的历史演进，服务母国的军事、政治目的；译介语言文化文本以体察中国的风土人情，学习和研究汉语语言，掌握同中国人交流的工作；译介的中国社会风习多通过长篇系列文章呈现，包罗广泛，既有中国民俗、传统工艺类，如时令谚语、钓鱼方法等，也译介中国社会阴暗面，如城市街头的乞丐、中国人的赌博等，这些文章多为纪实风格，取材来自译介者的实地观察。而他们从事译介的最终目标乃是希望获取关于中国的一切实用知识，促进中西之间的互动，以达到打开中国闭锁的大门、传播基督教福音的目的。在他们眼中，最重要的工作是生产关于"为什么中国需要基督教"的知识，以争取在西方人中，在其母国处获取对在华传教事业的支持，也因此在所译介的文本中体现出西方文明是最优秀的，并将其作为判断其他文明的最终的、无可置疑的标准。

在汉学的研究方法上，由于美国了解中国时间晚，汉学研究缺乏积淀和基础，因而资料上他们注重挖掘中国本土的原始文献，希冀克服简单、粗暴的评判方式，尝试在尊重中国本土形成的知识体系中，多借鉴欧洲汉学成果，采取从现实出发的研究方法，体现出汉学研究"亲历亲见""博古证今"的特点。可以说，刊物文化贡献之一就是以近距离的观察提供即时的信息、系统的资料和无可代替的现场感。这也使得美国汉学从最初始阶段就走上了有别于传统汉学的轨道，一定程度上突破了传统耶稣会士多关注文化、历史等单一的"纯学术"的欧洲汉学研究模式的壁垒，不再完全局限于文献的狭小范围，转而更多地注重现实问题，丰富了汉学研究的内容，开阔了研究者的视野。

就研究中国的视角而言，卫三畏在《丛报》曾言："在万里之外的欧美国家通过作家、图片、珍品、生产物为媒介来观察中国，就仿佛是借助一架模糊的照相机，往往容易对中国人产生较高的评价；但当我们以西方人的身份亲自在华考察他们特有的偏见、各式各样的表里不一、肮脏的习惯时，我们又仿佛是透过一架显微镜在观察，会将他们的缺点放大。两种视角显然都失之偏颇、不够完整，需要借助更多的调查，公正而又审慎地纠正已有的知识的缺陷，才能形成正确的判断。"（CR. IX:339）这种书写中国的态度是积极而清醒的，也体现出《丛报》撰稿人对生产中国知识的学术态度。在 19 世纪中国饱受西方列强欺凌、侮辱的岁月中，《丛报》同所有西方人关于中国的著述一样，对中国的社会文化、中国人的形象描述时常带有不同程度的歧视和灰暗的色调，形塑出负面多于正面的印象。囿于时代背景和来华目的，传教士们也不可能对所要救赎的中国抱有很正面的观感。但必须承认的是，他们倡导的基于现场的知识生产，其中不乏经认真观察、深切体会后产生的具有洞察力和同情心之作，尤其是对相当一部分中国底层社会生活的见闻和记录，多系亲见亲历。其细致生动的描述，完全可以补充中文史料之不足，具有相当高的史料价值，也正是由于他们根植于实用性、现场性的中国知识的译介、书写，美国汉学在与现实紧密联系的过程中诞生、发展、成长，并逐步显示出不同过往欧洲汉学研究的特征：从想象、索隐、抽象开始走向具体、现实和实证的姿态。

四、翻译与美国汉学的形成

埃文·佐哈尔（1990:117）曾言，尽管文化史家普遍承认翻译在国家文化的形成过程中扮演了重要的角色，但无论在理论还是在描述层面上，这方面的研究却很少，这实在令人感到惊讶。翻译是一种多元文化交流及不同文化共享的重要通道。翻译行为并不只是一种文字的转换，它涉及语言、宗教、政治、教育机制、流通渠道等多重因素的介入与影响，并与汉学史的研究进程有深层关联。自16世纪末利玛窦进入中国以来，翻译一直是西方传教士汉学的重要组成部分。通过翻译中国经典著作，既为进一步研究所用，也在其中灌注了研究的心智。在各国汉学建立的过程中，翻译都充当了最为重要的角色，也成为汉学创立初期的主要学术形式。

（1）翻译与汉学史的互动

汉学家方志彤（1940:25）曾将汉学划分为两大类：考证派和翻译派。考证派是指以各种论文或专著形式撰写的学术成果，属研究性质。这里将翻译独成一脉，将之与研究派相提并论，足见翻译对汉学研究的重要性。作家帕斯也（Octavio Paz）曾指出："从中国人的佛经翻译、犹太人在亚历山大翻译希伯来旧约或罗马人翻译希腊之文献，我们可以得知不同文明的历史就是他们的翻译史。每一个文明，灵魂都不同，都独一无二，翻译是我们面对这个宇宙和历史的途径。"（转引自Barnstone，1993:7）最先接触汉语和中国文化的西方传教士和汉学家们大多将翻译作为进入学术分析的初始研究方法，而这种经翻译的研究途径是进入差异较大的"他文化"较为妥当的路径。它不仅有助于汉学研究中分析、阅读和阐释中文文献，从而有效地帮助汉学家正确理解和合理评估研究资源，亦可以借助翻译的社会学功能所呈现出的中国研究整体性，从更加广泛的范畴了解中国社会文化的各个层面（陈吉荣，2018:6），可见翻译在世界文化体系构成中的重要作用。

学界一般将16世纪末利玛窦进入中国至18世纪末称为"前汉学时期"，亦称为"传教士汉学时期"。这一时期翻译与出版的情况已有相当的规模，当时传教士大部分关于中国思想的论述就是依据翻译本进行的，如前文提及的《中国哲学家孔子》。此外，18世纪到19世纪末的俄罗斯汉学研究成就也几乎主要是由翻译构成的，直至19世纪后期才逐渐形成翻译与研究并重的局面；汉学重镇法国的情形也很类似，几位著名的法国汉学家，如雷慕莎、儒莲、巴赞（Antoine Bazin），主要成就也都集中在翻译。应该讲，20世纪前，翻译占据了汉学史最为重要的地位。尽管在形态和功用等诸多方面，翻译同研究不同，但也绝非简单的语言转换活动。它拢聚知识，提供资料的来源，是不同文化互享的重要通道。

（2）《丛报》的译介与美国早期汉学的建构

《丛报》是当时西方有关中国有限知识的代表，与耶稣会士不同的是把中心放在对中国社会现状的译介上，他们对中国的研究兴趣从纯文化转向认识和了解近代中国。在这个过程中，翻译是中西文化动态交流与传播的重要媒介，是西方为了认识中国以增加其知识储备而进行的一项认知性的活动。作为一种对中国知识的诠释方法，它保证了初期可靠的文献积累，孕育了汉学生成的重要契机，对确立其早期的初始形态具有一定的导向性的作用。

翻译是文化交流的媒介和载体，向来是传播知识、丰富文化内容的主要方式。《丛报》译文的产生蕴含了生成过程中社会历史文化背景的影响，对译文所做的文本分析就是对其做语境化的建构和还原，通过对翻译内容的文化价值进行转换和操控，使得文本的转化过程中形成与生俱来的文化特质，译者经由语言间的转换对源语的阐释就是在译入语中对源语文化的再现和重构，是以译入语文化为需求对原作的重写和同化。翻译文本也因而带有两种文化的印迹，在与译入语文化相契合的过程中产生崭新的、带有明显异质文化特色的因素。因此，《丛报》译介内容的选择和阐释的方式受到来自社会历史因素的影响和制约，同时其自身也是一种文化的征兆，导引了译入语文化体系的变化和发展。

借用多元文化系统理论来分析《丛报》传教士译者的翻译活动，我们可以认为，译者通过翻译的方式将以中国知识为主的异质文化系统引入译入语文化系统，由于译入语文化系统对这一新生、外来文化系统的质疑，使得既有文化系统处于边缘或较为弱势的地位；当译入语文化系统正经历某种危机、处于转折点或出现真空，这时的译介主体就会在异质文化的翻译中多采取异化的翻译策略，以示对异质文化所寄予的希望，这样本土的真空能通过译文得以填补。因此，从本书所分析的翻译实例可以看出，异化的方式是译者频频采用的翻译策略。

《丛报》的翻译活动是多种因素合力作用的结果，而译者正是这一过程中的实施者。无疑，受控于基督教思想及西方中心主义意识形态下的传教士译者，通过对拟译文本的选择和翻译过程的操控，规划了异质文化的传播过程。一方面，他们选择西方世界所需求的、能满足其政治和文化等现实目的的内容；另一方面，从自身立场出发，对所译内容进行调整、修改、增删，添加或融入副文本，以做出评点或阐发主张。这一类译释策略和译述结合的方式正体现了译者的翻译操控意识，使得被译介的中国社会文化更容易被西方文化体系所包容和接纳，并相应建构起西方的中国知识体系。

《丛报》的译文所负载的文化信息，能传承文化，因而也能建构文化。翻译是对译入语系统的建构和发展带来冲击和影响的重要因素，其所传播的异质文化对译入语文化系统形成补充和拓展，影响一种文化的发展。可以说，《丛报》的翻译是美国早期汉学家们以中国社会文化作为研究的客体，在中国本土语境下以其观察到的现象为基点，在跨文化层面上以翻译为途径的表述结果，是他们阅读、认识、研究，并在译入语系统中阐释和建构中国社会文化的结晶。尽管不少研究还停留在表浅的阶段，难以与后来的专业汉学研究相比肩，但作为当时西方世界中国知识的来源，表达出他们作为异域人士对中国文化的独特理解，开垦了美国早期汉学成长的沃土。

诚如王克非（2000:7）所言，将翻译置于文化的背景上考虑，可以看到翻译活动，包括关于翻译的论述，带有功利的色彩，受到时代和当时民族文化的制约，翻译事业的发达与否也与翻译的目的、社会的反响，即文化上是否有此需要，关系极大。对 19 世纪急于实现海外扩张的西方国家来说，如何看待中国，不仅是政治、外交问题，而且也是文化问题。他们因此采取翻译的途径获取关于中国的文化信息，以此确立自身的优势，并达到政治、经济、军事的目的。这些关乎中国社会文化方方面面的译介文献，不仅记录了彼时的中国，还以自身的文化视角开始了中西文化最初的碰撞。尽管其中有误读、有赞美、有批评，但更多的是大量中国政治、经济、法律、地理、教育等多方面的文化译介和记载，成为汉学的重要组成部分，也为后来的汉学发展打下了较为坚实的资料基础。

《丛报》译介文本有着鲜明的社会学特质，不仅丰富了汉学本身的范畴，还促成了汉学学科与其他相关学科的交叉，促进了西方汉学与中国文化的交流与对话。一方面，《丛报》译介的选材和策略开阔了翻译研究的视野。翻译过程中译者所汲取到的学术素养、积累的研究资源、对中国社会各领域文献的诠释形成的观点实现了以翻译为基点开辟汉学研究的途径，从而奠定了美国汉学研究的基础。另一方面，《丛报》译介既是汉学学术问题，也成为史学、新闻学的学术问题，促进了翻译学、汉学和多学科的相互交叉和渗透。尽管《丛报》的部分翻译文本在今日看来显得粗浅、不够完善，有的甚至充满误译，但在西方探索认识中国社会文化的初始阶段仍不失为一种有效的途径，保障了初期较为全面可靠的中国知识积累，为后续的研究提供了充分的文献资料。

《丛报》的译介是美国汉学史上有代表性的学术活动，它参与了该学科的创立过程，具备一定的学术性贡献。刊物作为 19 世纪在华西方人研究、探讨中国文化的阵地，大量译介文章和研究成果正是通过该渠道得以面世，具备数量众多、传播迅速、受众面广、专题集中等优势和特点，有力地拓展了汉学研究视域，成为汉学建立的坚实基础。在美国汉学史形成中，《丛报》的翻译活动显然是其中一个重要组成部分，与其他汉学学术活动一起促成了今日美国汉学的确立和发展，形塑了早期汉学的学术形态，展现出美国汉学的发展轨迹和方向，即从传统学院型到后期问题型的转变。学界普遍认为，美国的汉学研究正式起源于 1830 年裨治文和雅裨理来华，并在此期间创办、发行《丛报》，从而掀开了当时西方，尤其是美国，了解中国的开始。《丛报》也因此成为 19 世纪欧美汉学界汉学研究的重要阵地，成为美国汉学的摇篮（张西平，2017：11）。

本章小结

《丛报》作为 19 世纪传播中国信息的媒体介质，它发行面广，数量大，被多种期刊转载，影响广泛。其译介内容影响了后期汉学期刊《中国评论》的选材和内容的侧重，体现在翻译副文本评论性话语所构建的绝对君权的专制政府形象、偶像崇拜和迷信的异教民族形象以及被桎梏和被压迫的女性形象。同时，作为美国早期汉学的重要发轫场所，《丛报》为美国早期主要汉学家的成长、发展提供了平台，并影响了他们此后多部汉学著述的撰写，尤其以《中国总论》为代表，在内容、观点和中国形象上都延续了《丛报》的方式。《丛报》的译介文本体现出的早期汉学研究的独特特征，彰显出中西文化交流中以翻译为载体的文化建构的本质。

第八章　结语

　　刊行于 19 世纪中西历史关系转折时期的《丛报》，其翻译活动既是对翻译史领域极具价值的研究课题，也对中西文化交流史、汉学史、基督教史等相关学科起到积极的反拨作用。时至今日，这份期刊中的大量文献，对从事中西关系史和近代中国史研究的学者而言，依然是值得珍视的史料。《丛报》作为当时在华西方人最重要的论坛，20 年间在广州、澳门等地的几番辗转正值近代东西方文化正面交锋及中西关系发生重大转折时期。刊物不仅见证了鸦片战争的全过程，见证了广州作为中国唯一对外交通口岸经济文化地位日渐衰落的过程，也见证了中国文化由点及面向西方的流播过程。

　　刊物以广州—澳门这一带狭小地区的来华西方人为主要服务对象，集中反映这一群体的切身利益和态度，不仅其发行地广州是当时中西文化间最重要的"接触带"，刊物本身也成为文化、思想交流的"接触带"。它对 19 世纪美国汉学的诞生和发展起了关键的推动作用，美国早期汉学正是诞生在以《丛报》为媒介的异质文化碰撞、交流和相互浸淫之中。

　　《丛报》的停刊启事言明，刊物传递有关中国的消息，旨在激发对中国千百万人的精神和社会福利的兴趣，并指出对中国人状况和特征上尚有很多地方需要了解，以及记述在中国对外关系方面发生的重要事件和变化，它为达到预期目的而感到满足。因此，对《丛报》的评价，尤其是在文化交流史方面的贡献，我们理应更多地看到《丛报》在晚清中西文化相遇之时，对中国社会全景式的展现、对汉学发展的贡献和对研究近代史中国问题的文献价值。

　　结合前述几章的分析和阐释，本书主要有以下发现和创新，也存在一些不可避免的不足。

第一节　研究发现和创新之处

一、研究发现

本书的研究发现主要来自两个方面：一是《丛报》在译介各类文本中呈现的特征；二是《丛报》译介在中西文化交流中的作用和地位。

（1）《丛报》译介的特征

《丛报》的译介研究作为翻译文化史研究的典型事件，其译介过程中的特征和规律存在一定的普适性，对文化翻译、翻译史模式的研究均有重要的借鉴和启示的作用。

本书针对《丛报》中华典籍、时事政治、语言民俗三类文本所做研究表明，各类译本的翻译过程均不同程度受到社会历史语境诉求和译者意识形态的影响，其译介特点既有共性也有各不相同之处。

《丛报》的典籍译介中，出于了解并评判中国思想文化基础、批判中国古代教育的动机，《丛报》译介儒学典籍，并在译介中撰写译前导言作为拟译文本的纲领性介绍，采取直译的方法以原汁原味再现原文，通过译后注释对中国文化知识做评介和释义；而译介历史文化类典籍则是应用作汉学学习教材和洞悉中国历史知识和宗教之需，在译介文本中呈现出译介模式多样化、副文本的广泛应用和翻译策略多元化等特征。

《丛报》的时事政治译介中，出于获悉清政府动向、了解清朝政体文化和颠覆耶稣会士认知的动机，《丛报》大量摘译《京报》，译介政治类专有名词以知晓清朝政体架构，译介《圣谕广训》以阐释官方政治思想，译介官场文化以塑造负面清政府形象，译介中西关系中的律劳卑事件，通过操控语词表达，用译介评论推动中西关系向符合西方人利益的方向演进，体现出现实的需求。

《丛报》的语言民俗译介中，出于掌握汉语的强大学习动机，译介汉语语言文化，在汉字、注音、语法等相关文化译介中以多种释义方式，提供充足的例证，并采用异化为主的翻译方法和带有学术化色彩的评价方式；出于体察中国风土人情和揭示中国社会阴暗面的动机，译介民俗文化，采用灵活的方法翻译文化负载词，且副文本独具特色，体现出中西比较视野、学术化色彩及负面评价为主的特征。

总之,《丛报》翻译事件中,影响翻译文化传播的根本要素是社会历史语境的诉求和译者的意识形态操控,并通过译者在翻译中的调和得以实现。各类文本译介过程中的选材、语词的操控、构建的翻译模式、异化归化策略的运用及大量解释性、评论性副文本的参与一道决定了《丛报》文化传播的特征。一方面服务于具体的译介动机,体现出传教士译者对中国文化的认知和理解,从而彰显出社会历史语境下翻译选择与操控的结果;另一方面形塑出 19 世纪西方人眼中的中国形象、构建起美国早期汉学体系,从而表征出翻译传播、承载、建构文化的功能。因此,借助于文本分析为基础的翻译研究模式是透视和分析文化交流本质的有效尝试,将翻译研究、历史研究、文化研究、汉学研究、宗教学研究等多学科知识相结合的跨学科研究也是由《丛报》翻译事件本身特点所决定的,体现了翻译研究未来的发展趋势。

（2）《丛报》译介在中西文化交流史中的作用和地位

首先,《丛报》的译介传播是中国文化外化的桥梁和通道,推动了中西文化间的交流。自 18 世纪后期开始,西方对中国的认识和评价发生重大转折,《丛报》对中国的翻译、介绍和评价是这一长期趋势中一个重要转折点,这份期刊可视为西方学术界在建构关于中国的知识网络在中国本土的一个节点。它记录了人类文明史上最古老的文化大国与最年轻的国家之间所发生的文化和政治的最初接触,极大地扩充了西方关于中国的认知,从而为一个政治接触和文化交流激增的时代拉开了序幕,其史料价值早已大大超出创刊之初以提供中国及其周边国家可靠、有价值情报的初衷,为今人治史提供历史现场的重要凭借。

其次,《丛报》面向西方读者介绍中国的姿态本身就表明其力图打通中西交流的渠道,以翻译的方式为中国文化向西方的流播提供了基本的文献,为 19 世纪的西方人中国观提供学术支撑。《丛报》译介中华典籍推动了中学西传的进程,具有首发性的影响;译介时事政治类文献,展示出清朝政体文化、官方意识形态;译介语言文本延续、补充前人工作,为后人提供借鉴;译介民俗文本传递中国社会文化多方面的信息。刊物作为向西方传播中国知识、建构中国形象的主要途径,是西方社会公众了解中国知识的核心载体,促进了西方人对中国社会各个层面的认知,构成了 19 世纪西方关于中国知识体系的重要内容,甚至影响了西方社会对中国社会的机制评判。

最后，《丛报》发行量大，覆盖范围广，影响深远。刊物对后期汉学期刊《中国评论》的选材、译介方式等和美国汉学代表作《中国总论》均产生较大影响，形塑出 19 世纪的西方的中国形象，在构建美国早期汉学方面发挥导向作用，是晚清中西文化交流史一份重要的期刊。

二、创新之处

本书作为《丛报》翻译活动的历史研究，在对其译介所涉译本特征、译介动机和译介影响的系统考察中体现出以下 3 方面的创新。

（1）文献辑录的视角。本书立足文献学角度对《丛报》翻译史料进行挖掘和整理，针对中华典籍、时事政治、语言民俗三类文本所做的文献辑录，是从翻译学视角提供的重要资料，揭示出文献在翻译史研究方面的价值。尤其是对译介篇目的核查，系在卫三畏的《总索引》、张西平《〈中国丛报〉篇名目录及分类索引》及史学界已有研究基础之上提供的中文版篇目索引。首次标明文章译者及明确的起止页码，并从译学视角对已有目录做出了补正和完善，凸显出本研究历史挖掘的价值，为后续研究提供了富有价值的学术参考。

（2）《丛报》译介的系统研究。本研究注重深度挖掘史料，并首次从翻译学的视角系统地对《丛报》进行的考察，克服过往研究多停留在单语篇、局限于翻译内部的缺陷。在借鉴相关学科领域已有研究的基础上，立足第一手原始史料，依托中华典籍、时事政治、语言民俗三类文本中较有代表性案例，归纳、分析和总结《丛报》的选材概况、译介动机、译介内容、译介特征。既有宏观的社会、历史、政治因素的考量，将翻译实践同历史语境相关联，亦有微观的文本细读，从语言和文本出发，剖析其历史价值。也正是由于一手研究史料来源的原始性，研究的不少原创论点、翻译文本案例均来自前人未曾涉猎的史实发现，从深度和广度上都扩展了《丛报》翻译研究的范畴。

（3）汉学史角度的考察。研究《丛报》的译介影响，尤其是对美国汉学发轫的影响，是首次立足于汉学史角度的考察。研究从对后期汉学期刊《中国评论》的影响、对美国早期汉学家相关著述的影响、与代表性汉学著作《中国总论》在选材、内容和中国形象等方面的承继关系展开全面的考察，总结了以《丛报》为阵地的美国早期汉学研究特征及翻译的文化建构作用，加深对翻译本质在塑造异文化形象和建构特定文化内涵等方面作用的认识。

第二节　研究局限及未来研究展望

历史学家桑兵（2018:21）曾言：治史每每材料不能完整，而学人因为工具见识不够，时时力有不逮，必须厥疑与藏拙。就客观而言，研究史料收集无论多么丰富，总是片段，文献总有不足之处。另外，《丛报》内容丰富，所涉范围广泛，时间跨度长，都为研究带来一定的困难。因此，受研究时限、条件和研究者本身跨学科能力、学识等不足所限，本书存在以下局限。

首先，史料的收集和运用难度较大。本研究着重讨论的是《丛报》译介选材、内容和译介特征，在译介影响探讨中，关于各类译本在译入语国家对具体文本的译介影响讨论不足，且由于《丛报》发行距今年代久远，无法考察其具体的传播路径，致使有些直接证据无法获取，未能收集到更大范围内的一手史料，分析较为笼统，无法做到透彻和详尽，这也是未来努力的方向之一。

其次，译文的界定标准不易把握，使得由此展开的史料分析也受限。《丛报》的英译、译写、介绍等起到文化传播和构建的作用的文章不易区分，直接标明标准译文的文章并不多，更多的是不带标记的译述、摘译、节译等，尤其是"译"和"写"的融合的文章较为多见，也因此给各类译介文献的整理带来较大的困难。在《丛报》所涉文化传译中，异质思想对译者的影响不仅体现在其直接的翻译文本中，也间接融入在他们的写作当中，同样起到了传播异质文化思想的作用。正是基于以上的原因，本研究将与各类主题相关的文章，不论其形式是翻译、引述还是译述，均视为承载文化传播功能的译文，并以此为考察《丛报》译介情况的基础。

同时，本书的研究视角是基于翻译语料的历史研究，即通过《丛报》的译介活动来分析研究翻译的文化操控和建构作用，并以此探究《丛报》的翻译选择、策略、阐释及影响。同样的史料运用也会因角度、路径和方法的不同而诠释出不同的研究结论，本书仅为一家之言，更多有深度、有见地的阐释有待后来学者的进一步研究。

《丛报》的译介研究是一个极其复杂和富有研究价值的跨学科课题，涉及基督教思想、传教士译者、社会历史语境等多方面的客观因素，本书所涉研究仅针对其中较有代表性、较有研究价值的译本结合历史语境作为研究对象，对于更多的译介史料和译者行为研究尚存在较大的拓展空间。未来的研究可在以下方面深入展开：更加全面、系统考察《丛报》的翻译、传播和建构过程，包括各类不同译本的共时和历时接受、评价和影响作用，以及影响翻译的多种因素的分析等；《丛报》在海外汉学领域，特别是对美国汉学影响的系统研究；《丛报》汉学译介模式的理论化建构和基于《丛报》的多学科考察等。

参引文献

Alvarez Roma, M Carmen Africa. 1996. *Translation, Power, Subversion*[M]. Clevedon, Philadelphia & Adelaide: Multiligual Matters LTD.

Barnstone W. 1993. *The Poetics of Translation History, Theory, Practice*[M]. New Heaven: Yale University Press.

Baek Gwangjoon. 2017. The Translations of "The Chinese Classics" of The Chinese Repository (Vol. 3. No. 3.) with an Added Commentary[J]. 中國語文論譯叢刊，卷(41): 365-403。

Baek Gwangjoon. 2018. The Translations of Education among the Chinese" of The Chinese Repository (Vol. 4. No. 1.) with an Added Commentary[J]. 中國語文論譯叢刊，卷(42):269-297.

Barnet , Fairbank. 1985. *Christianity in China: Early Protestant Missionary Writing*[M]. HarvardUniversity Press.

Bassnett Susan, Andre Lefvere. 1990. *Translation, History and Culture*[M]. London and New York: Pinter Publishers.

Bassnett Susan. 2004. *Translation Studies* (3rd Edition)[M]. Shanghai: Shanghai Foreign language Education Press.

Bassnett Susan, Peter Bush. 2006. *The Translator as Writer*[M]. London and New York: Continuum.

Bassnett Susan. 2007. The Meek or the Mighty: Reappraising the Role of the Translator[M]//Álvarez Roman, M Carmen-África Vidal. *Translation, Power, Subversion*. Beijing: Foreign Language Teaching and Research Press:10-24.

Benjamin Walter. 1992. The Task of the Translator[M]. Trans. Harry Zohn. *Theories of Translation: An Anthology of Essays from Dryden to Derrida*. eds. Rainer Schulte and John Biguenet. Chicago and London: The University of Chicago Press.

Bridgman Elijah Coleman. 1841. *Chinese Chrestomathy in the Canton Dialect*[M]. Macao: American BoardMissionPress.

Bridgman Elijah Coleman,Williams Samuel Wells . 1941. *The Chinese Repository*: Volume I-XX [C]. Tokyo: Maruzen Co. Ltd.

Bridgman E J. 1864. *The Life and Labors of Elijah Coleman Bridgman*[M]. New York: Anson D. F. Randolph.

Britton S. 1966. *The Chinese Periodical Press 1800-1912*[M]. Taipei: Ch'eng-wen Publishing Company.

Broomhall B. 1927. *Robert Morrison, A Master Builder*[M]. London: Student Christian Movement.

Chapelle Niamh. 2001. The Translators' Tale: A Translator—Centered History of Seven English Translations (1823-1944) of the Grimm's Fairy Tale[D]. Dublin City University.

Cha Taegeun. 2005. The Discourse and Network of the knowledge on Eastern Asia in the first half of 19th century: focusing on *the Chinese Repository*(1832-1851) [J]. *The Journal of Modern Chinese Literature.* 卷(32): 119-148.

Cordier H. 1872. *Bibliotheca Sinica 2nd ed. Vols 1-4*[M]. Paris: Librairie Orientale & Americane.

D Mac Gillivary. 1907. A Century of Protestant Missions in China（1807-1907）Being the Century Conference Historical Volume[M]. Printed at the American Presbyterian Mission Press.

Delisle Jean,Judith Woodsworth . 2012. *Translators through History*[M]. Amsterdam/ Philadelphia: John Benjamins Publishing Company.

Der-lin Chao. 2000. Promoting the study of the Chinese language in the early 19th century:*The Chinese Repository* as a resource[J]. *Journal of the Chinese Language Teachers Association.* 17-42.

Dennett，Tyler. 1941. *Americans in Eastern Asia*[M]. New York: Barnes &Noble.

Evariste Régis Huc. 1855. *The Chinese Empire: Forming a Sequel to the Work Entitled Recollections of a Journey Through Tartary and Tibet*[M]. New York: D. Appleton & Company.

Even-Zohar Itamar. 1990. Polysystem Studies[J]. *Poetics Today*, 11: 1.

Fairbank J K. 1985. *Christianity in China*[M]. Cambridge: Harvard University Press.

Genette Gérard. 1988. The Proustian paratexte[J]. *SubStance*(2):63-77.

Genette Gérard. 1991. Introduction to the paratext[J]. *New Literary History*(2):263-272.

Genette Gérard. 1997. Paratexts: Thresholds of InterpretationTranslated by Jane E. Lewin[M]. London: CambridgeUniversity Press.

Gentzler E. 2001. Contemporary Translation Theories, 2nd edition[M]. Clevedon: Multilingual Matters.

Grifis W E. 1902. *A Maker of the New Orient: Samuel Robbins Brown, Pioneer Educator in China, America, and Japan: The Story of His Life and Work*[M]. New York: Fleming H. Revell Company.

Hermans Theo. 1999. *Translation in Systems: Descriptive and System-oriented Approaches Explained*[M]. Manchester: St. Jerome.

H F Macnair. 1923. *Modern Chinese History Selected Reading*[M]. Shanghai: Commercial Press.

Latourette K S. 1929. *A History of Christian Missions in China*[M]. New York: The Macmilan Company.

Lazich M C. 2000. *E. C. Bridgman (1802-1861): American's First Missionary to China*. Lewiston[M]. New York: The Edwin Mellen Press.

Lee Bogo. 2014. Cultural Contact between East and West in the Early 19th Century and *The Chinese Repository*: Focused on the Contact Process of Chinese-Western Language Culture in a Process of Christianity Propagation[J]. *Journal of Chinese Language and Literature*. 卷(66):365-403.

Lee Bogo. 2015. A Study on the Correlation Between The Chinese Repository and The Middle Kingdom-A review on the systematization process of Chinese knowledge of the West in 19th Century[J]. 中語中文学，第 61 辑:223-259.

Lefevere Andre. 1982. Mother Courage's Cucumbers: Text, System and Refraction in a Theory of Literature[J]. *Modern Language Studies*,12:4,3-20.

Lefevere Andre. 2004. *Translation, Rewriting, and the Manipulation of*

Literary Fame[M]. Shanghai: Shanghai Foreign Language Education Press.

Lefevere Andre. 2006. Translation/History/Culture: A Sourcebook[M]. Shanghai Foreign Language Education Press.

Lowrie W M. 1849. *Memoirs of the Rev. Walter Lowrie, Missionary to China*[M]. New York: Robert Carter & Brothers.

Lutz J G. 1982. *Karl Gutzlaff: Missionary Entrepreneur in Early Chinese Protestant Literature*[M]. Cambridge: Harward University.

Lutz J G. 2008. *Opening China: Gutzlaff and Sino-Western Relations, 1827-1852*[M]. Grand Rapids, Michigan: Wm. B. Eerdmans Publishing Co.

MacGillivary D. 1907. *A Century of Protestant Missions in China (1807-1907): Being the Centenary Conference Historical Volume*[M]. Shanghai: The American Presbyterian Mission Press.

Macherras Colin. 1989. *Western Images of China*[M]. Hong Kong: Oxford University Press.

Malcolm Elizabeth L. 1973. The Chinese Repository and Western Literature on China 1800 to 1850[J]. *Modern Asian Studies*,7(2):165-178.

Milne William. 1820. *A Retrospect of the First Ten Years of the Protestant Mission to China: now, in connection with the Malay, Denominated the Ultra-Ganges Missions: Accompanied with Miscellaneous Remarks on the Literature, History, and Mythology of China*[M]. Malacca: Anglo-Chinese Press.

Morrison R. 1824. *Memoirs of the Rev. William Milan, D. D. , Late Missionary to China and Principal of the Anglo-Chinese College*[M]. Malacca: The Mission Press.

Morrison E A. 1839. *Memoirs of the Life and Labors of Robert Morrison*[M]. London: Longman, Orme, Brown, and Longmans.

Murray A Rubinstein. 1988. The wars they wanted: American Missionaries use of *The Chinese Repository* before the Opium War[J]. The American Neptune vol. 48:271-282.

Patrick Hanan. 2000. The Missionary Novels of Nineteenth-Century China[J]. *Harvard Journal of Asiatic Studies*, Vol. 60, No. 2:413-443.

P C Kuo. 1935. *A Critical Study of the First Anglo-Chinese War with Documents*[M]. 上海:商务印书馆.

Pym Anthony. 2007. *Method in Translation History*[M]. Beijing: Foreign Language Teaching and Research Press.

Ride Lindsay. 1957. *Robert Morrison: The Scholar and the Man*[M]. Hong Kong: Hong Kong University Press.

Robert Morrison. 1812. *Horae Sinacae: Translations from the Popular Literature of the Chinese*[M]. London: C. Stower Hackney.

Robert Morrison. 1815. A Dictionary of the Chinese Language, Part I, Vol. I[M]. Macao: The East India Company's Press.

Robert Morrison. 1819. A Dictionary of the Chinese Language, Part II, Vol. I[M]. Macao: The East India Company's Press.

Rubinstein Murray A. 1996. *The Origins of the Anglo-American Missionary Enterprise in China 1807-1840*[M]. London: The Scarecrow Press.

Schleiermacher F. 1992. On the different methods of translating（1813）[C] //Andre Lefevere. *Translation /History /Culture*: A Sourcebook. London ＆ New York: Routledge: 141-166.

Shuttleworth Mark, Moira Cowie. 2004. *Dictionary of Translation Studies*[M]. Shanghai: Shanghai Foreign Language Education Press.

Sim Hyeyeong. 2016. The Translations of "Miscellanies", The Chinese Repository, Vol. 2,No. 2,4, & 5. (1833) by Robert Morrison with an Added Commentary[J]. 中國語文論譯叢刊, 卷(39):349-377.

Sim Hyeyeong . 2016. Robert Morrison's Perceptions on Chinese People and Christian Identity Revealed in *The Chinese Repository*(1832-1834) [J]. *The Journal of Modern Chinese Literature.* 卷(76):139-170.

Sim Hyeyeong. 2018. Bridgman's missionary work in China and the concept of "Knowledge" in the early introductory remarks in *The Chinese Repository* seen in the context of the religious revivalism of the eighteenth and early nineteenth centuries[J]. *Korea Journal of Chinese Language andLiterature.* 卷(71):107-133.

Simon Sherry. 1996. *Gender in Translation:Cultural Identity and Politics of Translation*[M]. London & New York:Routledge.

Toury Gideon. 2001. *Descriptive Translation Studies and Beyond*[M]. Shanghai: Shanghai Foreign Language Education Press.

Townsend W J. 1891. *Morrison, the Pioneer Chinese Missions*[M]. London: S. W. Partridge & Co.

Venuti Lawrence. 1992. *Rethinking Translaiton: Discourse, Subjectivity, Ideology*[M]. London and New York: Routledge.

Venuti Lawrence. 2004. The Translator's Inviaibility: A history of Translaiton[M]. London and New York: Routledge. / Shanghai: Shanghai Foreign Language Education Press.

Woodsworth Judith. 1998. *History of Translation*[M]//M Baker. *Routledge Encyclopedia of Translation Studies*, London & New York: Routledge: 100-105.

Wylie A. 1867. *Memorials of Protestant Missionaries to the Chinese: Giving a List of Their Publications, and Obituary Notices of the Deceased*[M]. Shanghae: American Prebyterian Mission Press.

爱德华·萨丕尔.2011. 语言论：言语研究导论[M]. 陆卓元,译. 北京：商务印书馆.

爱德华·萨义德. 2007. 东方学[M]. 王宇根,译. 北京：三联书店.

卞浩宇. 2010. 晚清来华西方人汉语学习与研究[D]. 苏州：苏州大学.

曹飞霞. 2013. 鸦片战争前后美国对华认识[D]. 成都：四川师范大学.

陈吉荣.2018. 论"翻译+汉学"研究格局的渊源、内涵与影响因素[J]. 上海翻译，（05）：6-11.

陈延燕.2018.《中国丛报》与19世纪中叶西方人汉语研究[D]. 哈尔滨：黑龙江大学.

陈义海. 2007. 明清之际：异质文化交流的一种范式[M]. 南京：江苏教育出版社.

戴丽华. 2007.《中国丛报》与早期中美文化交流[D]. 南昌：南昌大学.

邓联健. 2015. 委曲求传：早期来华新教传教士汉英翻译史论 1807—1850[M]. 北京：清华大学出版社.

邓绍根. 2012. 美国在华宗教新闻事业的开端：裨治文与《中国丛报》[M]//郑保卫. 新闻学论集（第28辑）. 北京：经济日报出版社：12-17.

邓绍根. 2013. 美国在华早期宗教新闻事业的守护者卫三畏与《中国丛报》[J]. 新闻春秋，（02）：34-41.

杜学德. 2004. 中国民俗大系丛书·河北民俗[M]. 甘肃：甘肃人民出

版社.

　　段怀清，周俐玲. 2006. 《中国评论》与晚清中英文学交流[M]. 广州：广东人民出版社.

　　方汉奇. 1992. 中国新闻事业通史[M]. 北京：中国人民大学出版社.

　　方豪. 2008. 中西交通史[M]. 上海：上海人民出版社.

　　方志彤. 1940. 卫礼贤教授及其著作[J]. 研究与进步，1（04）：25.

　　费赖之. 1995. 在华耶稣会士列传及书目[M]. 冯承钧，译. 北京：中华书局.

　　费正清. 1983. 剑桥中国晚清史[M]. 北京：中国社会科学出版社.

　　伏尔泰. 1994. 风俗论[M]. 梁守锵，译. 北京：中华书局.

　　冯友兰. 1989. 中国哲学史新编[M]. 北京：人民出版社.

　　甘彩蓉. 2011. 卫三畏与《女学》英译研究[D]. 台北：台湾师范大学.

　　戈公振. 2011. 中国报学史[M]. 北京：生活·读书·新知三联书店.

　　耿强. 2009. 全球化与翻译策略：异化·归化·航入[J]. 东方丛刊，（04）：115-127.

　　顾长声. 2004. 传教士与近代中国[M]. 上海：上海人民出版社.

　　顾长声. 2005. 从马礼逊到司徒雷登——来华新教传教士评传[M]. 上海：上海书店出版社.

　　顾钧. 2009. 卫三畏与美国早期汉学[M]. 北京：外语教学与研究出版社.

　　顾钧. 《中国总论》的前世今生[N]. 中华读书报，2011-06-15（14）.

　　顾钧. 2011. 中国的第一份英文刊物[J]. 中国图书评论，（10）：94-97.

　　顾钧. 2012. 也说《聊斋志异》在西方的最早译介[J]. 明清小说研究，（3）：198-202.

　　顾钧. 美国人最早的《关雎》英译[N]. 中华读书报，2014-07-16（19）.

　　顾卫星. 2002. 马礼逊与中西文化交流[J]. 外国文学研究，（04）：116-120.

　　广东省文史研究馆. 1983. 鸦片战争史料选译[M]. 北京：中华书局.

　　广东省文史研究馆. 1986. 鸦片战争与林则徐史料选译[M]. 广州：广东人民出版社.

　　贺芳，邓联健. 2016. 早期来华新教传教士汉英翻译活动的动机与选本[J]. 外语与翻译，23（01）：12-16.

何辉. 2017. 卫三畏向西方介绍的中国[J]. 国际公关，（01）：90-91.

何绍斌. 2008. 越界与想象：晚清新教传教士译介史论[M]. 上海：上海三联书店.

何兆武. 2007. 中西文化交流史论[M]. 武汉：湖北人民出版社.

黄浩. 2016. 《岭南风土人情录》翻译报告（节选）[D]. 广州：广东外语外贸大学.

黄焰结，胡国正，邱晨. 2016. 中国新时期（1979—2013）翻译史著作的计量分析[J]. 浙江外国语学院学报，（06）：38-44.

季压西，陈伟民. 2007. 中国近代通事[M]. 北京：学苑出版社.

季压西，陈伟民. 2007. 来华外国人与近代不平等条约[M]. 北京：学苑出版社.

蒋凤美，李海军，高婷，陈娅婵. 2016. 《中国丛报》对中国科学典籍的译介[J]. 中国科技翻译，（3）：62-64.

姜秋霞. 2018. 敦煌文化翻译：策略与方法[J]. 中国翻译，39（04）：103-109.

柯飞. 2002. 译史研究，以人为本——谈皮姆《翻译史研究方法》[J]. 中国翻译，（03）：33-34.

孔陈焱. 2006. 卫三畏与美国早期汉学的发端[D]. 杭州：浙江大学.

孔慧怡. 1999. 翻译·文学·文化[M]. 北京：北京大学出版社.

孔慧怡. 2005. 重写翻译史[R]. 香港：香港中文大学翻译研究中心.

赖文斌. 2015. 从《中国丛报》看晚清传教士对中国典籍的译介[J]. 兰台世界，（22）：87-88.

赖文斌. 2016. 朱子学在英语世界的首次翻译：以《中国丛报》为中心[J]. 上海翻译，（03）：67-71.

雷孜智. 2002. 千禧年的感召——美国第一位来华新教传教士[M]. 尹文涓，译. 桂林：广西师范大学出版社.

李烽，阎静萍，黄比新，蔡理才. 1985. 《中国丛报》中文提要（之一）[J]. 岭南文史，（01）：35-49.

李烽，黄比新，阎静萍，蔡理才. 1985. 《中国丛报》中文提要（之二）[J]. 岭南文史，（02）：99-114.

李烽，黄比新，阎静萍，蔡理才. 1986. 《中国丛报》中文提要（之三）[J]. 岭南文史，（01）：68-71.

李烽，黄比新，阎静萍，蔡理才.1986.《中国丛报》中文提要（之四）[J].岭南文史，（02）：68-73.

李烽，黄比新，阎静萍，蔡理才.1986.《中国丛报》中文提要（之五）[J].岭南文史，（03）：126.

李烽，黄比新，阎静萍，蔡理才.1987.《中国丛报》中文提要（之六）[J].岭南文史，（02）：120-125.

李烽，阎静萍，黄比新，蔡理才.1988.《中国丛报》中文提要（之七）[J].岭南文史，（01）：106-126.

李海军.2011.传教目的下的跨文化操纵——论《聊斋志异》在英语世界的最早译介[J].上海翻译，（02）：78-80.

李海军，范武邱.2013.郭实腊对《红楼梦》的误读——论《红楼梦》在英语世界的首次译介[J].山东外语教学，（03）：100-103.

李海军，彭劲松.2014.《四书五经》在英语世界的首次译介[J].社会科学家，（07）：157-160.

李海军，蒋凤美.2016.论《中国丛报》对中国典籍的译介[J].山东外语教学，（06）：101-107.

李海军.2017.18世纪以来《农政全书》在英语世界译介与传播简论[J].燕山大学学报（哲学社会科学版），18（06）：33-37.

李浩.2004.美国来华传教士第一人——裨治文[J].江西师范大学学报，（02）：124-127.

李静.2014.《中国丛报》鸦片报道研究[D].广州：暨南大学.

李红满.2018.德国传教士郭实腊对中国古典小说的译介与阐释——以《中国丛报》为考察中心[J].外语与翻译，（04）：14-19.

李少军，刘春明.2004.试论律劳卑事件的根源与中方的应对[J].江汉论坛，（10）：91-94.

李奭学.2012.译述：明末耶稣会翻译文学论[M].香港：香港中文大学出版社.

李新德.2015.明清时期西方传教士中国儒道释典籍之翻译与诠释[M].北京：商务印书馆.

李秀清.2016.中法西绎——《中国丛报》与十九世纪西方人的中国法律观[M].上海：上海三联书店.

李秀清.2017.叙事·话语·观念：论19世纪西方人笔下的杀女婴问

题[J]. 中国法律评论，（05）：84-99.

利玛窦，金尼阁. 2010. 利玛窦中国札记[M]. 何高济，王遵仲，李申，译. 北京：中华书局.

刘禾. 2014. 帝国的话语政治：从近代中西冲突看现代世界秩序的形成[M]. 北京：三联书店.

刘军平. 2010. 西方翻译理论通史[M]. 武汉：武汉大学出版社.

刘同赛. 2013. 论近代来华传教士对《南宋志传》的译介——以《中国丛报》为例[J]. 剑南文学（经典教苑），（07）：133.

刘同赛. 2014. 近代来华传教士对中国古典文学的译介研究[D]. 济南：济南大学.

刘耘华. 2005. 诠释的圆环：明末清初传教士对儒家经典的解释及其本土回应[M]. 北京：北京大学出版社.

罗伯茨. 1999. 十九世纪西方人眼中的中国[M]. 蒋重跃，刘林海，译. 北京：时事出版社.

罗伟虹. 2013. 中国基督教（新教）史[M]. 上海：上海人民出版社.

马礼逊夫人. 2004. 马礼逊回忆录[M]. 顾长声，译. 桂林：广西师范大学出版社.

马森. 1999. 西方的中华帝国观[M]. 杨德山，等译. 北京：时事出版社.

马少甫. 2007. 美国早期传教士中国观和中国学研究——以裨治文为中心的考察[D]. 上海：华东师范大学.

马祖毅. 2006. 中国翻译通史[M]. 武汉：湖北教育出版社.

满丹南，李海军，赵碧，李洁薇. 2016. 《海国图志》在英语世界首次译介研究[J]. 武陵学刊，（05）：120-123.

孟华. 2001. 比较文学形象学[M]. 北京：北京大学出版社.

米歇尔·福柯. 2002. 词与物——人文科学考古学[M]. 莫伟民，译. 上海：三联书店.

闵正基. 2016. 《中国丛报》早期的"书评"专栏——19世纪英美传教士汉学的话语建构[M]//黄卓越. 汉风. 北京：五洲传播出版社：76-86.

宁博. 2017. 裨治文对《孝经》的译介研究[J]. 湖北函授大学学报，30（14）：192-194.

裴化行. 1993. 利玛窦评传[M]. 管震湖，译. 北京：商务印书馆.

佩雷菲特. 1996. 英使马嘎尔尼访华档案史料汇编[M]. 北京：国际文化出版公司.

覃璐思思. 2016. 清末刑律及法律报道的跨文化译介策略[D]. 广州：广东外语外贸大学.

仇华飞. 2000. 论美国早期汉学研究[J]. 史学月刊，（01）：93-103.

仇华飞. 2006. 裨治文与《中国丛报》[J]. 历史档案，（03）：46-50.

屈文生. 2014. 《南京条约》的重译与研究[J]. 中国翻译，（03）：41-48.

屈文生. 2013. 早期中英条约的翻译问题[J]. 历史研究，（06）：86-101.

桑兵. 2018. 治学的门径与取法——晚晴民国研究的史料与史学[M]. 北京：社会科学文献出版社.

沈毅. 2011. 晚清传教士报刊的经济报道[J]. 编辑之友，（09）：113-115.

宋莉华. 2010. 传教士汉文小说研究[M]. 上海：上海古籍出版社.

宋丽娟. 2017. "中学西传"与中国古典小说的早期翻译（1735—1911）——以英语世界为中心[M]. 上海：上海古籍出版社.

苏精. 2006. 《中华丛论》的生与死[M]//上帝的人马：十九世纪在华传教士的作为. 香港：基督教中国宗教文化研究社：18-39.

孙若怡. 2009. 卫三畏与《中国丛报》[M]//李金强，吴梓明，邢福增. 自西向东——基督教来华二百年论集. 香港：基督教文艺出版社：50-69.

谭树林. 1998. 卫三畏与中美文化交流[J]. 齐鲁学刊，（06）：112-116.

谭树林. 2002. 早期来华基督教传教士与近代中外文期刊[J]. 世界宗教研究，（02）：81-90.

谭树林. 2004. 马礼逊与中西文化交流[M]. 杭州：中国美术学院出版社.

谭树林. 2008. 《中国丛报》考释[J]. 历史档案，（03）：84-89.

谭维理. 1961. 1830年至1920年美国人之汉学研究[J]. 清华学报（新卷），（2）：246-247.

陶飞亚. 2005. 边缘的历史——基督教与近代中国[M]. 上海：上海古籍出版社.

陶文钊. 1992. 费正清集[M]. 天津：天津人民出版社.

卫斐列. 2002. 卫三畏生平及书信——一位美国来华传教士的心路历程[M]. 顾钧，江莉，译. 桂林：广西师范大学出版社.

卫三畏. 2005. 中国总论[M]. 陈俱，译. 上海：上海古籍出版社.

吴慧珺. 2015.《中国丛报》时事报道研究[D]. 合肥：安徽大学.

吴义雄. 2000. 在宗教与世俗之间：基督教新教传教士在华南沿海的早期活动研究[M]. 广州：广东教育出版社.

吴义雄. 2008.《中国丛报》与中国历史研究[J]. 中山大学学报（社科版），（01）a：79-91.

吴义雄. 2008.《中国丛报》与中国语言文字研究[J]. 社会科学研究，（05）b：137-144.

吴义雄. 2009.《中国丛报》关于中国社会信仰与风习的研究[J]. 学术研究，（09）：101-113.

吴义雄. 2013. 在华英文报刊与近代早期的中西关系[M]. 北京：社会科学文献出版社.

吴义雄. 2018. 大变局下的文化相遇——晚清中西交流史论[M]. 北京：中华书局.

王国强. 2010.《中国评论》（1872—1901）与西方汉学[M]. 上海：上海书店出版社.

王建开. 2007. 翻译史研究的史料拓展：意义与方法[J]. 上海翻译，（02）：56-60.

王克非. 1994. 论翻译文化史研究[J]. 外语教学与研究，（04）：57-61.

王克非. 2000. 翻译文化史论[M]. 上海：上海外语教育出版社.

王克非. 2001. 论翻译文化研究的基础工作[J]. 外国语言文学研究，（01）：57-62.

王丽娜，杜维沫. 2006.《三国演义》的外文译文[J]. 明清小说研究，（04）：70-85.

王立新. 1997. 美国传教士与晚晴中国现代化[M]. 天津：天津人民出版社.

王海，覃译欧，尹静. 2016. 岭南风土人情对外译介的跨文化传播策略：以《中国丛报》文本为例[J]. 国际新闻界，（07）：41-58.

王海，王海潮. 2017. 岭南文化负载词对外译介的语用模式——以 19 世纪上半叶在华英文报刊文本为例[J]. 中国翻译，38（02）：43-51.

王海，王海潮，钟淇. 2017. 19 世纪上半叶在华外国人汉语拼音化活动与影响——基于《中国丛报》记述的考察[J]. 安阳工学院学报，16（05）：

97-102.

王宏志.2007.重释"信、达、雅"——二十世纪中国翻译研究[M].北京:清华大学出版社.

王宏志.2013.翻译史研究（2012）[M].上海:复旦大学出版社.

王宏志.2018.翻译史研究（2017）[M].上海:复旦大学出版社.

王宏志.2013.马礼逊与"蛮夷的眼睛"[J].东方翻译,（02）:28-35.

王宏志.2015.《南京条约》中"领事"翻译的历史探析[J].中国翻译,（03）:31-41.

王宁.2006.文化翻译与经典阐释[M].北京:中华书局.

王宁.2009.翻译研究的文化转向[M].北京:清华大学出版社.

王树槐.1981.卫三畏与《中华丛刊》[M]//林治平.近代中国与基督教论文集.台北:宇宙光出版社:169-191.

王琰.2013.汉学视域中《论语》英译研究[M].上海:上海外语教育出版社.

王燕.2008.试论《聊斋志异》在西方的最早译介[J].明清小说研究,（02）:214-226.

王燕.2009.宝玉何以被误读为女士?——评西方人对《红楼梦》的首次解读[J].齐鲁学刊,（01）:125-131.

王燕.2016.十九世纪西方人视野中的《三国演义》——以郭实腊的《三国志评论》为中心[J].中国文化研究,（04）:155-166.

王以芳.2013.19世纪媒介形态下美国来华传教士群体建构的中国形象与美国形象研究[D].济南:山东大学.

文青.2018.《中国丛报》中神话传说（节选）回译报告[D].广州:广东外语外贸大学.

夏天.2012.史料、语境与理论:文学翻译史研究方法构建[J].外国语,35（04）:80-87.

熊文华.2015.美国汉学史[M].北京:学苑出版社.

熊月之.1995.西学东渐与晚清社会[M].上海:上海人民出版社.

许海燕.2010.稀见英文期刊选编[M].北京:国家图书馆出版社.

修文乔.2007.点评中西翻译理论,探求译学发展之路——张南峰《中西译学批评》评介[J].内蒙古民族大学学报,（01）:24-26.

谢庆立.2017."西洋镜"里的末世图景——1832年《中国丛报》的中

国报道研究[J]. 新闻战线，（21）：77-79.

谢庆立. 2018. 看不见的"推手"——《中国丛报》与 1834 年"律劳卑事件"报道研究[J]. 新闻记者，（02）：22-30.

许方怡. 2017. 《中国丛报》中的中国古典小说译介研究[M]. 上海：上海师范大学.

许明龙. 2007. 欧洲十八世纪中国热[M]. 北京：外语教学与研究出版社.

徐华. 2017. 中华民族文化外传的典例：郭实腊《〈苏东坡全集〉简评》论考[J]. 贵州民族研究，38（08）：157-166.

杨柳，王守仁. 2013. 文化视域中的翻译理论研究[M]. 北京：人民文学出版社.

杨玉秋. 2013. 基督新教传教士与鸦片战争[D]. 广州：暨南大学.

尹静，欧阳明思，王海. 2017. 岭南风土人情对外译介的语用特征——以《中国丛报》文本为例[J]. 衡阳师范学院学报，38（01）：151-155.

尹文涓. 2003. 《中国丛报》与 19 世纪西方汉学研究[J]. 汉学研究通讯，22（02）：28-36.

尹文涓. 2003. 《中国丛报》研究[D]. 北京：北京大学.

尹文涓. 2005. 耶稣会士与新教传教士对《京报》的节译[J]. 世界宗教研究，（02）：71-82.

尹文涓. 2014. 《中国丛报》与汉学研究[M]//顾钧，马晓冬，罗湉. 文本内外的世界——中外文学文化关系研究新视野. 北京：北京大学出版社：359-377.

曾春莲，张红霞. 2010. 裨治文、理雅各《孝经》英译比较[J]. 西南民族大学学报（人文社会科学版），31（S1）：191-195.

岩井大慧. 1944. 《中国丛报》解说[M]. 东京：丸善株式会社.

赵长江. 2014. 19 世纪中国文化典籍英译研究[D]. 天津：南开大学.

赵莹. 2013. 《京报》的流传与 19 世纪中英关系构建：以"觐见问题"为例[J]. 国际新闻界，35（07）：151-159.

张大英. 2013. 美国学者裨治文对《说文系传》的译介[J]. 山东外语教学，（04）：102-105.

张建英. 2016. 《聊斋志异》在《中国丛报》的译介[J]. 东方翻译，（06）：26-32.

张涛. 2016. 《中国丛报》的孔子观及其向美国的传播[J]. 安徽史学，（01）：134-143.

张施娟. 2010. 裨治文与早期中美文化交流[M]. 杭州：浙江大学出版社.

张喜. 2018. 抚夷日记[M]. 南京：南京出版社.

张西平. 2006. 欧美汉学的历史与现状[M]. 郑州：大象出版社.

张西平，顾钧，杨慧玲. 2008. 《中国丛报》篇名目录及分类索引[M]. 桂林：广西师范大学出版社.

张西平. 2015. 20 世纪中国古代文化经典在域外的传播与影响研究[M]. 北京：经济科学出版社.

张西平. 2017. 简论中国学研究和汉学研究的统一性和区别性[J]. 国际汉学，（03）：10-17.

章宜华，雍和明. 2007. 当代词典学[M]. 北京：商务印书馆.

张旭. 2011. 中国英诗汉译史论（1937 年以前部分）[M]. 长沙：湖南人民出版社.

张营林. 2016. 近代英文期刊《中国评论》所刊中国古典小说英译研究[D]. 淄博：山东理工大学.

张志惠. 2006. 阅读中国：《中国丛报》与新教传教士关于中国的理解及书写[D]. 台北：台湾大学.

中国历史第一档案馆. 1987. 鸦片战争档案史料（一）[M]. 上海：上海人民出版社.

中国历史第一档案馆. 1987. 鸦片战争档案史料（二）[M]. 上海：上海人民出版社.

中国历史第一档案馆. 1987. 鸦片战争档案史料（四）[M]. 上海：上海人民出版社.

中国历史第一档案馆. 1987. 鸦片战争档案史料（五）[M]. 上海：上海人民出版社.

中国历史第一档案馆. 1987. 鸦片战争档案史料（六）[M]. 上海：上海人民出版社.

中国史学会. 1954. 中国近代史资料丛刊：鸦片战争[M]. 上海：神州国光社.

钟淇. 2018. 中国地名的回译原则——《中国丛报》广州海上丝路专题

报道的翻译报告［D］. 广州：广东外语外贸大学.

郑永福. 1986. 律劳卑来华与鸦片战争［J］. 史学月刊，（05）：40-46.

周密，陈君静. 2006. 美国传教士的中国研究的特点及其影响［J］. 宁波大学学报（人文科学版），（03）：45-51.

周宁. 2006. 天朝遥远——西方的中国形象研究［M］. 北京：北京大学出版社.

周岩厦. 2006. 早期新教传教士以教育、知识传播与医务活动促进传教事业述论［D］. 杭州：浙江大学.

朱维铮. 2001. 利玛窦中文著译集［M］. 上海：复旦大学出版社.

邹朝春. 2014.《中国丛报》的创刊及其动机初探［J］. 宗教学研究，（04）：234-238.

邹朝春. 2016. 1832 年《中国丛报》的创刊［J］. 历史档案，（02）：118-122.

邹颖文. 2009. 晚清《三字经》英译本及耶教仿本《解元三字经》概述［J］. 图书馆论坛，29（02）：176-178.

邹振环. 2010. 晚明至晚清的翻译：内部史与外部史［J］. 东方翻译，（04）：18-26.

佐佐木正哉. 1967. 鸦片战争前中英交涉文书［M］. 东京：严南堂书店.

附录　主要译者简介

裨治文（Elijah Coleman Bridgman，1802—1861）

美国马萨诸塞州人。第一位来华美国新教传教士，美国早期汉学创始人，汉学家。12 岁接受洗礼，领受圣餐，青少年时期就对海外传教表现出了极大的兴趣和向往。1826 年，他从阿姆斯特丹学院（Amherst College）毕业之后考入安道华神学院（Amdover Seminary）深造神学。于 1830 年受美国公理会（通称美部会）委派来广州传教，是中美文化交流史上的先驱性学者，人如其名"Bridgman"，起到文化中介的作用。1832 年创办《中国丛报》并长期担任主编，为《中国丛报》撰稿数百篇，也正是由于其主编《丛报》的长期经历为他赢得美国国内"中国问题第一专家"的称号。曾在中美两国签订《望厦条约》期间担任美国公使顾盛（Caleb Cushing）代表团的译员，并亲自参与条约的订立。1847 年迁居上海，除翻译《圣经》外，还为美国政府在华利益效力。裨治文精通中文，一生著述丰富。代表作方面，中文著作有《真假两歧论》《美理哥合省国志略》《复活要旨》等，英语作品主要有《广东方言中文文选》和 20 卷的《中国丛报》，英汉代表作有《新约全书》和《旧约全书》。裨治文是《丛报》投稿最多的译者，所涉领域广泛，既有《三字经》《孝经》等蒙学典籍，也有大量时事政治类文章，如《京报》的摘译等，是美国早期汉学研究的建立和发展的奠基人。在多个领域都有所贡献，集政治家、外交官、神学家、历史学家和汉学家等诸多身份于一身。1861 年 11 月，裨治文在上海去世，终年 60 岁。他的夫人根据裨治文生前遗留下的信件、札记等资料整理编著了《裨治文的生平与事业》一书，于 1864 年在美国纽约出版，书中记述了裨治文一生的主要经历和工作。

卫三畏（Samuel Wells Williams，1812—1884）

美部会传教士，是最早来华的新教传教士之一，也是美国早期汉学研究的先驱者，美国第一位汉学教授。1812 年出生于美国纽约州伊萨卡（Utica）的书商家庭，1831 年加入伊萨卡第一教会，1832 年 7 月被美部会任命为广州传教站印刷工并于同年 10 月抵达广州开始负责印刷所业务，数月后接替裨治文开始负责编辑印刷《中国丛报》。此后 20 年，其主要工作就是编辑印刷《中国丛报》直至停刊。1844 年，受聘顾盛使团，参与中美《望厦条约》的谈判和签订工作。1858 年在中美两国签订《天津条约》期间，卫三畏是使团的第二号人物，担任翻译一职，从此开始其作为外交官的职业生涯，于 1876 年辞职返回美国。在华共 43 年间他一直致力于研究和介绍中国传统文化，对中西文化交流起到了积极的促进作用。曾被耶鲁大学授予名誉文学硕士，受聘成为该校第一位中国语言与文学教授，也是美国第一位中国语言和文学讲座教授，曾当选为美国东方学会主席。代表作《中国总论》《汉英韵府》《拾级大成》等奠定了他作为美国汉学第一人的学术地位，是美国第一位职业汉学家。卫三畏在《丛报》的发稿数量仅次于裨治文，其中有一定汉学基础的文章就有百余篇之多，主要涉及博物学、中国风土人情和中国地理三个方面，构成美国早期汉学最重要的成果基础。1884 年 2 月，卫三畏病逝于美国康涅狄格州纽黑文。

郭实腊（Karl Friedrich August Gutzlaff，1803—1851）

1803 年 7 月生于普鲁士，德国基督教路德会牧师、汉学家。他是早期来华传教士中经历较为复杂的一位，在华 20 年间，积极参与传教、著书、航行、鸦片战争等方面的事务。他曾先后七次航行中国沿海口岸，1835 年接替马礼逊成为英国驻华商务监督的中文秘书兼翻译，鸦片战争期间全程参与，为英国侵华势力提供语言服务，随英军到定海、宁波、上海、镇江等地进行侵略活动。1842 年 8 月参与签订《南京条约》，是英方三位翻译之一。为《中国丛报》供稿多篇，其中《红楼梦》《三国演义》均是首次译介到英语世界。其刊载在《丛报》的文章以历史类和古典小说的译介为主。他具有语言天分，著述丰富，以中文、日文、马来语、英文书写的著作达到 85 种之多，其中中文著作 61 种，如《中国简史》《开放的中国》《中国沿海三次航行记 1831—1833 年》等，并于 1833 年 8 月在广州创办中国最早的新闻月刊——《东西洋考每月统记传》，广泛介绍中西各国的宗教、政治、科学、经济、文化风貌等，1837 年停刊。1851 年 8 月，郭实腊从欧洲返回香港后不久即病逝。

马礼逊（Robert Morrison，1782—1834）

英国伦敦会派到中国的第一位基督新教传教士，语言学家，汉学家。自小学习神学课程，以及天文、初级汉语等。1782 年他出生于大不列颠岛一户贫农的家庭，1804 年加入伦敦会，开始自学汉语，后师从中国人容三德（Yong Sam-tak）学习。1807 年被派往中国广州。他在华 25 年，编纂字典、主办刊物、设立学校，在中西文化交流的许多方面都发挥了首创之功。他第一个把《圣经》译成中文。同时，他翻译了不少中国文化经典著作，包括《三字经》《大学》《三教源流》《太上老君》等，编辑出版了中国历史上第一部英汉对照字典——《华英字典》。1815 年和米怜于马六甲一起创办《察世俗每月统计传》，以传播教义为主，兼及少量历史科学等内容，以向中国人传播西方文化为主要办刊目的。1818 年在澳门创办中国第一所洋学堂——英华书院（Anglo-Chinese College），是传教士开办的第一所中文学校。1832 年他同裨治文共同创办、编辑《中国丛报》，为《中国丛报》供稿多篇，如《京报》摘译、《求雨祷文》等，编著了一批中文学习材料和工具书，如《五车韵府》《广东省土话字汇》等。

马儒翰（JohnRobert Morrison，1814—1843）

英国传教士、来华首位传教士马礼逊的长子，中国多数史籍上一般称其为小马礼逊。1814 年出生于澳门。早年他曾在英国受短期教育后到马六甲英华书院进修，熟稔中文，是晚清中西外交及文化交流史中的重要参与者和推动者。他热心于传教事业，遵父亲马礼逊遗命修改《圣经》汉译本，后与传教士郭实腊、裨治文等合作，完成《圣经》新译本。他自幼习汉文，颇具语言天赋，熟谙中国语言文字和社会风习，16 岁时就为英国商人做翻译，广泛参与对外贸易、政治活动，20 岁时接替其父担任英国驻华商务监督的中文秘书兼翻译。他为《中国丛报》投稿多篇，以时事政治类文章为主，如《中国的政府和政体》《中国政府的组织结构》，以及上谕、通告，如《道光帝颁布禁止鸦片》《皇太后 60 寿辰颁布的谕旨》《广东府政令》《地方政府禁止鸦片贸易的 5 份公告》等。此外，他还深度参与中英重要条约签订等外交活动事务，曾担任《南京条约》等重大外交事件的翻译，著有《英华行名录》《对华商务指南》。马儒翰因病于 1843 年 8 月在澳门去世。

后记

　　本书的撰写浸润着我自 2014 年于北外访学、读博五年间的心血和努力。那五年，每个周末京津两地的辛苦奔波、读博期间繁重的科研压力、工作单位的必要任务、陪伴年幼儿子的家务责任等时时让我感到疲惫不堪，甚至力不从心；以至于九年后回想起来，那些日子像是做了一场悠长的梦一般不够真实。然而，我仍然感谢那五年的辛苦付出，正是五年的坚持，使我开阔了学术视野，真正提升了科研能力，踏入了学术研究的大门。

　　感谢北外求学期间遇到的所有人和所有事，尤其是导师王克非教授。老师知遇之恩，学生永生难忘。老师不仅对学生的学业、工作殷切关心，还通过定期的同门聚会为大家搭建了一个良好的学术沟通平台，组成了一个倍觉温暖的家。古人云：见贤思齐。只有真正见识过优秀的人，才会对自我的认知更清晰，从而学会反思，更愿意去学习、去努力。

　　感谢工作单位河北工业大学外国语学院的领导和同事对我的关心和支持。读博期间，学院在排课、工作量等方面提供诸多方便，保障了我的学业顺利完成。

　　感谢南开大学出版社对本书出版给予的大力支持。

　　感谢出版社的张维夏编辑。她严谨的工作作风、耐心细致的修改和及时的回复给我留下了深刻的印象，对张编辑的敬业精神和职业素养我深表钦佩。

　　感谢我的父母、公婆、爱人侯刚、小儿俊丞。家人的理解、包容和支持是我前行的动力，赋予我无尽的力量。他们是我的精神支柱，是我最坚实的后盾。

　　感谢河北省社会科学基金项目"《中国丛报》译介研究"（HB20YY007）的支持，本书为该项目研究成果。

孙乃荣

2023 年 3 月